교육 문제와 교육 정책

사회학적 접근

지은이 김규원

김규원은 경북대학교 사회학과를 졸업하고 동 대학원을 다니다가 국비유학생으로 미국에 건너가 위스콘신대학교(매디슨 캠퍼스)에서 석사와 박사 학위를 받았다. 환갑이 넘은 나이에 인생을 되돌아보았을 때, 의도하지 않은 결과와 기대하지 않은 행운이 겹쳐 현재 경북대학교 사회학과 교수로 재직하고 있다고 믿는다.
존재가 의식을 규정한다는 말처럼, 지방대학에서 근무하다 보니 자연히 지역사회 관련 현안에 관심을 갖게 되었고, 그에 따라 대구광역시 지방분권협의회 의장직을 맡은 적이 있으며, 우리복지시민연합 등 여러 NGO와 깊은 인연을 이어 가고 있다. 지역사회의 대표적인 싱크탱크인 대구경북연구원과 (사)대구사회연구소와도 좋은 인연을 유지하고 있다. 그리고 대학교수라는 직업 특성상 대학 관련 현안에 관심을 갖게 되면서 학내외의 다양한 보직을 맡고 연구활동에 두루 참여하는 기회를 가졌다. 그리하여 주된 연구관심이 점차 고등교육의 다양한 주제에 대하여 넓게 사유하는 방향으로 뻗친바, 이를 한데 모은 것이 이 책『교육문제와 교육정책』이다. 사회학자라는 업(業)의 길에서 스스로 내세울 만한 논문이 무엇인지 묻는다면,「노장사상의 관점에서 본 사회진단: 평가사회의 도래와 공동체의 위기」라고 조심스럽게 답하고 싶다.

교육문제와 교육정책: 사회학적 접근

초판 1쇄 2017년 4월 20일 · **초판 2쇄** 2017년 9월 13일
지은이 김규원 · **펴낸이** 김상동 · **펴낸 곳** 경북대학교출판부
출판등록 1973년 10월 10일 ㉣97호 · **주소** 대구광역시 북구 대학로 80
전화 053-950-6741~3 · **팩스** 053-953-4692 · **이메일** press@knu.ac.kr
홈페이지 http://knupress.com
ISBN 978-89-7180-462-9 93370
* 정가는 뒤표지에 있습니다. 파본은 바꾸어 드립니다.

교육문제와 교육정책

사회학적 접근

김규원 지음

경북대학교출판부

목 차 교육문제와 교육정책: 사회학적 접근

제3부 | 바람직한 교육정책을 위한 제안

머리말

사람은 저마다 문제를 지니고 산다. 오늘날 사람들이 공통으로 겪는 문제들 가운데 교육문제보다 더 큰 관심사항은 없을 것 같다. 젊은이들이 결혼을 미루거나 피하는 것조차 나중에 생길 자녀의 양육과 교육을 위한 비용 걱정 때문이라고 한다. 아무리 돈이 최고라는 자본주의 사회이지만, 교육마저 돈이 해결해 준다는 인식은 그 자체가 사회문제이다. 물론 돈 들이지 않고 교육문제를 제대로 해결하기는 힘드나 돈만으로 교육문제를 해결할 수 없는 것도 사실이다.

개인 가정사 못지않게 나라 살림살이 역시 교육문제를 해결하기 위해서는 교육예산 늘리는 일을 외면할 수는 없다. 하지만 교육예산 증액은 그 늘어난 예산을 어디에 얼마만큼 배분해야 좋은가에 대한 사회적 합의가 전제되어야 가능할 것이다. 더군다나 지금의 교육예산을 효율적으로 집행하고 있다는 국민적 신뢰가 먼저 확보되어야 예산 증액 가능성이 높을 줄 안다.

대통령 선거철이 되면 '교육부 폐지'나 '서울대 폐지' 또는 '사교육 철폐' 등 교육문제 해결을 위한 갖가지 공약이 등장하곤 한다. 이런 부류의 공약은 우리나라 학교교육이 중병에 걸렸다는 인식에 바탕을 두고 있다. 백약이 무효라 할 정도로 만성질환에 걸려 있다고 진단하는데, 현상적으로 환부 몇 군데를 수술요법으로 치료한다고 해서 나을 병이 아닐 성싶다.

무엇보다도 교육문제에 대한 분명한 인식과 정확한 진단이 필요하다. 그래야만 이를 근거로 교육정책이 나아가야 할 올바른 방향을 잡을 수 있다. 교육정책의 기본 방향에 관한 사회적 합의도출은 최종적으로 정치권의 몫이지만, 그 정치권의 역동성을 추동하고 세력관계를 형성하는 일에서 처음부터 배제당해야 마땅한 국민은 아무도 없다. 결국 유권자인 국민 각자가 얼마나 교육문제를 잘 이해하고 교육 관련 정책에 관심을 기울이느냐에 개인과 나라의 미래가 달려 있다.

그런데 지금까지는 대다수 국민들이 자신의 이해관계를 중심으로 주로 개별적인 차원에서 교육문제와 교육정책에 접근해 온 셈이다. 그러다 보니, 남들보다 앞서기 위하여 지나친 경쟁에 휩쓸리기 쉽고 심지어 타인의 실패와 불행에 기대어 자신의 성공과 행복을 추구하는 성향까지 용인하는 지경에 이르렀다. 시나브로 우리나라 교육은 개인에게 문제의 해결책이 되지 못하고 오히려 걱정거리가 되고 만 것이다. 그리고 인기영합적인 대선공약에 쉽게 휘둘려 왔다.

올바르고 좋은 교육은 그냥 주어지는 것이 아니다. 늘 무엇이 옳고 그른지, 좋고 나쁜지에 대한 끊임없는 성찰을 통하여 구성해야 하는 것이 교육문제이고 교육정책이다. 이와 관련하여 오늘날 우리 사회에서 요청되는 성찰은 바람직한 인간상에 대한 것이라고 본다. 자신의 권리만 내세우고 타인의 권리를 침해하는 인간들이 출세하여 지도층으로 군림하는 세태, 이른바 '갑질' 행태가 비일비재한 사회이기 때문이다. 그런즉 인간답게 사는 길을 교육을 통해 찾을진대, 어떤 유형의 인간을 어떤 방식으로 키워 내야 하는지에 대해 심각하게 고민해야 할 시점이다. 새삼스레 인간다운 인간을 키워 내지 못했다는 집단적 자성을 하지 않을 수 없는 때이다. 개천에서 용은 나지 않고, '법꾸라지'만 났기 때문이다.

돌이켜 보면, 인간성 상실과 인간성 회복이라는 진단과 처방은 전환기 때마다 등장한 단골 메뉴이다. 그러나 이 시점에서 다시 같은 진단과 처방을 되풀이하는 것을 비유를 들어 설명하자면, 마치 음식재료와 요리방식이 퓨전화하고 음식명과 서빙절차가 달라져서 메뉴판과 식당 운영방식 자체를 바꿔야 함에도 그렇게 하지 않는 것과 마찬가지이다. 다시 말해, 학교라는 제도교육의 식당에서 교육내용이라는 메뉴판을 비롯하여 교육방식이나 교육행정 등 손님서빙이 근본적으로 달라지지 않으면 안 될 정도로 사회가 급변했음에도 불구하고 이를 외면하는 실정이다. 학교라는 식당 문을 닫아야 할 정도로 고객으로부터 불신을 받기에 이른 것이다. 공교육보다 사교육을 더 신뢰하는 현상을 방조하는 사이에, 알게 모르게 들어선 제4차 산업혁명 시대에 대한 대비를 우리 제도교육에서 소홀히 하고 있기 때문이다.

학교교육의 메뉴판과 서빙방식을 바꾸는 일은 교육 패러다임의 전환이라는 큰 틀에서 다룰 수 있다. 인간에게 교육이 왜 필요하고, 교육을 통해 길러 낼 인간상은 무엇인지, 그리고 무엇을 어떻게 배우고 가르쳐야 하는지 등에 대한 담론을 근원적인 수준에서 형성해 가는 것이 필요하다. 이 책은 교육백년대계를 위해 앞으로 필요한 담론을 위한 화두 수준의 견해를 피력하고 있다. 아직 성급한 논의이기에, 완성된 그림처럼 매끄럽고 세련된 수준은 아니다. 대체적인 윤곽을 통해서 의미를 전달하고자 하는 모자이크에 가깝다. 하지만 바라건대, 집단지성을 자극하는 매체로 작용하였으면 한다.

이 책은 그동안 틈틈이 간행된 논문과 보고서, 그리고 맡은 강의를 토대로 장별 구성을 하였다. 그렇지만 그때그때 빈자리라고 여긴 곳에 심은 나무들을 한자리에 옮겨 모아서, 마치 조그만 동산처럼 이 책을 만든 것은 아니다. 이 책의 제목에 걸맞은 숲을 먼저 그려 보고 필요한 나무들을 선별해서 다듬어 심었으며, 그래도 보기 흉할 정도로 비어 있는 자리에는 이참에 새로운 묘목을 심어 놓은 것이다. 그나마 어느 정도 숲의 차원에서 풍겨나는 신선한 메시지가 있다면 다행이겠다. 조그마한 점이라도 좋은 부분이 발견된다면 이는 그동안 함께해 온—짧은 지면에 일일이 거명하기 어려울 정도로 많은—선임 교수 및 동료 교수들 덕택이다.

잠시 돌이켜 보면, 교수평가 방안 연구, 입학제도 개선 연구, 교육과정 개편 연구, 입학사정관제도 연구 등 학내 현안에 관한 각종 연구위원회에 참여한 경험, 여러 형태의 보직교수로 활동한 경험, 특히 2012년도 SSK 인재교육체제 연구사업팀(연구책임자: 대구가톨릭대학교 손종현 교수)과 2주기 대학구조개혁 평가 개선방안 연구팀에 참여한 경험, 그리고 일반대학원 과정의 '교육사회학연구'와 특수대학원 과정의 '교육문제와 교육정책' 교과목의 강의 경험 등을 통하여 많은 배움을 얻었다. 이 책

속에 이롭거나 쓸 만한 내용이 담겼다면 그동안 연구, 봉사, 교육의 과정에서 많은 분들이 경험을 나눠 준 덕택이다. 모처럼 작년 한 해 연구년을 보내면서 한 권의 책으로 정리할 시간을 가진 것도 행운이다. 또한 경북대학교출판부의 노력 덕분에 책 발간이 순조롭고 신속하게 이루어진 것 역시 행운이다. 출판부 편집진께 진심으로 감사드린다. 하지만 이 책 내용의 잘못이나 모자라는 점은 오로지 필자의 역량 부족 탓이다. 끝으로 부족한 운영예산에도 불구하고, 전문 학술서적 총서 간행을 지원해 준 경북대학교 사회과학연구원에 감사를 표하며, 발전을 기원한다.

정유년 신학기를 앞둔 복현캠퍼스 연구실에서

김규원

제1부 교육문제의 파악

교육에 대한 정의는 교육학자의 전체 인원수보다 더 많을 수 있다고 한다. 그런 만큼 교육이 무엇인가에 대한 입장 차이는 교육과 관련된 문제를 파악하는 데서도 드러나게 마련이다. 이런 연유로, 교육문제가 무엇인가를 따져 보는 일은 결코 만만치 않은 작업이다.

사회학자의 시각에서 보면, 교육이란 사회화 과정의 특수한 형태에 해당한다. 다시 말해서, 의도적이고 체계적인 사회화 과정이 바로 교육이다. 따라서 구성원들의 가치지향이라는 사회적 기능을 수행하는 하나의 사회제도로서의 학교교육을 오늘날 대표적인 교육이라고 간주할 수 있다. 한마디로 줄이면, 현대사회에서 학교교육이 대표적인 교육제도를 구성하며, 이 교육제도는 전체 사회체계를 이루는 하나의 하위체계로서 다른 하위체계들과는 구별되는 고유한 사회적 기능을 수행한다는 것이다.

본 서 제1부는 교육문제를 하나의 주요한 사회문제로 파악하는 데서부터 출발한다. 좀 더 학술적인 접근방법을 취하고자, 이론(지식)적 관점과 역사(시대)적 관점을 토대로 분석을 시도하였다. 전자의 관점은 현대사회의 지배적인 자본주의 생산양식에서 공통적으로 나타나는 불평등 문제의 심각성에 초점을 맞추고 있다는 점에서 보편적 접근방법이라고 한다면, 후자의 관점은 현대 한국사회라는 특정한 공간영역을 대상으로 전개된, 그리고 사회구성체 수준에서 주목할 만한 시대별 변화 속성에 기인한, 이른바 시공간적 범주를 한정하고 있다는 점에서 특수적 접근방법이라고 할 수 있다.

사회 구성원은 저마다 나름대로의 교육적 경험을 직간접적으로 체험하는 것이 사실이다. 그런데 자신이 생생하게 체험한 것일수록 그에 비례하여 주관적 판단이 개입할 가능성도 높기 때문에, 상호인정하고 공유할 만한 교육문제를 소통하는 것은 더 어려워진다는 역설이 성립한다. 실제로 국가로 하여금 특정 교육문제를 정부정책으로 해결하도록 하는 과정이 순탄치 않을 뿐만 아니라, 필요한 교육정책을 수립하여 시행하더라도 소기의 성과를 거두지 못하고 도리어 새로운 교육문제를 파생케 하는 일이 반복되어 일어나곤 한다.

무엇이 교육문제인가에 대한 합의를 모색하는 일에서부터 논의를 시작하는 이유가 여기에 있다. 앞으로 우리 사회의 공적 담론의 장에서는 진정 백년대계의 차원에서 교육문제가 다루어지는 것이 바람직하다. 국가의 정부정책으로, 곧 교육정책으로 전환되어야 할 수준에서 교육문제의 의제가 설정되기를 기대한다. 요컨대, 교육문제에 대한 사회적 동의가 선행될 때 비로소 해당 교육정책에 대한 합의 도출이 가능하거니와, 소기의 정책효과도 현실에서 가시화될 줄 안다.

제1장

사회 문제로서의 교육문제

교육문제가 무엇인지를 파악하려면 먼저 "사회문제가 무엇인가?"라는 질문부터 시작해야 한다. 그 간단한 까닭은, 교육문제는 오늘날 가장 중요한 사회문제이지만, 여전히 사회문제의 하위개념에 해당하고 교육제도 역시 전체 사회에서 하나의 부문영역을 차지하기 때문이다.

1. 사회문제의 규정

사회문제가 있다면, 개인문제와 어떻게 다른가? 사람은 저마다 이런 저런 문제를 안고 산다. 신체적으로 불편하거나, 정신적으로 혼란스럽거나, 정서적으로 불안하거나, 마음의 상처나 고통이 없는 사람이 드물다. 그 사유와 원인은 다르더라도 고민거리가 없는 순간이 드물다. 오죽하면 인생을 고통의 바다苦海라고 하지 않겠는가. 개인의 불편, 불안, 고통, 고민은 사적 문제이다. 이런 개인문제를 우리 인간은 어떻게 인식하는가?

사람들이 어떤 것을 문제로 인식할 때는, 대개 그 문제가 생소한 경우이다. 늘 하던 방식대로 해서는 뭔가 불편하고, 불안하고, 고민되고, 고통을 맛보는 일이 곧 문제이다. 익숙하고 숙달된 일은 하등 문젯거리로 받아들이지 않는다. 예컨대 인수분해 문제를 풀고자 할 때, 여태까지의 해법으로는 답을 얻지 못하는 생경한 것이 문제로 남게 된다. 하지만 이 생소한 문제 역시 새로운 해법을 통해 풀어내고 유사한 유형의 문제도 쉽게 답을 찾을 만큼 능숙해지면 더 이상 문제가 아니다.

또한 개인은 자신에게 중요하고 심각하게 영향을 미치는 것을 문제로 받아들인다. 무시해도 그만인 대수롭지 않은 일은 문제로 보지 않는다. 그래서 심각하고 중요한 자기 문제를 곧바로 자신이 속한 전체 사회의 문제라고 인식하기 쉽다. 그런데 인간은 유한생명체이고 지적 이해의 임계점을 지닌 탓에, 모든 정보를 기준으로 언제나 최선의 선택을 하면서 사는 존재가 아니다. 지금 당장 대수롭지 않게 여기는 일이라고 해서 문제가 아니라고 한다면, 아직 걸리지 않은 질병에 대한 예방접종이나 암 조기 검진이 필요 없다는 생각과 크게 다르지 않다. 역설적으로 개인의 인지역량이나 해결능력에서 벗어나는 거대하고 엄청난 사안에 대하여 오히려 문제로 여기지 않을 수 있다. 행성충돌에 의한 지구 종말이라든지, 대기오염에 의한 생명체 멸종처럼 아주 크고 먼 장래의 일은 문젯거리로 인식하지 않을 수 있는 것이다. 따라서 개인 수준에서 "나에게 이게 심각하고 중요하니까 사회문제이고, 대수롭지 않고 별거 아닌 작은 문제는 사회문제가 아니다."라는 판단은 받아들이기 어렵다.

이렇게 보면, 개인적 차원에서 '문제 있음'과 '문제없음'을 구분하는 경계선이 모호하다. 저마다의 경험과 인지능력, 수용태도에 따라서 동일 사안에 대해서 한편에서는 '문제 있음'으로, 다른 한편에서는 '문제없음'으로 규정할 수 있는 것이다. 그러므로 교육문제에 대한 개인적 차원의 접근은 역시 임의적이고 작위적 성격을 띨 가능성이 크다. 동일한 교육현안이라 하더라도 개인적 경험과 이해관계에 따라서 '문제 있음' 또는 '문제없음'으로 의견이 갈릴 수 있기 때문이다.[1] 교육정책이 말도 많고 탈도 많은 것은 바로 이러한 개인적 차원의 접근을 조율하거나 조정하는 사회적 장치가 제 역할을 하지 못한 데에서 기인한다고 할 것이다.

정리하자면, 무엇을 문제로 규정하는 것은 그 문제의 속성 자체보다도 문제를 규정하는 주체에 달려 있는 경우가 더 많은 것 같다. 다시 말해서 동일 사안도 입장이나 관점에 따라서 문제로 여겨질 수도 있고, 문제가 아닌 것으로 받아들여질 수도 있다. 그렇다면 "문제란 무엇인가?"라는 질문은 "무엇이 문제인가?"라는 질문으로 바뀔 수 있다. 전자의 질문 형태는 어떤 '문제 있음'이 전제된 상태에서 그 '문제 있음'을 가능한 한 그대로 밝혀내는 일을 견인하게 한다. 반면에 후자의 질문 형태는 아무런 '문제없음'이 전제된 상태에서 특정 문제가 생겨난 부분과 과정에 대한 탐색을 유도한다. 전자는 주로 철학적 사유방식에 따라 진행되는 경우가 많고, 후자는 주로 사회학적 연구방법을 동원하는 셈이다.

사회문제는 개인문제와 다르지만, 동일하거나 유사한 속성의 문제를 해당 사회 구성원 다수가 공유한다면, 사회문제의 특성을 지니게 된다. 문제를 규정하는 주체에 따라 문제가 규정될 수 있다는 말은 그 규정 주체가 사회적 존재이기 때문이다. 사회적 존재로서의 우리 인간들은 무리를 지어 생활하면서 사회를 이루고 있다. 그런데 개인적 차원의 고민,

1) 지금 우리나라 정치권에서부터 교육계로 확산된 역사 교과서 국정화 문제가 비근한 예이다.

고통, 불만, 불편 등을 개인의 문제로 인식하여 머릿속 생각으로 그치고 만다면 주위 사람들은 그의 문제를 문제로 받아들이지 못한다. 하지만 인간은 말과 행동을 통하여 머릿속 생각을 바깥으로 표출하는 존재이다. 일단 머릿속 생각, 곧 자신의 '문제 있음'을 남에게 드러내는 순간부터 그 '문제 있음'은 본인만의 것이 아니다. 어떤 형태로든지 그 표출로부터 영향을 받게 되는 주위 사람들에게 '문제 있음'이 전달되는 것이다. 다른 사람들도 똑같거나 비슷한 상태에 놓여 있을 경우, 공감 능력에 따라 자신도 동일한 또는 적어도 유사한 '문제 있음'을 인식할 수 있다. 이로써 문제없는 상태에서 문제 있는 상태로의 전환이 이루어지는 것이다.

그런데 대부분의 경우, 사회문제의 규정은 해당 사회 기득권층의 이해관계를 반영하기 마련이다. 이들이 공적 담론의 장에서 주요 의제를 선점할 뿐만 아니라 공식적 소통을 주도하고 여론 형성을 선도하기 때문이다. 특히 지배집단의 이해관점에서 특정 사안이 문제로 부각되기도 하고 무시되기도 한다. 오죽하면 국정농단을 위한 음모론까지 성립하는 세태이겠는가. 하지만 때로는 다수의 약자들 또한 공적 담론의 장에 등장할 수 있는 것이 민주 시민사회인데, 평소 목소리를 내지 못하던 사람들이 더 이상 감내하기 어려운 지경에 처했을 때 자기들만의 소통방식을 찾게 된 결과이다. 예를 들면, 촛불시위도 하고 극단적으로 분신·투신자살까지 하면서 해당 문제를 공론화하여 사회문제화시키려 노력한다. 사회학은 이러한 약자와 소수자의 이해관점에서, 일상에서 벗어난 여러 부분들을 문제라고 규정해 주는 역할을 수행하는 편이다. 지배집단에서 성역시해 온 불가침의 영역을 탈신비화하고 폭로하는 역할을 하는 학문이 사회학인 것이다.

사회학적 상상력이란, 본인의 경험뿐만 아니라 타인의 경험까지도 개별적 차원에서 벌어진 일들이지만 구성원들 다수에게 반복되는 경우에 이는 개인의 문제가 아니라 그들을 구성원으로 삼은 사회의 문제로 인식하는 능력을 말한다. 예를 들어 개인적 차원에서 경험한 실직의 아픔이라 하더라도 그 아픔을 겪는 사람이 많다면 이들의 실직 상태는 실업문제라는 사회적 문제로 부각되는 것이다. 사실 실직자의 수가 많고 적음 그 자체는 문제의 속성에 해당되지만 그 자체가 사회적 문제를 규정하는 핵심 요소는 아니다. 실업률이 4%면 사회문제가 아니고 4.1%면 사회문제가 된다는 공식은 어느 사회든지 성립하지 않는다. 때로는 실업률이 10%라도 대수롭지 않게 넘어갈 수 있는 것이다. 따라서 특정 사안을 구성원들이 사회문제라고 인식하는 것은 해당 사안을 사회적 문제라고 규정하는 세력이 담론의 주도권을 행사하는 경우라고 할 수 있다.

물론 이러한 방식으로 사회문제를 이해하는 것은 일탈 현상에 대한 낙인 이론처럼 자의적인 설명방식이라는 불만이 제기된다. 그래서 사회문제를 조금 더 학술적으로 규정하려는 시도가 필요하다. 여기서는 사회학적 상상력에 기대어 구조적 모순과 제도적 결함이라는 용어와 결부하여 사회문제를 규정하고자 한다.

현대사회에서 구조적 모순의 예를 찾자면, 자본주의 경제체제는 자본가와 노동자 사이의 계급이해 상충에 기인한 계급모순을 구조적으로 안고 있다. 그리하여 노사갈등이 상존하며, 임금협상이나 산재보상 등 노동조건과 근무환경에 대한 현안들이 늘 사회문제가 된다. 21세기 들어 금융자산이 지배하는 세계자본주의 시대에서는 일자리 창출을 위한 국가 간, 지역 간 경쟁이 치열해지고 있는데, 이에 따라 한정된 일자리를 둘러싼 세대 간, 남녀 간, 학력집단 간, 고용형태 간 갈등이 점증하는 것 역시 구조적 차원의 사회문제라고 할 수 있다.

이러한 구조적 모순에서 유래한 사회문제의 해결 역량 정도는 해당 국가의 제도적 차원에서 진행되는 정부정책의 적실성에 달려 있다. 그렇기에 동일한 사안임에도 불구하고 나라마다 사회문제의 심각성이나 시급성이 다른 것은 제도적 수용역량의 차이에서 비롯된다. 제도적 결함이 내재한 사회체계에서는 사회문제 해결역량이 갖춰지지 않은 탓에 해당 사회 구성원들의 개별 고통과 불만이 클 수밖에 없는 것이다. 예를 들면, 청년실업이라는 사회문제는 노동시장에서 수요와 공급 간의 양적 차이와 질적 괴리의 문제라고 볼 때, 그 양적 균형과 질적 일치 정도를 도외시한 정부정책이라는 제도적 결함에서 청년실업문제가 기인한다고 할 수 있다.

그러므로 사회문제는 해당 사회의 구조적 모순과 제도적 결함에서 파생하는 것으로, 구성원들 다수 또는 일부에게 개인적 고민과 고통, 불편과 불만을 지속적으로 안겨 준다. 급기야 공공선을 고려하는 지식인들로부터 비판의 대상으로 지목되거나 이해 당사자들의 집단적 표출행위에 의하여 공적 담론의 장에서 의제로 등장함으로써 비로소 사회문제로 대두하게 된다. 곧 개별적인 사안이었던 것이 사회적인 의사소통과정에 진입함으로써 사회문제로 인식되는 것이다.

2. 교육문제의 특성

교육문제는 현대사회에서 가장 중요한 사회문제의 하나이다. 그 까닭은 거의 모든 구성원들이 교육제도를 통하여 사회화 과정을 거치고 있으며, 일상생활에서의 사회관계 형성에 영향을 미치는 비중이 매우 크기 때문이다. 사회문제에 대한 앞 절의 논의에서 시사점을 얻듯이, 교육문제가 무엇인가보다는 무엇이 오늘날 교육문제인가라는 질문이 더 현실적이고 구체적이며 논의의 타당성까지 담보한다. 오늘날이라는 수식어가 교육문제 앞에서 한정적 의미를 더해 주는 면도 있지만, 앞서 지적한 대로 관점과 입장에 따라서 교육문제를 다르게 인식하고 이해할 수 있기 때문이다. 적어도 오늘날 교육문제가 무엇인가라는 질문이 그냥 교육문제가 무엇인가라고 묻는 것보다 답변을 이끌어 내는 데 훨씬 더 나은 질문이다.

오늘날 교육문제의 첫 번째 특성은 그것이 이해 당사자 개인이나 집단의 교육 관련 경험에 구속적이라는 점이다. 현대사회에서는 의무교육이 보편화되어 국민 누구나 교육을 받을 권리와 의무가 있기 때문에, 사회제도로서의 교육을 체험하지 않은 사람은 없는 셈이다. 따라서 모두가 자신의 교육적 경험을 근거로 교육에 대한 자기 나름의 인식을 지니고 있다. 그러나 자신의 인식이 얼마만큼 보편타당한지를 점검받을 기회가 많지 않고, 오히려 제도교육이라는 누에고치에 갇혀 이른바 '동굴의 우상'을 형성하기 십상이다. 자기 확신이 크고 교육문제에 대한 주관적 이해가 강할수록, 고정관념이나 선입견, 편견을 드러내기 쉽다는 것이다.

또한 교육문제의 규정이 자기 경험 구속적이라는 것은 사회변동에 따른 교육수요의 변화를 받아들이는 데 근본적인 한계를 갖게 한다. 실존적인 경험 형성은 과거지사이기에 아직 경험해 보지 못한 미래를 그 과거의 경험을 토대로 예측하거나 판단하는 것은 제한적일 수밖에 없다. 더군다나 세대별로 교육적 경험이 달라서 당면한 교육문제에 대한 이해를 달리할 수 있기 때문에, 미래지향적인 백년대계로서의 교육정책을 강구하는 데 적지 않은 지장을 초래한다.

이처럼 무엇이 오늘날 교육문제인가에 대한 답은 개인적 차원에서나 국면적 수준에서는 천차만별일 가능성이 높다. 개별적 경험 수준에서 보면, 과외수업 없이는 불안한 이들에겐 사교육비 부담이 가장 큰 교육문제일 터이며, '왕따' 현상이나 구타에 시달리는 이들에겐 학교폭력이 가장 큰 교육문제인 셈이고, 명문대학 입학을 중시하는 이들에겐 복잡한 입학전형이 중요한 교육문제라고 할 수 있으며, 입시 위주의 학업수행이 못마땅한 이들에겐 성적 중심의 학습형태가 교육문제라고 할 수 있다. 그렇기에 이런 개인적 경험과 국면적 수준에서 인식하는 방식을 극복하기 위한 시도가 교육문제를 사회문제의 하나로 접근하는 것이다. 따라서 해당 사회에 내재한 구조적 모순과 제도적 결함에서 배태된 사회문제로서 교육문제를 파악하고자 하며, 그 해결방안으로서의 교육정책을 다루고자 한다.

두 번째로 내세울 수 있는 교육문제의 특성은, 교육문제 파악에서 사회적으로 영향력을 지닌 집단이나 세력의 논리가 지배적이라는 점이다. 근대국가 성립 이후 하나의 국민국가라는 정체성 정립은 학교교육의 보편화 과정에 힘입은 것이 역사적 사실이다. 자본주의 체제이든 사회주의 체제이든 간에 산업화, 도시화를 수반한 근대화 과정에서 학교교육은 개인에게 사회적 지위상승의 수단이 되었으며, 국가는 경제적 부를 창출하는 원동력으로서 양질의 노동력을 교육제도를 통해 지원하고 육성해 온 것이다. 그리하여 중세의 종교기관이 수행하던 기능을 대체하면서, 현대사회의 각종 교육기관은 국가의 이데올로기 기구an ideological apparatus의 핵심제도가 된 것이다.

학교교육이 사회질서 구축과 경제성장의 원천으로 자리 잡아 감에 따라 지배집단의 기득권을 유지시키고 그 이해관계를 대변하는 기능을 수행하기에 이른다. 왜냐하면 체제안정과 지속성장의 가치를 사회 구성원들이 점점 더 많이 공유하고 지향할수록 학교교육의 목표와 내용이 지배적인 논리를 강화하는 방향으로 잡혀 가기 마련이기 때문이다. 바꾸어 말하면, 기성체제의 재생산 과정에서 손해를 보거나 아예 배제되는 이들의 목소리는 제도교육 안에서 자리 잡을 기회가 보장되지 않는 게 현실이다. 그렇기에 교육문제를 규정하는 주체는 기존의 교육제도로부터 자신의 이해관계를 관철시켜 온 이들로 구성될 개연성이 높다. 대조적으로 기존 제도의 희생자들, 곧 교육문제의 의제 선정이나 합의의 과정으로부터 소외되거나 배제된 이들은 계속해서 자신들의 이해관계를 제도적으로 보장된 담론의 장에서 실현시킬 가능성이 낮은 것이다. 그만큼 학교교육에서 지배집단의 독점적 위상이 높다고 할 것이다.

따라서 교육문제 파악에서 지배집단의 기득권이라는 사회적 성역이나 정치적 의도성을 차단하는 노력이 필요하다. 이는 시민사회의 성숙과 더불어 실천될 사항이다. 이를 위해 절차적 민주주의에 따른 합의와 조정의 정치문화 정착은 선결요건이 된다. 그렇지 않으면, 집단저항 등 사회갈등에 따른 사회적 비용 지불이 궁극적으로 기성체제의 수혜자인 기득권 집단에게도 돌아갈 것이기 때문이다.

교육문제의 마지막 특징은—정책적 측면에서는 가장 중요한 사항이다—그 문제해소를 위해 동원된 해당 정책의 효과를 경험적으로 확인하기가 쉽지 않다는 점이다. 특정 교육문제의 희생자나 교육정책의 수혜자는 교육 관련 집단인데, 교육외적 세력이 주도하는 교육정책은 마치 이들을 실험 대상화하는 경향이 점증할 수 있다는 것이다. 그 주된 이유 중 하나는 교육문제가 특정 집단의 이해관계를 증진하기 위해 제기될 수 있기 때문에 그 관련 정책이 바로 그 집단 이익을 위해 동원될 여지가 크다는 것이다. 또 다른 이유는 무슨 교육문제를 누가 어떻게 제기하든지 간에, 관련 교육정책의 효과가 당장 나타나지 않으며 또한 의도하지 않은 결과로 인하여 실제 효과를 평가하기란 현실적으로 거의 불가능한 경우가 많기 때문이다. 특히 시공간적으로 비교대상이 아닌 집단에 적용하여 나타난 성과를 바탕으로 한, 이른바 '선진국' 정책을 그대로 우리나라 전역의 학교에 한꺼번에 동시다발적으로 적용해서 시행하려는 것은 득보다 실이 많은 정책집행 방법이 아닐 수 없다. 그럼에도 유사한 형태가 반복적으로 나타난 것은 정책효과 검증이나 평가를 제대로 하기 어렵다는 데서 그 이유를 찾을 수 있다.

이런 까닭에 교육문제의 파악과 해결은 교육적 절차라는 과정을 중시하는 것이 중요하다. 목적 못지않게 그 목적을 달성하는 수단과 성취하는 방법도 교육적이어야 하는데, 실제로 시행되는 교육정책들 가운데 그렇지 못한 경우가 더 많은 점이 또 다른 교육문제를 낳는 일과 무관하지 않다고 할 것이다. 결과를 중시하고 성과에만 집착하는 교육풍토를 바꾸는 일이 우리 사회가 풀어야 할 과제이다.

오늘날 대부분의 사회에서 제기되는 교육문제는, 사회제도로서의 교육이 개인적 차원에서나 집단적 차원에서나 근대국가 성립 이후 약속된 사회적 기대가 충족되지 않는 데 기인한다. 한편으로는, 개인 또는 해당 가족이 투입한 자산에 상응하는 보상이 기대 수준만큼 회수되지 않고 있는 것이 최근 상황이다. 학력증진을 통한 세대 내 및 세대 간 이동의 양상에서 상향이동의 정도가 미약한 것이 오늘날 실정이다. 오히려 청년실업 현상에서 드러나듯이, 투입한 자산에 대한 보상이 전혀 이루어지지 않는 비율이 결코 작지 않다. 다른 한편으로는, 사회 전체적으로 투입된 교육자원에 대한 수익성 정도가 질적으로나 양적으로나 감퇴하거나 적정기대수준의 보상을 회수하는 데 소요되는 기간, 이른바 투자된 '교육자산의 회임기간'이 점점 더 길어지는 실정이다. 이는 정부의 재정 지출이 확대됨에도 불구하고 일자리 창출이 점점 더 어려워지기 때문에, 새로운 기술에 적응하는 재교육 비용 증가와 더불어 실업수당 등 복지예산의 지출 증가로 구체적 모습을 드러낸 문제이다. 특히 교육영역에서 선택과 집중 논리에 따른 치열한 경쟁이 전개됨에도 불구하고, 재원 투입 대비 성과에서 나타나는 효과·효율이 정비례하지 않고, 적은 투입에도 많은 보상이 보장되거나 많은 투입에도 적은 보상이 배당되는, 즉 공정성과 형평성이 결여된 '불평등 체계'가 구축된 점이 가장 중대한 사회문제이자 교육문제인 것이다.

사회적 지위를 향상시키는 세대 내 이동에서나 불평등을 완화하는 세대 간 이동에서 이득을 보는 개인이나 집단이 현실적으로 줄어듦에 따라서, 소득격차로 인한 불평등 재생산의 문제가 주목을 끌고 있다. 그리하여 사회제도로서의 학교교육이 개인에게 사회적 활약의 기회를 제한하거나 박탈함으로써 일상적 삶을 행복하게 영위하지 못하는 점, 나아가서는 특정 집단을 배제하거나 유리하게 함으로써 불평등이 심화·확대되어 세대 간에 대물림되는, 이른바 '불평등 재생산'의 사회구조가 자리 잡은 점, 이것이 오늘날 핵심적인 교육문제이다.

정리하자면, 교육문제는 급변하는 사회체제에서 서로 다른 주체들의 역할기대role expectations가 상충하거나 또는 일방적으로 배제시키는 구조적 모순에서 비롯되고 있다. 그리고 기존의 교육제도 안에서는 새로운 조정의 기능을 스스로 수행하기 어렵다는 점에서 제도적 결함이 드러나고 있다. 교육과 관련해서 발생한 여러 가지 문제는 있으되, 해결 주체가 모호하고 해결 수단이 취약하며 특히 해결 방법에 대한 사회적 합의 시도를 정례화하지 못한 것이 오늘날 우리 사회가 지닌 교육문제의 본질이다.

제2장

이론적 관점에 따른 교육문제

사회학적 시각에서 교육문제란 사회 불평등 문제와 직결되어 있다는 것이 일반적인 입장이다. 서구사회 중심의 근대화 공정 이후, 민주주의 국가는 교육제도를 통하여 체제의 우월성과 진보성을 지켜 왔다. 즉 자유, 평등, 박애를 바탕으로 개인의 인권을 보장하고 자율성과 다양성을 인정하는 방향으로 그 이념적 가치를 승화시켜 왔다. 잘 알다시피, 교육제도를 지탱하는 이념적 가치는 크게 두 가지인데, 교육기회 제공에서의 평등성이 하나이고 교육성과에 대한 보상의 공정성이 다른 하나이다. 이러한 원칙을 제도화하려는 움직임이 정치권을 비롯하여 여러 사회세력들 사이에 앞다퉈 전개된 것이 근대화 과정이었다.

실제로 교육은 민주주의 사회에서 개인의 지위향상과 국가의 경제성장을 위한 최고·최상의 수단이자 방법으로 받아들여졌다. 근대화, 서구화, 도시화, 산업화, 민주화라는 시대적 흐름과 문화적 취향은 교육제도의 발달을 전제하지 않고서는 가능한 일이 아니었다는 데 이견이 있을 수 없다. 그러나 탈현대 시대의 지식정보사회가 도래하면서, 기존 교육제도의 경직성 때문에 점차 그 사회적 역할을 크게 기대할 수 없는 현실에 직면하고 있음도 부인할 길 없다.

대부분의 현대사회에서 교육은 크게 팽창했지만 평등은 고사하고 오히려 불평등이 심화되는 경향이 있고, 교육비 투자 대비 성과 면에서도 점점 더 효율성이 낮아지는 상황이다. 심지어 교육제도가 평가체제의 구축에서 주역을 떠맡아 학교 간 서열화, 지역 간 불균형 심화, 청년실업의 만성화 등 사회문제 해결에 도움을 주기는커녕 도리어 해당 주체의 문제해결 의지와 역량을 해친다는 원성을 사는 처지에 놓인 것이다.

이 장에서는 불평등 문제로서의 교육문제에 대해 크게 두 갈래로 나누어 접근해 보고자 한다. 하나는 학력 간 소득격차에 주목하는 경제학적 색채를 띤 이론들이고, 다른 하나는 교육 관련 불평등 재생산 문제를 다루는 사회학적 문헌에서 발견되는 이론들이다.

1. 학력상승과 불평등 이론

이 절에서 다루는 이론들[2]은 교육기회가 확대되어 학력이 상승함에도 불구하고 소득불평등은 왜 완화되지 않는가에 대한 설명들이다.[3] 이 이론들에서는 주로 노동시장의 공급과 수요에 주목하여 학력집단 간, 성별 간, 인종 간 소득격차의 정도와 추이를 살펴보는 것을 경험적 분석 토대로 삼고 있다. 세부적인 분석결과 비교에 집중하기보다는 이 이론

---

2) 관련 이론들을 총망라하려는 의도보다는 개괄적인 흐름을 소개하려는 시도이다. 선별된 아래 이론들은 애트웰(Paul Attewell 2010)의 글을 참조하여 정리한 것이다.

3) 교육수준이 높을수록 소득이 높은 이유를 설명하는 이론에 대해서는 이정우(2015)의 제3장 「교육과 불평등」에 깔끔하게 정리되어 있다.

들의 흐름을 중심으로 소개하려는 의도는, 단순히 교육기회를 보장하는 정책만으로는 학력 인플레이션을 유도할 따름이지 사회계층 간 소득불균형으로 인하여 사회적 불평등을 해소하지는 못한다는 점을 밝히는 데 있다.

1) 인적자본론

인적자본론은 전 세계적으로 교육기회를 확산시키는 데 가장 많이 기여한 이론이다. 개인에게는 학력신장을 통한 소득증대를 기대하게 하고, 기업가에겐 학력별 생산성 기반 임금책정의 논거를 제공하며, 국가적 차원에서는 교육투자가 경제성장을 통한 국부증대의 첩경이라는 정책기조를 유지하는 데 기여하였던 것이다.

인적자본은 노벨경제학상 수상자인 슐츠Theodore W. Schultz에 의해 널리 알려진 용어이다. 그에 따르면 인간의 생산능력은 개인마다 다르지만 훈련, 현장실습, 공식 교육을 통하여 지식과 기술을 습득함으로써 인간노동의 질을 향상시킬 수 있다고 본다(Schultz 1961). 실제로 고용주는 더 많은 인적자본을 지닌 노동자에게 더 많은 임금을 주는데, 이것은 그의 생산성이 높기 때문이라는 것이다. 따라서 소득은 개인의 인적자본 투자에 대한 금전적 보상이라는 것이 인적자본론의 핵심이다.

베커Gary S. Becker는 인적자본이란 경제적 가치를 생산하기 위한 노동을 수행하는 능력과 관련된 창의력을 포함한 지식, 습관, 태도 등을 가리킨다고 본다(Becker 1967). 달리 말해서, 인적자본은 개인들이 홀로 또는 집단적으로 지닌 지식, 지혜, 재능, 기술, 능력, 경험, 지능, 훈련, 판단력 등과 같은 자원들의 집합체를 의미한다. 이런 자원들은 국가 목표 달성을 위해 활용 가능한 부의 형태인 국민들의 총체적 역량인 것이다.

베커의 동료인 민서Jacob Mincer는 1950년도와 1960년도 미국 센서스 자료를 이용하여 교육연수가 한 해 추가될 때 5%에서 10% 정도 연소득이 증가했음을 계산해 냄으로써, 근로자의 교육정도와 소득분포 사이에 연관성이 있음을 밝혀 주었다. 또한 교육정도에 비해 적지만 유사한 보상이 직무훈련과 연령에 따라서도 주어진다는 점을 찾아내었다(Mincer 1974). 민서의 실증적 연구들은 노동경제학 분야에 지대한 영향을 미쳤는데, 인적자본의 척도로서 가장 공통적으로 사용하는 변수가 학력과 직무경험인 데에서 잘 알 수 있다.

민서와 함께 인적자본론의 경험적 토대를 다진 베커에 따르면, 생산성 차이에 기반을 두지 않은 성차별이나 인종차별에 따른 임금책정은 장기적으로 고용주에게 큰 타격을 입힐 것이라고 보았다. 차별적 취향을 가진 고용주는 결국 비차별적인 경쟁자에 의해 패배하고 말 것인데, 왜냐하면 인종, 성, 출신지역에 근거한 차별적인 고용형태에서는 생산성에 비해 필요 이상의 고비용을 지불하게 되며 이러한 손실을 장기적으로 유지할 수 없기 때문이라고 본다(Becker 1971).

인적자본론은 교육과 생산성에 관한 간단명료한 인과설명을 제공한다는 점에서 이론으로서의 강점을 지닌다. 실제로 교육수준이 낮고 직무경험이 적은 사회계층의 소득수준이 낮은 현실로부터 경험적으로 확인되고 있다. 그리고 인적자본론에 따르면, 인적자본의 결핍이 저소득으로 나타나기 때문에, 현실에서의 불평등 문제는 당사자의 귀책사유라고 본다. 비록 교육의 차이에서 소득불평등이 야기되지만, 이는 집단 간의 제로섬zero-sum 게임의 결과가 아니다. 즉 한 집단의 이익이 반드시 다른 집단의 불이익에서 파생하는 것으로 보지 않는다. 그보다는, 자녀교육에 시간적·경제적 투자를 소홀히 하는 부모들이 자녀의 인적자본을 축소시킴으로써 미래의 소득능력을 낮추게 되어 결국 세대에 걸친 불평등 재생산을 낳게 되는 것이다. 뿐만 아니라 교육에 투자를 적게 하는 국가는 미래의 성장을 스스로 제한하고 마는 셈이 되는 것이다(Becker 1975).

이와 같은 인적자본론의 주장에 대하여 적지 않은 비판이 가해졌는데, 여기서는 주로 경험적 연구 결과에 대한 쟁점을 중심으로 소개하고자 한다.[4)]

이후 실증적인 경험조사 결과에 따르면, 1970년대 말부터 지속적으로 중등교육 이하의 근로자 소득이 감소하는 것과 대조적으로, 대졸 이상의 경우는 소득이 증대하는 추이가 나타나는데, 이처럼 대졸자 수가 증가함에도 오히려 대졸자의 소득수준이 상승하는 것은 일반 공급 수요의 시장원리에 어긋나는 상황이다. 인적자본론을 변호하는 입장에서, '기술편향 테크놀로지 변동'으로 인해 정보 확산과 컴퓨터기반 기술 변화가 더 많은 고학력 수준의 노동력을 필요로 하기 때문에, 결국 이들에 대한 임금상승을 초래하였다는 설명을 내놓을 수 있다. 하지만 컴퓨터기술 확산과 최근의 소득불평등 증가는 서로 일치하지 않음이 밝혀졌다(Card and DiNardo 2002). 최상층의 부유한 사람들의 소득 몫이 증가한 것은 이들의 교육이나 기술과는 관련이 없고 그보다는 오히려 이들이 지닌 기업체 내에서의 권력에 연관되어 있음을 보여 준다는 것이다(Gordon and Dew-Becker 2008).

교육이 어떻게 유용한 기술을 창출하여 생산성 향상으로 나타나는지

4) 이 다음 순서로 소개되는 신호 이론, 지위경쟁 이론, 불평등 최대한 유지 이론, 레짐 이론은 인적자본론을 비판적으로 극복하면서 그 대안으로 등장한 이론이다.

에 대한 구체적인 기제를 밝히는 일도 쉽지 않다. 최근 들어 인지기술에 대한 소득 보상이 증가하고 있으며, 현대직장에서 이러한 인지기술 수요가 이전보다 점점 더 늘어가고 있다. 이러한 인지기술은 이른바 '연성기술soft skills'로서, 중요한 인적자본 형태이다. 즉 대인기술, 행동 품격(시간엄수, 단정함, 근면, 인내), 팀워크, 주도력 등은 작업현장의 생산성과 직결된다. 이러한 연성기술은 주로 가정양육을 통해 함양되고, 학교교육의 부산물이다(Heckman, Stixrud and Urzula 2006; Farkas 1996). 그러나 초등·중등교육에서는 인지적·행동적 기술을 함양시킬 수 있지만, 대학수준 이상의 고등교육에서는 작업현장에서의 생산력 향상에 연관된 인적자본이 무엇인지 불명확하기 짝이 없다. 실제로 추상적인 능력들인 비판적 사고, 팀워크 등은 대학의 교과과정과 무관한 것들이기에, 대학교육에서 습득하는 인지적 기술, 행동적 자질이 어떤 것들인지에 대해 규명하기가 쉽지 않다. 더군다나 직장에 취업한 대다수의 학부졸업생은 현재의 직업세계와 동떨어진 전공 이수자들이 많은 것 또한 현실이다.

2) 신호 이론

교육을 통한 인적자본 축적이 생산성 향상을 낳기 때문에 고학력자가 높은 소득을 받는다는 주장에 대하여 이의를 제기한 대표적인 학자로 스펜스Michael Spence를 들 수 있다. 스펜스의 주장을 신호 이론이라고 이름 붙일 수 있는데, 이 이론은 노동시장에서 서로 정보가 불완전한 구직자와 고용주 사이에 일어나는 고용 및 임금책정과정을 주목한다.

시장 거래에서는 늘 지식과 정보의 비대칭성과 불확실성이 발생한다고 본다. 다시 말해, 시장의 어느 한쪽이 다른 쪽보다 더 많은 정보를 보유하는 상황인 것이다. 예를 들면, 구직자는 취직하려는 회사에 대하여 더 많은 취업정보를 획득하는 반면에, 고용주 입장에서는 구직자의 자질에 관한 정보가 빈약한 것이 일반적이다. 이런 상황에서 구직자는 고용주에게 자신의 가치를 알리는 일종의 '신호'를 제공함으로써 양자 모두 이득을 보게 된다. 구직 지원자의 신호에는 남들이 갖지 못한 학위나 자격증 등이 있다. 이렇게 보면, 비록 학력 자체가 생산성과는 무관하더라도 학력은 하나의 신호로 작용하게 된다. 실제로 교육을 획득하는 것은 지원자에게 비용을 초래하는 일이므로, 쉽게 취득할 수 있는 신호가 아닌 것이다. 그런 만큼 이러한 신호를 가진 지원자는 다른 지원자들보다 고용주가 원하는 자질과 자격을 더 기꺼이 획득할 것으로 기대할 수 있다.

교육이 지닌 자기선별적 측면 역시 작업에 대한 신호 기능을 수행한다. 왜냐하면 교육을 마칠 때까지 그 경쟁에서 살아남았다는 것은 좋은 근로자가 될 것이라는 신호로 작용할 수 있기 때문이다. 이는 실제 교실에서 배우는 교육 내용과는 본질적으로 관련이 없는 것으로, 교육 자체가 하나의 경쟁하기인데 그 자격증을 기준으로 성공자와 실패자를 가려내는 일이 고용주 입장에서는 더 용이할 뿐만 아니라 중요한 점인 것이다(Spence 1974).

신호 이론과 인적자본론의 또 다른 차이점을 들면, 신호를 주고받는 일은 교육접근성이 불평등하다는 전제 위에서 이루어진다는 것이다. 많은 사람들이 교육을 획득할 수 없는 한에서 그 교육 획득자에게 신호로 작용할 수 있기 때문이다.

신호 이론에 따르면, 교육 획득이 장기적 측면에서 전 세계로 확산되는 이유는 각 개인이 자신을 다른 사람들과 구별 짓기 위해 더 많은 교육을 획득하기를 원하기에, 심지어 해외유학을 통해서라도 더 나은 신호를 확보하기를 원하기 때문이다. 이른바 학력상승을 통한 '자격 인플레이션' 현상이 예측 가능한 것이다. 이렇게 보면, 교육경쟁은 마치 군비경쟁과 유사하게 과당경쟁으로 귀결되기에 사회적으로 생산적이지 않다(Ackerlof 1976). 이 점 또한 교육경쟁을 바람직한 것으로 인식하는 인적자본론과는 다른 점이다.[5)]

3) 지위경쟁 이론/자격증 이론

지위경쟁 이론은 콜린스Randall Collins가 베버Max Weber의 지위집단 개념을 활용하여 주장한 것으로, 자격증 이론이라고도 한다. 지위집단은 사회적 명예를 남들과 다르게 향유하는 사람들의 공동체로서, 인종, 직업, 종교, 교육 등이 지위집단을 형성하는 근거로 작용한다. 지위집단은 한편으로는 생활양식, 가치, 취향, 사회활동을 공유함으로써, 그리고 다른 한편으로는 하위집단들과 상호교제를 억제하는 사회적 폐쇄를 통하여 자신들만의 유대감을 유지하는 특징을 지닌다. 이런 지위집단은 과거의 시대착오적인 것이 아니라, 현대사회에서도 늘 새롭게 출현하고 있다.

현대사회에서의 대표적인 지위집단은 교육과 직업을 기반으로 형성·유지되고 있다. 법조인과 의료인 등 고소득 전문직 종사자들이 그 대표적 사례로, 국가는 해당 협회에 자격시험 시행 등 자격부여 권위를 양도해 왔다. 이는 소비자들을 비양심적이고 무능력한 실무자들로부터 보호한다는 명목에서, 특정 직업적 지위집단이 대학 학위를 지닌 사람들을

---

5) 참고로 애로우(Kenneth Arrow 1973)에 따르면, 인종 등 교육 이외의 개인적 특성도 신호로 작용한다. 별다른 정보가 없는 상황에서, 이른바 '통계적 차별(statistical discrimination)'인데, 소수인종은 대체로 생산성이 낮다는 인식을 기준으로 소수인종을 채용하지 않는 것은 합리적이라고 본다. 이는, 차별은 비합리적이고 경쟁적 자본주의에 유해한 것이라는 베커의 입장과 대조된다.

위해 법적으로 구성된 것이다. 이런 전문직의 특정 자격증은 대학(원) 졸업자에게만 부여됨으로써 경쟁을 제한하는 효과를 얻고 있다. 최근에는 보육사, 부동산중개인, 미용사 등의 직업에서도 과거와 다르게 대학 학위과정을 통하여 국가 자격증을 부여해 가는 추세이다.

이와 같이 사회 모방 과정에 의해 국가의 자격증 부여를 사적인 영역에서도 흉내 내어 대부분의 전문직·기술직의 경우 지원자들에게 학사 학위 이상의 자격을 요구하는데, 교육적 자격을 중시한 서구적 관행과 문화가 전 세계적으로 확산되어 자격증주의credentialism가 팽배해진 것이다.[6] 특정 직업이 자격증을 기반으로 하게 되면, 공식 자격이 없는 많은 사람들이 입직에서 배제당할 뿐만 아니라, 일단 특권화한 사회계층이 형성되면서 그 계층 출신의 지원자들만을 대상으로 인력을 충원하는 형태가 된다. 내집단 성원들이 다른 사람들보다 더 유능하고 신뢰할 수 있다는 편견마저 자리 잡게 된다. 구직과정에서는 일종의 사회적 연결망이 중요한데, 지위집단은 이런 사회적 연결망으로 작용하여 직장에 빈자리가 생겨나면 자신들의 사회적 연결망에서 충원하는 것이다. 종국에는 단순히 자격증을 지닌 것만으로 충분하지 않고, 명문대학 학위증처럼 현재의 근무자들한테 걸맞은 위세 높은 기관의 자격증인지가 더 중요해지는 것이다. 그러므로 고소득의 기준은, 마치 명예직이나 독점적 직위처럼, 직무에 요구되는 기술의 속성보다는 사회적 출신이나 교육적 경력 등 특권화한 자격증이 되고 마는 것이다(Collins 1979).

---

6) 도어(Ronald Dore 1976)는 후발국에서 학위를 취업의 최우선기준으로 삼는 교육적 폐단을 학위병(the diploma disease)이라고 이름 지었다. 이는 교육내용이 전통문화와 거리가 먼 서구문화 중심으로 구성되고 교수방법은 암기주입식으로 시험 위주로 되는 병폐까지 포함하는 용어이다.

이처럼 콜린스에 따르면, 교육적 자격증부여 과정이 현대사회에서 계층화의 주요 기반이 된다. 이른바 '자격증주의'가 직업 간 소득불평등을 심화함으로써 개인은 더 많은 교육, 더 좋은 대학을 원하는 지위경쟁 시합에 매진하는 것이다. 이러한 교육 경쟁은 비용부담의 능력 문제인데, 좋은 학교로의 접근성(진학 가능성)은 경제적 여력과 지리적 근린성에 달린 문제이기 때문이다. 재학 동안의 기회비용 상실과 이주비용으로 인해 가난한 사람과 농촌 지역 출신자들에게 더 큰 부담이 되는 것이 현실이다.

요컨대 교육은 지위집단들 간의 경쟁을 의미한다. 부모들은 자녀들에게 더 좋은 직업을 갖게 하기 위해 교육을 통해 자녀들을 준비시키는 것이다. 이와 같이 교육을 통한 지위경쟁은 불평등한 경주이고 불공정한 시합이라는 것이 자격증 이론의 입장이다.[7)]

4) 불평등 최대한 유지(MMI: Maximally Maintained Inequality) 이론

위의 자격증 이론은 지위집단이라는 집합적 행위자의 특성을 강조하여 교육에 의한 경쟁을 주목한 것이다. 이와는 다르게, 불평등 최대한 유지 이론은 개인이라는 합리적 행위자가 자신의 이해관계를 실현하려는 차원에서 교육현상을 분석하고 있다. 다시 말해, 교육 관련 주체인 부모나 교사들을 자신의 이해관계를 최대한 진전시키려는 합리적 행위자들이라고 전제한다.

대부분의 나라에서, 특정 교육수준에의 접근성은 빈자리 여부에 따라

7) 학교교육이 사회계층·계급 간 불평등을 재생산하는 점에 대해서는 다음 절에서 좀 더 상세히 다룬다.

제한되기 때문에 젊은 층 모두가 아닌 그 일부만이 등록을 할 수 있다. 빈 자리가 많지 않아서 병목 현상이 일어나는 교육수준은 나라마다 시기마다 다른데, 어떤 나라는 초등학교의 접근성이 불평등할 수 있고, 또 어떤 나라는 중등학교의 접근성이 불평등할 수 있다(Shavit and Blossfeld 1993).

하우트Michael Hout에 따르면, 교육 계층화는 줄서기처럼 작동한다. 교육팽창의 초기단계에서는 맨 앞줄에 선 특권계층 가족에게 혜택을 준다. 그래서 처음엔 약간의 학교교육, 그다음엔 중등학교교육, 그리고 지난 50년 동안에는 중등교육 이후의 학교교육이 팽창했는데, 엘리트 계층의 자녀들 모두가 그 수준에서의 혜택을 다 본 다음—즉 포화상태에 이른 후—에야 비로소 그 아래 계층의 자녀들이 혜택을 보기 시작한다. 이들 대다수의 진입 가능성은 그 수준에서의 팽창이 더 있을 경우에 달려 있기에 더 많은 학교 및 대학이 설립되어야 이루어진다. 이처럼 교육 접근성에서의 계급기반 불평등이 완화되는 것은 교육 수준 및 영역에서의 확장 이후에야 발생하는 것이다. 추가적인 여분이 개방될 때, 그리고 더 높은 계층의 학생들이 가장 가치 있는 교육수준에 접근을 한 이후에 비로소 비엘리트층 학생들이 접근 가능하다. 그렇기 때문에 비엘리트층 학생들은 엘리트층 학생들을 결코 앞지를 수 없다. 이러한 과정을 통해 사회적 선별이 일어나는데, 엘리트층의 자녀들은 낮은 계층의 자녀들보다 지속적으로 교육연한이 더 높게 나타나는 것이다. 그리하여 시간이 지남에 따라서 평균 교육수준이 전반적으로 상승할지라도, 부모의 사회계급과 그 자녀들의 교육 획득 사이에는 지속적인 연관성이 나타나게 된다. 즉 기득권층은 가능한 한 최대한도로 기존의 불평등 정도를 유지하려고 하는 것이다(Hout 2006).

이런 연유로 교육팽창은 3단계 과정을 거쳐 이루어진다고 본다. 곧 배제, 포화, 포용을 포함한 확대 과정이 그것이다. 이런 주장을 입증하기 위한 실증적인 비교 연구가 진행되었다. 미국을 사례로 한 실증적 연구결과에 따르면, 포화상태가 되기 이전에 가족의 계급 배경 효과가 상당히 줄어든 것으로 나타났다(Lucas 2001). 엘리트층의 약 80%가 수혜를 볼 때 이미 확대 과정이 생겨났고, 교육기회 확대가 엘리트층을 넘어서서 진행될 때에도 제도적 분화나 트랙 나누기를 동반하였다. 그리고 사회경제적 지위SES: Socioeconomic Status가 낮은 학생들은 새로운 형태의 중등과정 이후의 교육기관—실업계, 직업전문학교 등—으로 진학하는데, 이들 신생 기관은 상대적으로 역사가 오래되고 위신이 높은 기관보다 열등하며 재정도 열악하여 교과과정도 취약한 것으로 나타났다.[8] 그래서 샤비트Yossi Shavit와 그 동료들은 교육팽창이 3단계로 진행되기보다는 5단계 형태를 띤다고 수정하였다. 교육팽창 5단계는 배제, 포화, 제도적 분화를 통한 확장된 접근, 주로 낮은 지위 기관으로의 전환을 통한 포용, 엘리트의 더 높은 자격 수준으로의 이동으로 나누어진다(Shavit, Arum and Gamoran 2007; Teichler 2007).

불평등 최대한 유지 이론에 따르면 기득권층은 자신의 유리한 지위를 최대한 유지하는 전략으로서 제한된 교육기회를 활용하는 것이다. 달리 말해서, 교육기회의 확대가 계층 간에 골고루 혜택을 보장하기보다는 그렇지 않은 방향으로 전개되기 쉽다는 것이다. 그런데 이 이론은 이러한 기득권층의 불평등 유지 전략이 통하지 않도록 하는 현실적인 대안을 제시하지 못한다. 하지만 실제로는 기득권층의 불평등 최대한

8) 물론 공식적 교과과정에서도 트랙을 달리하여, 사회경제적 지위가 낮은 학생들은 낮은 교과과정 트랙으로, 사회경제적 지위가 높은 학생들은 고등교육으로 진학하는 더 높은 교과과정 트랙으로 나누어지는 것이다(Gamoran 1987).

유지 전략이 통하지 않은 예외적인 경우도 있다. 사회주의 및 공산주의 국가들이 성립 초기에 사회경제적 지위가 낮은 계층의 자녀들에게 더 우선적으로 교육기회를 제공하여 교육불평등의 역전 현상이 발생한 적이 있었던 것이다.

5) 레짐(政體: 정책 체제) 이론

교육 자격증 확산으로의 세계적인 경향은 계급기반 불평등을 강화하고 있는데, 그것은 국가 유형에 따라 구체적인 불평등 수준이 다르게 나타나게 한다. 예컨대, 보수적인 국가의 경우에 트랙킹이 교육단계 초기부터 이루어져서 학교 간 교과과정의 분화를 일찍 낳고, 직업교육에 대한 등록이 높으며, 교육체계에서도 더 많은 제도적 분화를 권장하고 있음을 알 수 있다. 이처럼 레짐 이론은 정부정책이 교육팽창뿐만 아니라 교육 접근에 미치는 영향이 크다는 점에 주목하여, 정부 유형과 교육을 연결 지어 설명한다. 이는 1990년에 에스핑-앤더슨Gøsta Esping-Andersen이, 현대사회의 복지국가들이 동일한 정책 특성을 지닌 하나의 국가유형이 아니라 크게 나누면 적어도 3가지 유형의 레짐(정책 체제)으로 분류 가능하다고 보고, 노르딕 국가들을 사회민주적 복지레짐, 미국을 자유 복지레짐, 독일을 보수적 복지레짐의 대표적 사례로 분석한 것을 준용한 이론이다(Esping-Andersen 1990).

월터Andreas Walther는 에스핑-앤더슨의 분석을 더 확장시켜서 복지국가들을 4가지 유형의 레짐으로 분류한다. 노르딕 국가들은 보편주의적 레짐인데, 이들은 지불능력과 상관없이 모든 국민들에게 정부가 보조하는 복지정책을 펼친다. 고용중심적 레짐인 독일, 프랑스, 네덜란드에서는 고용주의 역할을 강조하고 있다. 미국, 영국, 아일랜드는 자유주의적 레짐으로, 사회적 필요에 대하여 자유시장에 내맡기는 해결책을 선호하는 편이다. 그리고 이탈리아, 스페인, 포르투갈은 준보호주의 레짐인데, 이들 국가는 모든 구성원들을 위한 자원과 지지 제공의 주된 책임을 가족에게 전가한다. 이와 같이 레짐의 유형에 따라 각 국가는 교육 확대, 청년층의 경제 편입, 사회불평등 완화 정책들에서 입장을 달리하고 있다(Walther 2006).

최근 들어 레짐 이론이 인기를 끄는 이유는 두 가지를 들 수 있다. 하나는 UNESCO, UN, OECD 등의 나라별 통계치 수합으로 많은 나라의 교육에 관한 비교 가능한 정보 수집이 용이해졌다는 점이다. 다른 하나는 복지국가 유형별로 교육 및 정책 영역의 비교분석이 가능한 통계기법을 사용하기가 용이해졌다는 점이다. 따라서 교육팽창의 일반적인 전지구적 논리를 규명하기보다는, 실질적으로 교육과 불평등 결과에서 나타나는 차이를 국가 간 비교분석을 통해 국가유형과의 연관성을 밝히는 작업이 가능해진 것이다.

6) 교육기회 확산의 불평등

인류사회가 누구에게나 교육받을 기회를 명시적으로 보장한 역사는 그렇게 오래되지 않았다. 오늘날 선진국이라 불리는 나라들조차 19세기 후반 이후부터 초등학교 의무교육을 시작하였고, 1960년대 이후부터 점차 고등교육에 대한 수요 증대로 고등교육기관이 증설되기 시작했다. 대학원 등 고위학위 취득과정에 대한 인기가 상승한 것은 그보다 뒤에 나타난 현상인데, 이처럼 교육수요가 급증한 것은 개인에게는 사회적 지위상승과 소득증대의 기대감 때문이었고, 정부 차원에서는 국가경제 성장을 촉진하는 요소로서 교육투자를 중시한 정책효과 때문이었다.

특히 고등교육기관까지 교육기회가 확대된 것은 비교적 최근의 일이다. OECD 국가 청년들의 대학진학은 1995년에서 2006년 사이에 20%가 증가하였으며,[9] 중간소득국가의 경우에는 8년에 걸쳐 무려 77%나 증가하였다.[10] 선진국의 교육팽창 형태가—일부 후진국에서는 문맹률이 아직 높고 증등교육 이수자도 적은 상태이긴 하지만—후진국에까지 점차 확산되어 가는 추세이다. 그 결과 전 세계 대부분의 나라에서는 젊은 세대의 학력수준이 그 부모 세대보다 급상승하고 있다. 심지어 지난 20여 년간 고등교육기관의 해외유학생 등록이 대폭 상승하였는데, 이는 그만큼 젊은 세대가 자신의 부모 세대보다 국제이동의 경험이 많다는 사실을 방증해 준다.[11]

이러한 교육기회의 확산은 여러 가지 긍정적인 측면이 있지만 또한 그 이면에는 어두운 그림자를 드리우고 있다. 무엇보다도 교육기회 확대를 위한 정부의 교육투자비 상승은 재정 압박을 초래하여 불평등 완화에 부정적 효과를 낳는다. 또한 고등교육 수요에 비해 공급의 제한은 입학기준의 강화로 과도한 경쟁을 유발하고 있다. 이는 고등교육기관의 우열적 위계서열화를 피할 수 없게 함으로써 학교 간 분화와 불평등을 야기하는 원인이 된다. 그리고 자원을 지닌 학부모가 자녀의 경쟁력 제고를 위해 사교육을 지원함에 따라 방과후 학원, 과외, 문제풀이 시험 등 교육산업이 전 세계적으로 발달하고 있다. 이는 소득 수준의 차이에

9) OECD(2008), p. 13.

10) UNESCO(2005), p. 43, p. 180.

11) 고등교육기관 해외유학생 수는 약 300만 명에 달한다. 주요국가의 대학들에서 해외유학생이 차지하는 비율이 높은 순서는 미국(20%), 영국(11%), 독일, 프랑스, 호주 순이다(OECD 2008: 353-354). 학부유학생 대다수는 아시아 국가 출신이고, EU국가들은 Bologna 프로그램으로써 그 자체 내에서 유학생들 대부분이 생겨나고 있다.

따라서 불평등한 방식으로 사적 제도의 서비스가 달라짐을 의미한다. 결국 상대적으로 저소득층 자녀가 중심이 되는 공교육 기관의 명성은 하락하는 반면에, 전 세계적으로 부유한 계층에서는 명문학교 진학을 위한 노력이 진행되어, 해외유학생의 비율이 증가하는 추세를 보인다.

해외대학으로 진학하는 이유는 크게 네 가지를 들 수 있다. 첫째, 위신 있는 자격증 취득과 영어 습득을 통하여 자국 내에서 좋은 직장을 얻기 위해서다. 둘째, 자국 내 명문대학의 진학경쟁에서 실패하여 안전밸브로서의 해외대학으로 도피성 유학을 가는 경우이다. 셋째, 이민 또는 취업을 위한 방편으로서 유학을 택하기도 한다. 넷째, 교환학생 자격으로 해외문물에 대한 견문을 넓히고 세계시민적 전망을 갖기 위해 유학하는 경우도 많다.

그런데 돌이켜 보면, 후진국의 해외유학 기원은 식민시대에서부터 찾을 수 있다. 나중에 독립 이후는 강대국이 신생국에 대한 지속적인 영향력 행사를 위해 장학금을 지원하면서, 사회지도층을 양성하는 형태로 바뀌었다. 그렇지만 최근 들어 국제교육은 전 지구적인 비즈니스로 성장하고 있다. 특히 영어권 국가들의 대학에서는 외국학생들에게 더 높은 등록금을 받고 있는데, 이는 자국의 정부지원의 한계 때문에 재정확충을 위한 것임을 알 수 있다. 실제로 일부 선진국 대학은 기업화하여, 약 100개 대학이 해외에 위성 캠퍼스를 설립·운영하고 있으며, 이들 대학에는 국경을 초월한 등록자 수가 적어도 30만 명은 될 것으로 추산되기도 한다.[12)]

국제 교육화가 전 지구적 사회경제 불평등에 미치는 영향에 대한 입

12) IOM(2008), pp. 113-114.

장은 크게 두 가지 접근으로 나눠진다. 하나는 이른바 '역량구축capacity-building' 접근이다. 이는 긍정적인 측면을 강조하는 입장이다. 즉 가난한 국가의 학생들이 선진국의 교육혜택을 받는다는 것은 재분배의 효과가 있고, 특히 연구 및 교육 수준의 격차를 줄여 준다고 본다. 대표적인 예가 중국의 자국민 해외학자 초빙 정책을 들 수 있는데, 후발국이었던 중국이 자국 출신 해외유학생들이 선진국에서 배운 기술을 활용함으로써 급성장할 수 있었다는 것이다. 다른 하나는 부정적 측면을 부각하는 입장인데, 이른바 '두뇌유출brain drain' 접근이다. 이에 따르면, 가난한 나라에서 재능과 기술을 가진 인재들이 선진국으로 유출됨으로써 그 격차를 심화시킬 수 있다고 본다. 예를 들면, EU 내의 국제학생 27%가 학위취득 후 6개월 이내에 영국에 취업한 것으로 나타났고, 미국, 캐나다, 호주의 경우에도 이민자의 1/5에서 1/2이 그 나라에서 공부한 외국 출신 학생들이다(Suter and Jandl 2006). 이처럼 후진국에는 적절한 일자리가 부족하고 임금수준도 낮은 탓에 유학생들이 선진국에서 터득한 기술을 자국에서 활용하는 데 한계가 있다는 것이다. 아무튼 해외유학을 통하여 후진국의 부유층 자녀들이 주로 선진국의 교육 수혜자가 되는 것은 기득권 강화에 도움이 되는 반면에, 상대적으로 여유롭지 못한 계층의 자녀들은 자국 내의 재정 빈약 기관에서 과밀학습형태 등의 열악한 교육을 받는 형편이다.

지금까지 이 절에서는 교육기회를 확대한다고 해서 자동적으로 소득분배가 개선되는 것은 아니라는 점을 살펴보았다. 개인에게 교육기회를 보장하고 학력을 신장하더라도 소득증대를 통한 지위상승은 현실적으로 기대하기 힘들다는 사실을 지적한 것이다. 학력상승이 지위향상을 가져다줄 것이라는 개인적 차원의 환상뿐만 아니라 교육기회 확대를 통한 생산성 신장으로 경제성장을 이루고 소득격차를 해소할 것이라는 국가적 차원의 신화를 깨트리려는 의도에서였다.

따지고 보면, 교육기회 확대를 통한 학력상승이라는 결과는 학교교육이라는 과정을 거쳐서 얻는다. 그렇다면 학교교육이라는 과정에 대한 의혹을 가질 만하다. 이제 남은 질문은 이렇다. 학교교육이 불평등 완화나 해소에 그다지 도움이 되지 않은 이유가 무엇일까? 다음 절에서는 교육이 사회불평등을 완화하거나 해소하기보다는 오히려 기존의 사회불평등을 유지하고 재생산하는 데 기능하고 있는 점을 보여 주고자 한다.

2. 학교교육과 불평등 이론

이 절에서 다루는 이론들[13)]은 자본주의 사회에서, 학교교육이 어떻게 사회불평등을 유지하는가라는 질문에 답하려는 것이다. 주로 교육의 사회적 기능에 주목하되, 특히 학교교육이 사회적 불평등을 재생산하는 기제를 중점적으로 파악하고 있다. 이는 학교교육이 사회불평등을 완화한다는 고전적 주장과는 상이한 견해이다.

1) 사회경제적 재생산 이론

사회경제적 재생산 이론은 경제적 하부구조가 상부구조에 대해 갖는 일방적인 우위성을 강조하는 고전적 내지는 정통적 맑시즘에 기초를 두고 있다. 고전적 맑시즘의 이론적 뿌리는 맑스Karl Marx 자신이 역사적 유물론을 공식화한 「정치경제학 비판 서문」에서 찾아볼 수 있다. 이는 인류사회의 변화과정에서 비경제적 요소들이 분담하는 역할을 과소평가

13) 이 절은 김규원(1990)의 글을 많이 옮겨 왔다.

하는 내용을 담고 있다. 문화, 정치, 이데올로기 등의 영역은 하부구조에서 파생하는 부수적인 현상처럼 비쳐진다. 그리고 상부구조의 내용과 성격은 생산관계 안에서 행동주체가 차지하는 사회적 위치, 곧 계급관계를 살펴봄으로써 파악할 수 있다고 본다.

이런 식의 구조적 경제주의 관점에서 교육 현상을 분석해 낸 전형적인 예가 보울즈Samuel Bowles와 진티스Herbert Gintis가 함께 내놓은 「자본주의 미국에서의 학교교육」이다. 이들은 학교와 직업 현장 사이에 구조적 상동성이 존재한다는 점을 파악하고, 학교를 경제제도와 밀접히 연관해서 이해하고자 한다. 학교는 학생들로 하여금 앞으로 성인이 되어 계급적인 작업 현장에서 수행할 역할에 알맞은 기술과 성향 및 태도를 배우도록 하며, 교과과정과 평가방식을 통하여 일종의 계급적인 선별 기능을 담당하고 있다고 본다. 이들의 말을 빌리면,

> 교육에서 나타나는 사회적 관계의 구조는 학생이 직장에서의 작업원리를 받아들이게 할 뿐만 아니라 작업 활동의 중요한 구성요소가 되는 개인의 태도, 자기표현의 방식, 자아상, 그리고 사회계급적 정체의식 따위를 계발하도록 한다. 구체적으로, 교육에서의 사회적 관계는—행정담당자와 교사, 교사와 학생, 학생과 학생, 학생과 그들의 작업들 사이의 관계들은—노동의 위계적 분업을 재현하고 있는 것이다.[14)]

조금 더 구체적으로, 학교교육은 자본주의 사회의 불평등을 어떻게 유지하는가? 보울즈와 진티스는 교육제도가 수행하는 다음과 같은 두

14) Bowles and Gintis(1976), p. 131.

가지 기능을 들어 답한다. 첫째는 학교가 자본주의 사회에서 자본축적을 위한 필수적인 노동력의 양산을 맡고 있는바, 위계적인 분업구조에 적합한 업무를 분담하기 위하여 학생들을 계급적 위치에 따라 차별적으로 교육시킴으로써, 현존하는 계급구조를 재생산하는 것이다. 실제로 자본가 계급 출신은 인문계열의 명문 사립학교로 진학하여 역시 명문 대학교까지 학업을 계속하는 반면에, 노동자 계급 출신은 대학 진학이 어려운, 주로 실업계열의 공립학교를 다니는 경우가 많다. 그리고 노동자 계급의 협상지위를 약화하기 위하여 산업예비군이 필요한데, 대중교육을 통한 많은 학력자의 생산은 곧 실업노동자 집단을 유지하는 수단이 된다고 본다. 둘째로 노동착취를 통한 이윤의 증대를 도모하기 위해서는 기존의 계급적인 사회관계를 문제시하지 않고 당연한 것인 양 받아들이게 하는 것이 중요하다. 이는 계급관계의 현상유지를 정당화하는 가치관을 노동자에게 심어 주어야 한다는 뜻이다. 이에 학교교육은 자본주의 제도를 인정하고, 나아가 옹호하는 의식성향과 태도를 사회화하는 기능을 맡고 있는 것이다.

이처럼 보울즈와 진티스는 경제적 불평등 현상에 관심의 초점을 맞추고 자본주의 사회에서 계급관계가 학교교육을 통하여 재생산·유지되는 과정에 주목한다. 나아가서는, 미국의 대중교육제도가 민주주의적 기능보다는 자본주의 사회체제에 필요한 노동력을 양산하는 기능을 수행하고 있음을 강조한다. 특히 학교는 숨겨진 교과과정hidden curriculum을 통해 학생들에게 순응적 성향을 습득하게 함으로써 현존의 사회경제적 질서를 영속화하는 제도로서 기능한다고 본다. 숨겨진 교과과정에 의해 학생들을 분류하는 선별 기능을 학교가 수행하여, 학생들 자신의 사회경제적 도착지(목표 직업)에 따라 학습태도와 행동을 다르게 준비하도록 한다는 것이다. 다시 말해서 "학교체계는 경제부문에서 기인하는 불평등과 억압의 정도를 기본적으로 더하지도 빼지도 않은 것"[15]이며 다만 재생산하는 수단적 기능을 사회적으로 수행한다고 보는 것이다. 요컨대, 보울즈와 진티스가 파악한 자본주의 사회에서의 교육체계는 노동력을 훈련시키고 또 계층화하여 위계적 사회관계를 재생산하고 정당화한다고 본다.

사회경제적 재생산 이론은 교육에 대한 순기능론적 접근을 비판하고 그 역기능적인 측면을 부각시켜 주었다. 학교교육에서 나타나는 사회적 관계와 생산현장의 사회적 관계 사이에는 상응관계가 존재한다는 점을 강조하고, 단순히 교육받을 기회만 부여하면 능력에 의한 사회이동이 가능한 민주적이고 정의로운 사회가 될 수 있다는 주장은 현대판 신화에 불과하다는 점을 제시한다. 더군다나 불평등하고 억압적인 사회관계는 근본적으로 자본주의 경제구조에서 기인하는 것이므로 이러한 구조적 개혁 없이는 어떤 교육제도 내의 개선도 사회평등을 구현하는 데 한계가 있다고 본다. 이러한 보울즈와 진티스의 정치경제학적 분석은 교육의 평등화가 사회의 평등화로 이어지지 못하는 이유를 설명하는 장점이 있다.

그러나 이 사회경제적 재생산 이론은 다음과 같은 비판을 받아 왔다. 먼저 이론구성면에서 따진다면, 이 이론은 계급이라는 개념을 경험적으로 적용함에 있어 생산관계 그 자체에서 파악했다기보다는 오히려 이 이론이 비판하고자 한 구조기능론적 계층 이론에서처럼 직업적 위치 등이 포함된, 이른바 사회경제적 지위를 실증적 지표로 이용하고 있다. 이러한 개념의 조작화 문제점은 기능 이론이 주장하는 학교제도의 사회

15) ibid, p. 275.

화 기능을 암암리에 받아들이는 잘못을 범하게 되어 결국 그 수동적 인간관까지 극복하는 데 실패했다고 할 수 있다. 인간은 의미를 구성하고 상황을 정의할 수 있는 능동적 존재이기도 하므로 젊은이들이 학교에서 지배와 복종의 사회관계를 아무런 저항 없이 순응한다고 전제하는 것은 과잉사회화의 모델에서 빠져나오지 못한 것이다. 그다음으로 비판할 점은, 학교를 사회에 종속된 것으로 전제함으로써 자본주의 사회의 계급관계의 구조적 특성이 그대로 학교에 재현되는 것처럼 구조적 상동성을 지나치게 강조한 것이다. 그리하여 학교를 마치 하나의 비밀상자처럼 취급하여 학교 내부에서 일어나는 구성원들 사이의 권력관계와 역동성을 간과해 버리는 결과를 낳고 만 것은 아쉬운 부분이 아닐 수 없다. 학교 안에서 진행되는 일을 신비화하는 것이나, 학교교육을 그저 전체 사회의 목적과 요구를 단순히 반영하여 재생한다는 식으로 인식하는 것은 문제해결을 위한 주체 설정과 대안 모색을 어렵게 하고 만다. 이 점은 마지막 비판과 직결되는 문제점이다. 곧 사회경제적 재생산 이론의 실천적 함의를 따져 볼 때도 시사하는 바가 밝지 않은 측면이다. 어떤 식으로든지 불평등구조가 재생산되고 마는 것이 자본주의 체제의 속성이라고 한다면, 교육제도와 학교교육은 인간해방과 사회변혁에 아무런 쓸모가 없는 것이 된다. 이런 점에서 보울즈와 진티스가 그들 책의 마지막 장에서 학교외부에 주안점을 둔 정치적 해결방법을 제시하고 있는 것은 놀라운 일이 아니다. 이는 교육 내의 변화조차 자본주의 체제라는 거시적 구조 자체에 대항하는 '광범한 대중 운동broad based mass movement'에 의존하고 마는 것이다. 아로노위츠Stanley Aronowitz와 지루Henry Giroux는 대안 선택상 이런 식의 전략적 결핍상태를 '급진적 패배주의의 한 형태a form of radical pessimism'라고 부른다.[16] 아무튼 실제 교육 부문의 역사적 전개는 일방적으로 학교 밖의 정치경제적 변화에만 내맡겨져 온 것이 아니라는 점을 상기할 필요가 있다.

2) 문화적 재생산 이론

문화적 재생산 이론가들에 따르면, 학교는 경제로부터 '상대적 자율성'을 지니고 있다. 학교가 오로지 자본의 요구를 수동적으로 수용하거나 보증하는 구실을 한다기보다는 오히려 자본축적의 논리에 종종 모순적인 면을 드러내는 것으로 본다(Bourdieu and Passeron 1977). 이들의 분석에 따르면, 학교는 적어도 학교생활의 일상적 관행과 의례들을 통해 동의consensus를 조직하고 또 정당성을 담보해 내는 기능을 수행한다(Bernstein 1971). 구체적으로 학교의 교과과정은 지배세력의 이데올로기로 편성되어 있어 수업을 통해 학생들은 부지불식간에 기성체제를 옹호·유지하는 문화에 젖어 든다(Apple 2004). 결국 학교가 제공하는 문화적 생활은 사회질서 및 기득권 유지를 위한 사회통제의 발판으로 작용하고 있는 것이다(Young 1971).

한마디로 문화적 재생산 이론가들은 대개 학교를 지배적 형태의 문화(지식, 가치, 태도 등)를 분배하고 또 정당화하여 계급관계와 지배구조를 재생산하는 기능을 지닌 제도로 묘사하고 있는 점이 공통적이다. 그렇지만 그 구체적인 유지 기제와 재생산 양태를 설명하는 데는 차이가 있다. 여기서는 대표적인 학자인 영, 부르디외, 번스타인을 중심으로 간략히 소개하기로 한다.

---

16) Aronowitz and Giroux(1985), p. 79.

영M. F. D. Young을 중심으로 한 신교육사회학자들은 사회통제의 재생산을 촉진시키는 가치와 규범이 학교생활을 통하여 이데올로기로서 재생산된다는 점에 주목한다. 특히 학교라는 제도적 틀 자체의 맥락 안에서 지식을 조직화하는 것을 검토대상으로 삼고 있다. 교사, 학생, 그리고 학교행정 담당자가 협의와 조정을 거쳐 만든 교과과정이라는 것도 따지고 보면 학교 안에서의 권위관계를 재생산하는 방식으로 학교지식이 선택되고 조직된 것임을 폭로하면서, 학교는 다름 아닌 사회통제의 모체라고 파악한다(Young 1971, 1972). 그러나 아쉽게도 이들은 학교지식과 전체 사회에서의 갈등 간의 체계적인 연관성을 밝히는 데 소홀했다는 문제점이 있다. 그리하여 이들이 내놓은 급진적 변화를 위한 실천적 대안이라는 것도 학교생활에서의 권위관계를 완화하기 위한 민주적 행동양식의 주입, 그리고 학교지식의 추출구조의 재장치 등인데, 이는 단순한 제도적 조정에 국한된 것으로 여전히 기존 틀 안에서의 움직임에 그치고 말아 전체 사회의 통제구조를 건드리지 못한다는 한계를 드러내고 있다.

부르디외Pierre Bourdieu 역시 학교교육의 심층논리 및 숨겨진 교과과정이 지배문화를 재생산해 내는 기능을 갖고 있다고 주장하며 학교가 결코 중립적이지 않다고 본다. 다시 말해, 학교에서 행해지는 학습과 평가 양식 따위는 지배집단이 그들의 경제적 이해관계를 반영하고 지탱하는 데 기여하고 있다는 것이다. 하지만 부르디외는, 학교는 자본의 논리와 동떨어지며 또 때로는 그에 모순되는 나름대로의 주 관심사를 지니고 있다고 보는 점이 영국의 신교육사회학자들과 다르다. 교육제도가 중립성과 객관성을 지닌다는 일반인의 환상은 바로 이러한 경제적 체제로부터의 상대적 자율성 때문에 가능한 것이라고 볼 수 있다. 부르디외는 지배적 가치가 학교교육을 통하여 개인들에게 내면화되고 나아가 모든 사회집단의 평가척도가 되는 과정을 '문화자본cultural capital', '상징적 폭력symbolic violence', '습성habitus' 등의 용어로 설명한다(Bourdieu 1966; Bourdieu and Passeron 1977; Bourdieu 1984).

문화자본은 각 개인의 가정이 위치한 계급적 범주에 따라 물려받는 일련의 다양한 언어적 능력 및 표현방식, 생활지식과 가치 및 태도의 유형 등을 의미한다. 아동들은 그가 속한 계급적 지위에 부합하는 세계관과 사고양식을 학교에 들어가기 이전부터 가족생활을 통하여 자연스럽게 물려받는다. 그런데 학교교육에서 다루는 지식은 거의 상류층 및 중산층 계급의 문화자본의 내용을 담고 있으므로, 이런 부류의 문화와 동떨어진 생활을 해 온 피지배계급의 아동들은 학습활동에서 위축될 수밖에 없고 교사가 가르치는 내용을 제대로 이해하지 못해서 학업성취도가 낮아지기 십상이다. 곧 기득권층의 자녀들이 문화자본을 통해 학교 자격증 경쟁 시합에서 승리하여 다른 하위계층 자녀들보다 우월함을 인정받는 것이다.

이와 같이 학교는 지배계급의 문화적 전횡이 자행되는 곳으로서, 하층 계급의 아동들에게 자신들의 고유한 계급적 습성을 해체하고 지배계급의 습성을 이식받도록 하는 무형의 압박을 가하는, 이른바 상징적 폭력을 행사한다. 상징적 폭력이란, 지배층의 문화를 보편적인 것으로 임의 조작하고 나아가 사회구성원 모두가 공유하도록 제도적으로 강제하는 것을 말한다. 이렇게 보면 교육행위란 상징적 폭력을 행사하여 이런 문화의 결과로써 나름대로 지속적인 주체적 성향을 갖게 하는데, 이처럼 상징적 폭력체계를 기계적으로 강요하지 않더라도 참여자 스스로 기존체제를 재생산해 간다. 요컨대 교육체제는 피교육자에게 지배계급의 문화적 자의성을 내면화한 결과인 습성을 심어 주고, 그 체제 자체가 행사하는 상징적 폭력을 인식하지 못하게 한다. 그럼으로써 학교교육은 지배계급의 문화자본을 재생산하는 그 존재행위에 대한 정당성을 확보하는 것이다.

번스타인Basil Bernstein도 부르디외와 같이 학교라고 하는 문화적 인준 및 제재cultural affirmations and sanctions 조직을 통하여 계급구조가 재생산되는 점에 관심을 갖는다. 사회 전체에 문화적 불평등이 구조적으로 배열되어 있음을 가정하고서 이런 현상이 학교에서 어떻게 재현되는지에 연구의 초점을 맞춘다. 학교교육이 계급구조를 배열하고 있는 측면에 대한 번스타인의 주장을 두 가지로 나누어 정리할 수 있다. 첫째, 정체의식의 형성은 문화의 산물이지 단순히 순수한 경제적 결과가 아니다. 둘째, 지배집단은 단일체monolithic가 아니라 여러 계급분파로 이루어지고, 따라서 학교에 대하여 서로 다른 요구를 행사한다.

첫 번째 주장은 '분류classification', '설정framing', '(의사전달) 규율code'의 개념을 중심으로 풀이할 수 있다. 번스타인은, 학교조직의 특성을 분류와 설정으로 보고 이를 통해 학교교육에서 다루는 지식의 유형 및 내용이 사회 정체의식 형성에 구조적으로 연관되는 측면을 설명하고 있다. 분류는 지식의 다른 범주들 간의 경계를 설정하며, 그 범주들 간의 상호연관성과 순서를 정하는 것을 말한다. 그리고 설정은 교사와 학생들 사이에 존재하는 교육학적 관계pedagogical relations를 통제하는 형태 및 정도를 일컫는다. 분류와 설정이 특정 형태로 조합되면 이는 특정의 의사소통형태, 다른 말로 하면 의사전달의 규율이 만들어진다.

학교교육이 학생들을 서로 다르게 사회화하는 과정을 이해하기 위해서는 두 가지 다른 의사소통의 규율을 주목할 만하다. 이른바 집합적 규율the collection code은 교사를 한 분야의 전문가로 설정하여 그 위치상 갖는 권위를 엄격히 인정하는 형태이다. 즉 강한 분류와 강한 설정을 특징으로 한다. 교실 안에서 다루는 지식의 내용과 범위, 허용되는 태도와 행동 등에 대하여 교사가 명확한 통제력을 갖는 것이다. 그와 대조적으로 통합적 규율the integrated code은 약한 분류와 약한 설정을 특징으로 하는데, 학급에서 다루는 내용, 교재, 수업진행 속도 등에 관하여 학생들 사이의 우호적이며 협동적인 노력을 자아낸다. 즉 학습주체 선정과 수업방식 선택이 교사의 엄정한 권위에 의해 일방적으로 행사되지 않는 형태이다. 이런 맥락에서는 개별적인 관계personalised relations를 중요시한다.

번스타인이 볼 때, 규율들은 애초에 학교 밖에서 생겨났는데, 학교조직에서 나타나는 두 가지 규율은 모두 중류계급의 방식이라서 노동계급의 학생들은 부지불식간에 소외되고 만다. 일반적으로 집합적 규율은 물리적 대상을 다루는 사람들에게 많이 나타나며, 통합적 규율은 인간적 대상(사람, 사상, 상징 등)을 다루면서 개인적 접근을 선호하는 사람들에게 주로 나타난다. 직업적인 예를 든다면, 집합적 규율은 생산품 관리자에게, 통합적 규율은 정보와 사람에 대한 관리자에게 적합하다.

번스타인의 두 번째 주장은 사회경제적 재생산 이론가들이나 부르디외 같은 문화적 재생산 이론가들의 주장과 구별되는 점이다. 번스타인에 따르면, 학교야말로 문화와 경제가 서로 어긋나고 있음이 가장 잘 드러나는 곳이다. 학교교육에 대한 투자와 대가에 있어서 자본가 계급과 신중간 계급, 그리고 구중간 계급이라는 여러 계급적 분파가 서로 차이가 난다는 것을 눈여겨보고 있다. 생산의 논리와 상징적 통제의 논리가 불일치한다는 사실은 학교교육에 의한 불평등 재생산이 계급마다 일률적으로 진행되지 않고 있음을 시사한다. 노동자 계급과 자본가 계급의 의식은 생산의 논리에 지배받는 경향이라면, 상징적 통제의 주체인 신중간 계급의 의식은 주로 교육양식the mode of education에 의해 형성되고 생산양식에 의해서는 간접적으로 영향받는다고 할 것이다(Bernstein 1971, 2000).

아무튼 부르디외와 번스타인의 설명은 우리들에게 학교교육의 상대적 자율성을 잘 인식시켜 준다. 사회불평등의 주요 내용과 유지 방식을 이해하는 데 경제적 요인 못지않게 문화적 요인도 중요하다는 것을 일깨워 준 공로는 크다. 그런데 이들의 개념과 이론은 불평등을 해소하려는 노력에 대해서는 다음과 같은 공통된 한계점을 지닌다.

무엇보다 부르디외의 문화자본이라는 개념과 번스타인의 규율이라는 개념은 문화의 결과적 측면에 치중한 것으로, 문화의 생산적 측면을 소홀히 취급하여 정적靜的이면서 피동적인 상태로 남아 있다. 달리 말하면, 이들에게 문화는 이미 만들어져 있는 것ready-made이며 그것도 이분법적dichotomous으로 구도화한 채 존재한다. 여기에는 역사적 가변성과 인종, 계급, 성별 간의 교차성이 비집고 들어갈 틈이 없다(Aronowitz and Giroux 1985). 이와 같은 개념적 경직성conceptual rigidity은 이론의 도식성마저 피하기 어렵게 만드는 면이 있다.

그다음으로, 이들 이론은 사회에서 관찰되지 않는 기본구조를 문화적인 것으로 간주하는 일종의 구조주의적인 특색을 지닌다. 이런 관점에서는 학교교육을 에워싼 구조가 인간의 잠재력을 억압하는 작용을 하는데도 교사와 학생 모두 이 점을 인지하지 못하고서 이 구조의 재생산에 수동적으로 개입하고 있는 것으로 파악한다. 이렇게 보면, 학교를 정치의 생산 현장a site of the production of politics으로 파악해 볼 수 있는 측면을 배제하고 말아, 학교교육 안에서 행하는 인간 주체들의 실천과 그 전략의 의미를 상실하거나 제한하게 된다. 즉 모든 구체적 실재의 의미는 궁극적으로 구조로부터 추론되고 파생되기 때문에, 인간 주체의 개별적 노력은 그 구조의 변화에 별다른 영향을 미치지 못하는 것으로 귀결되고 만다. 이러한 결론은 동양 사고에서 보이는 식자층의 숙명론을 연상케 하는 엘리트 비관주의elite pessimism에 젖어들도록 할지 모른다.

정리하자면, 문화적 재생산 이론은 학교의 내부 질서와 작용에 많은 관심을 모아 교육에 관한 진보적 논의를 강화하는 데 기여하였다. 그러나 관심의 초점을 학교교육 참여자들 자체의 상호작용보다는 학교생활의 형식적 영역(즉, curriculum)과 공식적 영역(즉, classroom)에 너무 집중한 점이 문제로 남는다. 왜냐하면 문화에 대한 과도한 구조주의적 해석은 문화생산 주체에 대한 이해를 제한하는 결과를 낳고, 자칫 더 심할 경우에는 변혁을 지향하는 실천의 전망을 어둡게 하기 때문이다.

3) 비판적 문화 이론

비판적 문화 이론가들은 문화, 정치, 경제 등에서 이루어지는 상호연관성을 중시하고 학교 안의 물질적 문화의 정치화와 상업화로 인한 이데올로기적 침투를 주목한다. 그러나 앞서 소개한 체제 재생산 이론들(곧 사회경제적 재생산 이론과 문화적 재생산 이론)과는 다르게, 이들은 국가, 교육, 문화, 경제 사이의 관련성을 모순, 대립, 분열로 특징짓는 복잡한 현상으로 취급한다. 다시 말해서, 불평등의 재생산 과정을 순전히 상응correspondence, 반복repetition 및 반사reflection의 문제로 인식하지 않고, 그보다는 모순contradiction, 중재mediation 및 변형transformation의 문제로 파악해 간다. 특히 이들은 학교교육과 자본주의 경제체제와의 관계를, 사회경제적 재생산 모형에서 표현된 것처럼 자본가 계급과 노동자 계급의 단순한 이분법적인 대립의 결과로 파악하지 않고, 오히려 다중적이고 전략적인 연합으로 특징지어지는 사회적 권력관계에 작용하는 패권 다툼hegemony과 연결해서 이해하고자 한다. 대략 비판적 문화 이론가들의 공통점은 체제 재생산 이론에 대하여 불만을 갖고 이를 해소하는 방법을 찾고자 하는 데 있다(Giroux 1983).

반사 모형이라고 할 수 있는 체제 재생산 이론에 대한 불만을 제기하면 이렇다. 곧 체제 재생산이라는 틀 안에 갇혀서 조종당하는 인간관계와 철통같은 체제법칙이라는 양극 사이에 의식적이며 합리적인 인간 활동이 녹아 없어져 버린다. 체제 재생산 관점은 사회구조가 인간 활동의 원천이 아니고 그 결과라는 점을 잊어버리도록 하는 것이다. 그렇기에 비판적 문화 이론가들은 이러한 불만을 거시적인 구조와 미시적인 생활실천 수준과 연관해 보려는 노력으로써 풀고자 한다. 다시 말해서, 구조와 인간 주체 사이의 이론적 틈을 좁히기 위하여 정치경제적 차원의 연구와 학습현장에 관한 민속학적 조사를 연결하고자 한다. 그런데 이러한 시도들을 연구의 주안점과 경험조사의 주요대상에 따라 다시 크게 둘로 나누어 정리할 수 있다. 하나는 학교현장에서 억압받는 집단이 문화생산에 간여하는 측면에 주목하는 연구이고, 다른 하나는 교과과정에 대한 체계적인 분석을 토대로 하여 국가의 역할과 학교교육의 관련성을 다루는 연구들이다. 앞의 것을 항거 이론이라고 명명하고, 나중 것을 헤게모니 국가 이론이라고 이름 짓고자 한다.

(1) 항거 이론

전통적으로 학교교육의 중심적 기능은 성공과 실패를 생산하는 것에 관련되어 있다고 보았다. 보수적인 성향의 교육 이론가들은 반항적 행위를 일탈적이고 파괴적이며 열등한 것으로 보고 바로 학업의 실패를 가늠하는 지표로 간주한다. 체제 재생산 이론가들 역시 학교교육에서의 실패란 문화적 박탈 또는 문화적 부정합이라고 간주하였다. 예를 들면, 반항적 행위를 비행, 빈곤문화, 낙인 등과 같은 부정적인 의미범주로 파악하여, 소외받고 억압당하는 계층의 학생들이 중산층 이상의 지배적 문화에 잘 적응하지 못한 결과라고 본다.

비판적 문화 이론가는 학생의 반항적 행위를 학교체제와 지배관계에 대한 저항의 표현으로 보고 오히려 긍정적인 의미를 부여한다. 교사와 학생은 끊임없이 상대방으로부터, 학습과정의 논리로부터, 그리고 학교 당국의 통제로부터 벗어나서 그들 스스로의 자아생산self production에 참여한다고 본다. 무엇보다도 학업상 실패는 계열별 반편성이나 숨겨진 교과과정의 결과라기보다는 노동자 계급 출신 학생들이 학교의 형식논리와 공식통제를 거부하고 타협하지 않은 산물이라고 해석한다. 대표적으로 윌리스Paul Willis가 이와 같은 점을 잘 제시해 준다.

윌리스는 영국의 한 산업도시(가칭 '해머스타운Hammerstown')의 어느 고등학교를 집중적으로 조사하였다. 우리 식으로 표현하면 농땡이 치는 노동자 계급 출신의 백인 남학생들을 '사내놈들the lads'이라 칭하고 이들의 하위문화가 지니는 역학성을 분석해 낸 것이다. 이 사내놈들은 자기들한테 친숙한 노동자 계급의 문화를 서로 견지할 뿐만 아니라 그럼으로써 학교의 공식적 질서구조를 뒤엎어 버리는 영향력을 행사한다. 근육질 체격과 성적 대담성sexual prowess, 그리고 혈통의 순수성을 자랑삼으면서 이 사내놈들은 육체적 생산직 종사자 계급 출신의 아들이라는 정체의식을 지니고 있다. 이들은 학교생활에서 학업보다는 농땡이를 부리고 거리낌 없이 남의 물건에 손상을 입히는 짓거리vandalism를 일삼는데, 이는 학교당국이나 교사에 반항하는 특성을 앞으로 생산현장에서의 저항이데올로기와 실천으로 연결 짓는 행태이다. 곧 이들은 생산현장의 문화적 전승자라고 본다.

또한 윌리스는 학교를 규칙이 지배하면서도 생동하는 사회제도로 파악하고, 이 제도가 부과하는 물리적 제약들에 의해 사내놈들의 반항적 행동이 상당히 한정되고 있음을 밝힌다. 아울러 사내놈들의 반항적 행위 역시 학교생활의 구성적 질서를 형성하는 데 영향을 미치고 있음도 지적한다. 예를 들면, 교사들은 사내놈들의 저항과 문화적 침해에 의해서 '방어적 수업'을 진행하지 않을 수 없는 압력을 늘 받고 있는 것이다(Willis 1981). 방어적 수업이라는 것은 교사가 자신의 의지나 목표대로 수업을 진행하지 못하고 소란 등의 진행방해 때문에 대충 내용을 전달하고 주로 학생들의 태도와 자세 따위를 문제 삼아 수업시간이 흘러가 버리는 수업을 말한다.

여기서 중요한 점은, 윌리스가 이와 같은 분석에서 경제에 대하여 가정과 학교의 문화적 생활이 지닌 중재 기능을 주목하고서 그 상호 연결을 꾀한 것이다. 바꾸어 말하면, 계급형성과 계급투쟁이라는 거시적 문제와 학교생활에서의 구체적 행위라는 주체적 요소를 타협적으로 수용하고 있다는 것이다. 이런 시도는 부르디외와 번스타인이 학교에서 나타나는 문화적 차이를 구조적 산물로 처리하고 만 것에서 한 걸음 더 나아간 것이다. 즉 윌리스의 문화적 항거 이론은 문화적 재생산 이론에 자리 잡았던 정적인 사회관과 수동적 인간관을 극복하는 데 도움을 주며, 학교에서의 지배적 이데올로기의 영향력이 대항 헤게모니의 형성으로 말미암아 제한되므로 사회적 관계가 학교교육을 통하여 그대로 재생산되지 않음을 보여 준다.

그렇지만 윌리스가 지배적 구조와 사내놈들의 하위문화의 연결이 비대칭적인 면을 완전히 벗겨내지는 못한 대목은 아쉬운 점이다. 예컨대, 사내놈들은 그들의 문화수행을 위한 실현수단으로서 자본의 상업적 부문에서 마련되는 재화(담배, 술, 유행에 맞는 옷 등)를 소비하는 일에 크게 의존한다. 사내놈들 자신의 이데올로기적 정합ideological cooptation 여부가 이처럼 자본영역의 물질적 소비에 달려 있으므로, 이들은 스스로를 자본주의 사회의 소비자로 만들어 가는 것이다. 물론 이러한 자본주의적 지배관계의 부분적 침투는, 사내놈들이 학교당국에서 강조하는 이데올로기(한 예로, 누구나 열심히 공부하면 훌륭한 직장을 얻는다는 것)에 현혹되지 않고 스스로 자신이 선택할 수 있는 직업현실을 제대로 인식하는 정도만큼, 체계적이지 못하며 또한 지속할 수 없는 것이다.

이렇게 본다면, 항거 이론은 학교에서의 활동과 실천은 궁극적으로 정치적이면서 동시에 문화적인 의미를 띠고 있다는 점을 잘 알려 준다. 그리고 인간은 문화적 산물이면서도 생산자이기 때문에 재생산의 기제가 결코 완전하지 않은 만큼, 언제나 부분적이나마 실현되기 마련인 저항에 부딪힌다고 할 것이다. 그러나 항거 이론은 저항과 투쟁이라는 모순적 양식이 강화되는 조건이 역사적으로 어떻게 발달하는지에 대한 개념적 규명이 없는 것이 문제점으로 남는다. 실제로 모든 반항적 행위가 정치적 중요성과 문화적 의미를 갖는다고 볼 수는 없다. 파괴를 위한 파괴, 반항을 위한 반항은 사회현실에 대한 부정적 태도를 낳고 대안 없는 투쟁만 되풀이한다. 항거는 또 다른 지배 논리를 바탕으로 삼기보다는 해방적 논리를 지향할 때, 비로소 사회변혁을 위한 역동적인 기제라고 할 것이다. 이러한 항거 이론의 약점은, 조금 더 전체 사회의 맥락에서 학교교육의 본질을 파악하려는 헤게모니 국가 이론이 지닌 통찰력으로 보완될 성싶다. 게다가 계급적 항거 이외에도 성, 인종, 지역성 등의 차이에 따른 항거를 접목시킬 때 이론적 도식성을 극복하는 길을 찾을 줄 안다.

(2) 헤게모니 국가 이론

현대 자본주의 사회에서 국가가 수행하는 복잡하고 다양한 역할에 대한 학문적 관심이 드높아지면서, 교육체계에 대한 국가개입 문제를 다루는 경향이 강하게 나타났다. 국가와 자본, 또 국가와 교육의 세부적인 관계에서 국가의 역할이 구체적으로 얼마나 강하고 그 주요한 기제는 무엇인가에 관하여 아직 의견의 분명한 일치를 보지는 못했지만, 일부 이론가들 사이에 드러난 공통점은, 노동에 대한 자본의 일방적인 지배관계를 이해하는 것만으로 또는 자본주의적 지배가 문화를 통해서 재생산되는 방식을 파악하는 것만으로는 교육에서의 변화를 제대로 설명할 수 없다는 입장에서 찾을 수 있을 것 같다.

비판적 문화 이론가들은 국가가 특정 지배계급의 도구가 아닐뿐더러 경제적 토대의 단순한 반영도 아니라고 본다. 국가는 오히려 다양한 계급, 인종, 성 등에 의한 차별로 인해 지속적인 갈등의 장이며 자본주의적 사회경제 관계를 적극적으로 규정하는 조직체이기도 하다. 특히 국가의 기본성격을 사회적 관계의 틀에 대한 동의를 조직적으로 확보하는 데에서 찾고자 한다. 여기서 확보된 동의체계를 헤게모니라고 할 수 있다. 이 헤게모니 개념은 비판적 문화 이론가들이 교육과 사회에서 작용하는 권력을 분석하는 데 중심 역할을 한다. 한마디로 국가는 권력의 헤게모니를 갖지만 동시에 경쟁하는 사회집단들의 상충하는 요구를 선별적으로 충족시켜야 하기 때문에 긴장과 분절, 나아가 위기를 만들어 낸다고 볼 수 있다.

국가의 헤게모니적인 성격을 주시하는 이론가들 일부는 학교가 자본축적의 조건을 만드는 일에 적극적으로 참여한다고 주장한다. 자본의 축적에서 그 재정적 기반을 찾고 있는 국가는 학교가 자본축적 조건 형성에 참여하는 과정에 영향을 미치기 위해 개입한다. 국가는 여러 가지 자격증과 면허증 제도를 설정하여 학교교육에서 다루는 지식을 높은 지위의 지식과 낮은 지위의 지식으로 갈라지게 한다. 자본주의 경제 체제 아래에서는 자본의 축적을 가속화하는 과학기술이 높은 지위의 지식에 속하므로 학교는 효율성, 예측성, 수리성에 관련된 교과목을 중시하지 않을 수 없다. 아울러 학교는 얼마 동안 학생들을 노동인력에서 제외시키는 역할도 수행하면서 산업예비군 제도로서 기능한다(Carnoy 1974, 1975). 그런데 국가는 관료제적 기구를 학교교육에까지 확대하여 지식의 진리성을 판가름하는 유일한 권력을 확보하고 있으므로 이러한 국가의 교육에 대한 전제성專制性은 학생을 비롯한 학교교육에 참여하는 자들의 일상적 요구와 대립하여 반발을 불러일으킬 수 있다. 곧 국가기구 자체가 반목과 투쟁의 장이 될 수 있는 모순을 안고 있는 것이다(Apple 1982, 1996, 2000).

이와 같이 학교는 나름대로의 합리성을 가지는 동시에 모순성을 자체에 배태하고 있다. 한 가지만 더 예를 들면, 학교는 경쟁을 통한 사회이동이라는 논리를 뒷받침하기 위해 학업의 성패를 가늠하는 장치를 제도화하지 않을 수 없는데, 이는 공정한 사회적 대우라는 민주적 화합의 원리와 상반되는 결과를 낳는다. 이러한 현실 경험에서 나타나는 결과는, 국가 지배이데올로기가 학교교육의 이름으로 빌린 선별규칙에 따라

보상과 제재를 행사함으로써 사회통제를 실현하는 데 장애가 되는, 대항 헤게모니의 물질적 기반이 될지 모른다.

헤게모니 국가 이론은 사회적·문화적 재생산 과정이 정치적 영역에서 어떻게 실현되는지에 대한 이해를 더해 주는 것이 사실이다. 자본에 대한 국가의 상대적 자율성을 인지하도록 하며, 국가의 모순적 성격을 잘 다루고 있다. 경제·국가, 그리고 문화 자체가 투쟁과 타협reconciliation의 장이며, 학교 역시 사회·정치·경제·문화에 얽힌 서로 다른 이해세력들이 경쟁하고 조정accommodation하는 장임을 밝혀 준다.

그러나 아직까지 이 이론에서는 국가의 모순적 성격이 학교의 일상적 생활에서 어떻게 드러나는지 그리고 이것이 학교 안에서 보이는 구체적이고 적대적인 관계와 어떻게 연결되는지가 불분명한 셈이다. 그런데 여기서 놓쳐서는 안 될 점은, 학교가 담보한 국가적 지배이데올로기는 계급적 억압과 문화적 왜곡을 낳고 있다는 점에서 항거의 대상이기도 하지만, 그 지배의 정당성을 확보하기 위해 포장하지 않을 수 없는 민주, 자유, 평등, 평화, 협동 등의 가치덕목은 항거의 지속적인 원천이 되고 있다는 점이다. 이 점에서 학교문화는 항거의 주체인 동시에 객체인 것이다(Aronowitz and Giroux 1985). 요컨대, 헤게모니 국가 이론과 항거 이론은 상호 보완성을 갖출 때 더 큰 설득력을 담보할 것이다.

3. 교육문제의 이론화 과제

앞의 두 절에서 교육문제를 사회불평등을 중심으로 접근한 이론들을 개괄하였다. 교육기회 확대가 불평등 문제의 해결책이 아니라 오히려 지속적인 교육문제의 원인이라는 주장들, 그리고 학교교육 자체가 기존의 불평등한 사회관계를 반영하며 오히려 갈등의 장을 구성하는 것 역시 자본주의 사회 내의 교육문제 핵심에 해당한다는 주장들을 살펴보았다.

이론적 관점 없이 문제를 진단하는 것은 나침반 없이 항해를 하는 것에 비유할 수 있다. 물론 나침반 자체가 항해의 목적지를 알려 주는 것은 아니고 다만 나아가는 방향을 잡아 주듯이, 이론적 관점 역시 교육문제의 해결책을 명시해 주지는 않지만 접근 방법과 방향을 짚어 준다. 그리고 나침반은 이미 정해진 목적지가 좋은 곳인지를 알려 주지 않는 것과 마찬가지로 이론적 관점 역시 우리가 성취하고자 하는 목표인 교육정책 자체가 올바른 것인지를 따져 주지는 않는다.

그럼에도 불구하고 교육문제를 제대로 진단하기 위하여, 더 나아가서는 올바른 해결 대안으로서의 교육정책을 마련하기 위하여 여러 가지 이론적 관점들을 동원할 필요가 있다. 그렇지 않으면, 제1장에서 잠깐 지적한 바와 같이, 사회문제로서의 교육문제가 아니라 개인적 차원의 불편함이나 생경함에 기초한 교육 관련 문제를 공론의 장에서 지나치게 큰 비중을 차지하는 의제로 내세울 개연성이 높다. 그럴 경우에 사회적 영향력이 큰 기득권층의 이해관계가 관철되는 방향으로 문제에 대한 진단과 처방이 이루어질 공산이 큰 것 또한 현실이다.

이 지점에서 감히 저간의 우리나라 교육문제 진단과 교육정책 처방을 잠시 진단하고 처방하자면 아래와 같다. 먼저 진단을 하면 이렇다.

> 상존해 온 문제에 대하여 외국의 경험사례를 근거로 하여 일부 전문가 집단의 주도하에 처방전을 제시한다(정책 제안 및 계획 수립). 형식적인 공청회 또는 설명회 절차를 거친 뒤에 전국 일원에 일괄적으로 일시에 투약을 시행한다(정책 안내 및 시행). 일선 현장에서의 시행착오에 대한 학부모의 원성과 언론의 비판, 정치권의 압력 등이 교육담론의 장을 지

배한다(정책 효과 불만 및 비판). 새로운 장관이나 정부가 들어서면 다시 극소수의 전문가 자문을 거쳐 정치적 공약으로 새로운 처방전을 마련하기에 이른다(정책대안의 정치공약화). 적용 대상인 현장의 목소리가 배제된 새로운 처방 역시 의도하지 않은 결과를 초래하여 또 다시 여론의 원성과 비판을 면치 못한다(정책 실패 반복).

이렇듯이, 우리나라의 경우에 교육문제와 교육정책에 관한 담론 형성은 일부 전문가와 관료, 정치인, 언론에 의해 주도되는 편이다. 교육현장의 이해 당사자들은 공론의 장에서 제 목소리를 낼 수 있는 기회가 많지 않다. 톱다운top-down 식의 정책 집행에 익숙한 처지를 벗어나기 힘든 실정이다. 이런 상황에서 가장 영향력 있는 담론 형성 주체가 언론인의 몫인 양 여겨진다고 해도 과언은 아닐 성싶다. 즉 저널리즘에 기초한 담론이 지배하는 상태이다. 하나의 교육의제를 두고 세밀한 실태조사 연구와 그 결과에 대한 치열한 논의를 거치지 않은 채, 즉 해당 주제에 관한 학술적 담론이 제대로 형성되기 이전에, 언론을 중심으로 한 여론 형성에 떠밀려 성급한 처방책을 정치권의 주문대로 내놓는 일을 반복하고 있는 것 같다. 정확한 진단을 생략하고 여기저기서 좋다는 치료약을 처방하여 내성만 키우는 것은 아닐지 모를 일이다.

이와 같은 진단이 맞다면, 그에 대한 처방은 이렇다. 우리나라에서는 앞으로 의제 선정과 논의가 이루어지는 담론 현장에서는 이론적 입장에 따라 교육문제를 진단하는 절차가 반드시 필요하다고 본다. 곧 교육문제에 대한 이론화 작업을 철저히 수행한 결과를 바탕으로 하여 그 해결책을 모색해야, 일관성 있고 지속 가능한 교육정책을 마련하는 데 국민적 합의를 얻기 쉬울 터이다.

여기 잠시 교육문제에 대한 이론화 작업이 의미하는 바를 조금 더 풀어 볼 필요가 있겠다. 이는 문제가 아닌 것을 트집 잡기 위해 쓸데없이 이론을 동원하자는 말은 아니다. 더군다나 백가쟁명식의 중구난방으로 무한정한 갈래의 주장들을 이끌어 내어 무엇이 옳고 그른지를 분별하지 못하게 이론의 난장판을 만들자는 의미도 아니다. 전자는 이론의 정치과잉화 문제이고 후자는 이론의 상대주의화 문제이다.

이론의 정치과잉화 문제는 자기이익 실현과 자기주장 관철을 위해 그 정당성과 합리성을 특정 이론에 근거를 두는 것이 지나쳐서 하나의 이념적 도그마처럼 변질되어 버릴 때 생긴다. 이 문제는 민주주의 이론 및 실천을 위한 판단문제를 다룬 아렌트Hannah Arendt의 견해로써 풀 수 있다. 즉 억지주장에 이론이 동원된 것이면 민주적 시민의 기본 자질인 비판적이고 성찰적인 판단능력에 의해 부정될 수 있다는 것이다(Arendt 1958).

이론의 상대주의화 문제는 앞의 것보다 더 미묘한데, 포스트모더니즘의 해체 이론을 연상시킨다. 이것은 이론의 난장판에서 수많은 이론적인 판단기준들을 어떻게 고려할 것인가의 문제이다. 어느 이론이 다른 이론들보다 더 타당한지를 어떻게 가려내느냐는 것이다. 이에 대하여 제를리Linda M. G. Zerilli의 입장이 해결의 실마리를 제공해 준다. 아렌트가 판단기준이 없을 경우에 생긴 판단의 문제를 다루었다면, 제를리는 판단기준이 많을 경우에 생기는 판단의 문제를 다룬다. 판단대상에서 이론적 문제가 생기는 것이 아니라 그 대상에 대한 판단과정에서 서로 다른 이론적 입장을 제시한다. 이는 오히려 판단대상을 서로 다른 관점에서 고려하는 과정을 통해서 이전에는 서로 고려의 대상이 아니었던 것을 이제는 서로 고려할 수 있게 하는 것이 이론적 다양성이라고 본다.

제릴리에 따르면, 오늘날 동일 대상에 대해 다양한 이론적 관점들이 공존하는데, 바로 그 다양성으로 인해 공동세계a common world를 가질 수 있게 되며, 같은 대상은 각기 다른 관점을 통해서만 모습을 드러낼 수 있기 때문에, 경쟁적인 관점들이 존재하지 않으면 그 공동세계마저 사라진다고 본다. 이런 점에서 이론적 관점의 차이에서 나타나는 오늘날 판단문제는 이런 공동세계가 사라지지 않고 유지될 수 있게 하는 바탕이 된다(Zerilli 2016).

이러한 새로운 활로를 열어 준 제릴리의 입장은, 합리적 절차에 따라 공적 담론의 장에서 합의를 도출할 수 있다고 보는 입장인 롤즈John Rawls나 하버마스Jürgen Habermas의 한계를 극복할 수 있는 실마리를 제공한다. 왜냐하면 롤즈나 하버마스는 도구적 합리성에 의해 왜곡되었거나 불공정했던 사회적 공론의 장을 여전히 근대 서구의 소산인 합리적 이성으로 설정한 합의 원칙과 공정 절차로써 공적 영역에서의 정의 실현이 가능하다고 보았기 때문이다(Rawls 1971; Habermas 1991; Habermas and McCarthy 1985). 이들의 입장은 분석의 기본 가정으로 '원초적 상황' 또는 '사회계약'이라는 가상적 사회 상황을 설정하거나 실질적 합리성이 지배하는 공론의 장 등과 같은 비현실적인 전제를 깔고 있다는 점에서 허약한 이론적 출발점을 상정하는 한계점을 지니고 있다. 이들과는 다르게 제릴리는, 이론적 차이를 조정해서 얻을 수 있는 통합된 관점을 목표로 해서 이론화 작업의 필요성을 강조하지 않고 있다. 따라서 제릴리의 관점을 받아들여서, 동일 사안을 대상으로 오히려 다양한 이론적 입장에서 제기한 관점들과 판단들을 상호 수용함으로써 공동세계로서의 교육문제를 구성하자는 것이다. 이 공동세계가 진정한 의미의 '사회적인' 교육문제로 인식되어 공유됨으로써 그 해결수단 모색의

길도 같이 찾아 나설 수 있다고 본다.[17)]

새삼 언급할 것 없이, 우리나라에서도 보수 진영과 진보 진영 사이에 교육 쟁점을 두고 공론의 장에서 접점을 모색하려는 시도가 적지 않았다. 하지만 다양한 이론적 입장에 기초한 학술적 접근을 허용하기보다는 색깔론적인 시시비비에 함몰되어 이분법적이고 도식적인 파벌 분위기를 자아내고 말았다. 이와 같은 토론의 경직성을 극복하고 동시에 파벌 형태를 탈피하기 위해서라도 교육문제에 대한 이론화 작업을 게을리할 수 없다. 곧 교육문제 및 교육정책에 관한 학술적 담론 형성을 통하여 집단지성의 수준을 끌어올리고 활성화하는 일이야말로 국민주권 시대에 걸맞은 아래로부터의 혁신을 제도화하는 길이 될 줄로 안다.[18)]

---

17) 이와 같은 낙관적인 전망은 Luckett and Casey(2016)의 견해처럼, 사회유기체로서의 인간사회는 SNS상의 악성댓글과 같은 공동체 파괴적인 문화인자에 대한 자기조절양식을 계속 진화시켜 왔다고 확신하는 데 근거한다.

18) 이런 새로운 길로 나아가려는 최근의 예를 우리나라에서 찾자면, 서울특별시 교육청의 서울미래교육포럼과 상상프로젝트를 들 수 있다. 여전히 우리 사회에는 정책을 '누가' 주도하느냐에만 관심을 갖고서 그 의미를 왜곡·축소하는 분위기가 없지 않아 아쉬운데, 이는 달을 가리키는 손가락에만 집중하는 것에 비유할 만한 것으로, 달이 마음에 들지 않으면 별 또는 해를 가리키는 것이 바람직하다고 본다.

제3장

역사적 관점에서의 한국 교육문제

이 장에서는 이론적 관점이라는 보편성을 구체적인 대상에 적용하려고 시도한다. 곧 대한민국 정부수립 이후 등장한 교육문제들을 역사적 관점에서 정리하고자 한다. 그 이유는 이렇다. 특정한 교육문제는 이론적 추상성뿐만 아니라 역사적으로 실재하는 시공간적인 환경이라는 특수성을 바탕으로 해서 사회적 담론 의제로 부상하기 때문이며, 그에 따라 구체적 대안으로서의 해당 교육정책이 등장하기 때문이다. 이러한 역사적 관점에서 행해진 정리 작업은 앞으로 우리나라 현실에서 필요한 교육정책의 기본가치와 패러다임 선정을 위한 토대가 된다고 본다.

먼저 구체적 대상으로서의 한국 교육문제를 진단하기 위하여 그 변천과정을 짚어 볼 필요가 있다. 그런데 이러한 작업은 시기 구분이라는 역사학적 난제를 피할 길이 없다. 사회변동을 분석하는 일은 한 시기에서 다른 시기로의 변화를 전제로 하기 때문이다. 한국사회에서 진행된

구조적 차원의 변동을 파악하기 위해, 여기서는 사회학적 시각에서 접근하여 시기를 구분하려 한다. 다시 말해서 사회변동은 구조의 변동을 의미하는바, 지난 70여 년 동안의 현대 한국사회 분석에서 시기 구분은 이 구조적 차원을 어느 정도의 추상적 분석수준에서 접근하느냐에 달린 사안이라고 본다. 결국 3가지 추상적 분석수준인 생산양식, 사회구성체, 국면 가운데 사회구성체 분석수준에서 시기를 구분하고자 한다.

그다음 절에서는 사회구성체 수준에서 구분한 시기별로 나타난 주요 교육정책을 중심으로 당시의 교육문제를 진단한다. 왜냐하면, 전후사정前後事情 인과관계상으로 볼 때 당면한 교육문제가 선행하고 그 해결 방법으로서 특정 교육정책이 뒤따라서 시행되었기 때문이다. 마지막 절에서는 우리나라 교육문제와 교육정책의 추이와 특성을 간추려 본다.

1. 시기 구분을 위한 분석수준

이론은 현실을 설명하지만, 이론이 곧 현실 그 자체는 아니다. 현실을 추상화한 결과의 하나가 이론이다. 왜냐하면 이론화 작업은 실재에 대한 추상화 과정이기 때문이다. 다시 말해 추상화를 통한 현실 묘사가 이론인 것이다. 그런데 이론을 다시 현실 안에 존재하는 현상에 대한 분석도구로 사용하려고 할 때는, 어느 정도의 추상수준에서 분석을 시도하느냐에 따라 현실에 대한 의미파악이나 해석을 달리하게 된다. 예를 들면, "과일은 맛있고 좋은 향이 난다."라는 명제를 하나의 이론으로 인정한다면, 이 이론을 우리 주변에 존재하는 사과, 배, 감에 적용하여 이것들을 그저 과일이라고 하는 것은 구아바, 망고, 두리안과 구별하여 인식하는 데 한계가 있다. 전자의 식물을 온대 과일로, 후자의 식물을 열대 과일로 다시 분류할 때 과일의 맛과 향에 대한 더 나은 이해가 가능하다. 이는 과일이라는 추상적 개념을 실재하는 과일의 주요 생산지의 기후대역에 연결하여 현실 경험에 더 가까운 분석수준으로 낮춰 줌으로써 이해력을 높여 주는 것이다.

마찬가지로 한국사회의 교육문제 역시 구체적인 시기별로 유형화하여 진단함으로써 더 현장감 있고 현실적인 문제로 접근할 수 있다. 자본주의 사회 일반에 적용할 수 있는 보편적인 교육문제에 대한 설명은 아주 추상성이 높은 분석수준에서의 이론화 작업이다. 이 이론적 설명의 타당도와 신뢰도는 한국적 교육문제의 특수성을 고려하는 역사적 접근에 의해 검증 가능하다. 하지만 새삼 강조할 필요 없이, 이 장은 자본주의 사회 교육문제에 관한 일반 이론들을 하나하나씩 따져서 검증하려는 것이 아니다. 그보다는 전 지구적 사회변동 속에서 국지적 차원의 한국사회가 겪어 온 교육문제들을 점검하는 데 의의를 두고 있다.

전 지구적 사회변동을 국지적 사회변동으로 전환할 때, 수동적으로 수용하는 경우보다는 해당 사회 구성원들이 계급관계뿐만 아니라 여러 사회세력들 사이의 역학관계가 빚어 내는 역동성을 토대로 하여 진화해 가는 대응양상을 드러내는 경우가 더 많다. 구조결정론처럼 사회구조가 인간행위를 제약하는 측면 못지않게, 행위결정론처럼 인간들의 주체적인 의지와 집합적 노력이 사회구조의 영향력을 최소화하거나 사회구조 자체를 변동시킬 수 있다. 구조결정론이든 행위결정론이든 어느 한 쪽만을 편들 때, 해당 사회의 지나간 역사에 대한 시기 구분에서 자의성이 강하게 작용할 개연성이 클 것이다. 이러한 자의성을 최소화하기 위해서 적절한 추상수준을 통해 시대별 변천상을 분석·정리할 필요가 있겠다.

사회변동에 따른 사회구조 분석을 위한 추상수준은 크게 생산양식

수준, 사회구성체 수준, 그리고 국면적 수준으로 나눌 수 있다.[19]

생산양식 분석수준은 인류사회의 진전과정을 원시 공산사회, 고대 노예제사회, 중세 봉건사회, 근대 자본주의사회로 분류하는 데서 찾아볼 수 있다. 우리나라의 경우 전前자본제 생산양식에서 자본제 생산양식으로 언제 전환되었는지에 대한 논쟁은 이러한 생산양식 분석수준에서 제기된다고 할 것이다.

자본주의 세계경제체제 안에서 우리나라가 주변부 국가에서 반주변부 국가로, 반주변부 국가에서 중심부 국가로 이행하는 데 대한 이해는 생산양식 분석수준에서 사회구성체 분석수준으로 이론의 추상적 수준을 낮춤으로써 가능해질 수 있다. 해방 직후부터 1980년대까지는 우리나라가 주변부 국가에서 반주변부 국가로 이행하는 단계, 1990년대부터 현재까지는 반주변부 국가에서 중심부 국가로 들어서려는 단계로 볼 수 있는 것이다.

국면적 분석수준은 주요한 사건·사고·사태의 발생으로 인하여 그에 대한 문제인식을 사회구성원들이 일상 현실세계에서 공유하는 것을 잘 다룰 수 있다. 하지만 숱한 사건·사고·사태들 가운데 사회적 의미구성에서 유의미한 것들을 선별해 내는 작업 역시 시기 구분만큼 지난한 과제이다. 특히 교육문제와 교육정책은 그 속성상 중·장기적인 기대와 영향을 바탕으로 진행되기 때문에, 이 국면적 분석수준에 의존할 경우 세부 정책 사업들 중심으로 전개될 공산이 크다. 아무튼 우리나라의 주요 국면을 큰 것들만 대충 나열해 본다 해도 해방, 정부수립, 6·25전쟁, 자

19) Erik O. Wright(1985)가 계급분석을 위한 추상화 수준을 생산양식(Mode of Production), 사회구성체(Social Formation), 국면(Conjuncture)으로 나눈 것을 준용한다.

유당 정권기, 4·19 및 5·16혁명기, 한일국교수립, 3선 개헌, 유신체제, 5·18광주민주화운동, 5공 시절, 1987년 직선제 개헌 항쟁, 문민정부의 제7차 교육과정 도입, 1997년 IMF환난, 국민정부, 참여정부, MB정부, 박근혜정부 등, 심지어 박근혜정부 시절에는 세월호 침몰사건, 메르스 사태, 대통령퇴진 촛불시위, 탄핵안 국회통과 등 언론의 헤드라인을 장식하는 굵직한 사건·사고·사태가 적지 않았다. 이처럼 국면적 분석수준은 당면 현안 중심이라서 현장감은 크지만 이론적 가치는 작다는 한계가 있다. 그만큼 추상성의 수준이 낮기 때문이다.

이렇게 보면, 사회변동에 따른 교육 수요의 변화에서 교육문제를 도출하고 그 관련 교육정책의 일관성 유지 여부나 기대효과 유무를 분석할 수 있는 적절한 추상수준은 사회구성체 분석수준이다. 특히 교육은 백년대계라는 경구가 함축하는 바를 정책에 반영하여 담아내기 위해서, 사회구성체 분석수준에서 이론의 추상성을 갖추는 것이 현실적으로 바람직하다고 본다. 생산양식의 변화를 정책에 담아내기에는 너무 거대하고 거창하며, 국면적 전환을 위한 정책수립은 너무 간교하고 간사한 일로 오해받을 수 있기 때문이다. 특히 포퓰리즘(대중인기영합)적인 정치공약이 난무하는 것은 국면적 수준의 문제를 생산양식 수준에서 해결할 것처럼 과장하거나 왜곡하는 데 기인하는 경우가 많다. 따라서 사회구성체 수준에서 접근하여 오늘날 우리 사회의 지탄 대상인 인기선동적인 정치공약이 교육정책에 침투하는 것을 막아 줄 수 있기를 기대한다.

2. 한국사회의 시기별 교육정책의 특성

해방정국 이후 우리나라의 교육문제를 파악하기 위하여, 앞 절의 해명에 따라, 사회구성체적 추상수준에서 분석하는 것으로 시대 구분의 자의성을 완화하고자 한다.

시대별로 크게 구분해 보면, 자본주의 세계경제체제에서 주변부 국가로 편입되는 단계, 그다음엔 산업자본주의를 바탕으로 반주변부 국가로 도약하는 단계, 마지막으로 세계자본주의체제에서 중심부 국가로의 진입을 모색하는 단계로 나눌 수 있다. 사회구성체 수준의 역동성을 반영하기 위하여 이 세 단계의 시대를 각각 두 개의 시기로 한 번 더 세분하면, 현시점까지 모두 여섯 개의 시기로 범주화할 수 있다. 곧 해방공간의 정초기, 전후회복기, 교육입국기, 교육확장기, 교육개혁기, 교육혁신기라는 잠정적인 명칭을 순서대로 부여하기로 한다. 따라서 해방공간의 정초기와 전후회복기는 우리나라가 자본주의 세계경제체제의 주변부 국가로 편입되는 시기이고, 교육입국기와 교육확장기는 반주변부 국가로 도약하는 시기, 그리고 교육개혁기와 교육혁신기는 반주변부에서 중심부 국가로 진입하려고 애쓰는 시기라고 볼 수 있다.

이 절의 목적은 적절한 시기 구분을 통해 한국사회의 각 단계별 교육문제의 특성을 포착하는 데 있기 때문에 개별 시기에 대한 상세한 사회구조 분석은 논외로 하고, 또한 언급된 정책에 대해 구체적으로 설명하지 않는다.[20]

1) 해방공간의 정초기(1945년 8월~1950년 6월/1953년 7월)

제2차 세계대전 이후 출범한 다른 신생국가와 마찬가지로 이 시기의 우리나라는 새로운 주권국가로서의 위상을 정립하는 일이 무엇보다도

20) 본 서에서 정리하려는 시기별 교육문제의 속성은 논증을 위한 가설 수준에 머물고 있기 때문에, 시기별 사회구조 분석과 특정 교육정책을 연계한 치밀한 논증은 앞으로 별도의 심층연구가 필요하다고 본다.

중요했다. 하지만 불행하게도 우리나라는 완전한 독립국가로 출범하지 못하고, 신탁통치라는 외세의 개입으로 인해 남북분단과 더불어 남한 쪽은 미군정청[21]이 일제 식민지 통치기구였던 조선총독부를 접수하였고, 그 산하 학무국의 교육행정사무를 인수하였다. 그리하여 신생국 교육정책 집행을 위한 수단으로서 종전 후 세계질서 개편을 보조하는 형태로 일제의 중앙집권식 관료통제체제를 활용하였다. 돌이켜 보면, 이런 방식은, 설령 좋은 취지의 정책이라고 하더라도, 민의를 수렴해서 반영하는 민주주의적 방식을 원천적으로 배제함으로써 기형적인 수용과 의도하지 않은 결과를 낳고 마는 정책 집행 방식을 뿌리내리게 한 안타까운 일이었다.

1945년 12월에 도입한 단선형 학제는 우리 국민 모두에게 교육기회를 균등하게 제공한다는 좋은 취지가 담겨 있지만, 중등교육을 고등교육으로 가기 위한 징검다리의 역할로 한정함으로 인해 결국 일류지향적 엘리트 교육이 정착되는 부작용을 초래하였다. 지위상승 욕구로서의 교육열을 부채질하여 국가재정이 취약한 신생국가에서 교육비를 수익자에게 부담하도록 전가하는 문제도 야기하였다.

특히 부족한 교원을 충원하기 위하여 12개월에서 18개월 정도의 속성 교육과정을 통해 교원을 양성한 것은 그 당시 사정으로 이해할 만한 정책이지만, 민족주체의식의 부족과 더불어 기회주의와 무사안일주의를 배태하는 학교현장 문화를 조성하는 데 연관성이 없지 않다고 할 것이다. 과거의 친일적 사고와 행동에 대한 철저한 반성 없이 다시 친미적

21) 미군정청은 '재조선 미국 육군사령부 군정청(United States Army Military Government in Korea)'의 약칭이다.

사고와 행동으로 쉽사리 전환하는 것이 마치 사회지도층의 출세 방식인 양 피교육자들에게 비쳐질 수 있기 때문이다.

미군정청의 교육정책 가운데 민의수렴에 신경 쓰지 않은 대표적인 사례가 1946년 8월 27일 법령 제102호로 공포한 '국립서울종합대학안'(약칭 '국대안')이라고 볼 수 있다. 국대안 반대 투쟁은 정치적 의도가 배후에 작용했을 수도 있겠으나 그보다는 강제적인 통폐합 조치에 대한 반발과 해당 학교조직체들의 전통과 관행을 무시한 반감이 크게 작용했던 것이다. 당국의 정책에 대한 대학생들의 불만과 불평은 국대안 집행에서부터 그 씨앗이 발아하기 시작한 이래, 오랜 세월이 지난 지금에 이르기까지 지속되고 있는 것은 아닐까 싶다.

이 시기의 교육문제를 진단하면, 미소 냉전체제의 도래 아래 신생국가로서의 위상정립을 위해 학교교육 제도를 정비하는 일과 관련이 깊다. 민족, 국가, 국민이라는 주체의식을 일깨우고 바로 세우는 데 교육만큼 효과적인 수단을 찾기 힘들다. 그런데 불행하게도 두 강대국 미소에 의한 남북분단으로 인해 하나의 국가이념을 공유하지 못하였다. 이런 까닭에, 주체의식을 스스로 행하게 하는 아래로부터의 개혁 방식을 취하기보다는, 위로부터 강제로 한꺼번에 이식하려는 정책들이 오늘날에 이르기까지 폐해로 남는 악영향을 낳았다. 첫 단추가 잘못 꿰어진 것이다. 당면 교육문제에 대한 공감대 형성은커녕, 좋은 내용의 교육정책에 대한 국민적 합의도 생략한 채, 일방적으로 정책을 시행함으로써 그 방식마저 교육적으로 올바르지 않았다는 냉정한 평가를 내릴 수 있다.

2) 전후회복기(1953년 8월~1960년 4월)

한국전쟁 이후 황폐화한 교육시설과 자원을 복구하는 일이 시급했다. 하지만 당장 먹고살기에도 힘든 실정이었기에 교육 관련 정부예산은 우선순위에서 한참 밀려날 수밖에 없었다. 정책을 시행할 만한 재정 여유가 없었던 탓에, 이 시기에는 교육정책다운 정책이 별로 없었다고 평가해도 무리는 아닐 성싶다. 자연히 외국의 도움, 특히 미국의 원조에 기대는 것 이외에는 특별한 대책이 없었으며, 이는 친미 풍조와 반공 이념을 확산하는 데 기여하였다.

전쟁기간인 1952년부터 시작해서 이후 10년간에 걸쳐 미국은 교육사절단을 4차례 파견하여, 교육과정 개편지도와 중앙교육연구소 설립을 도왔다. 이 시기에는 우리나라 교육계뿐만 아니라 정치계에도 미국 인맥의 엘리트층이 형성되었다. 특히 '박사' 칭호의 위광효과는 상당하였다. 전통적 신분체계에서 양반이 지배적인 사회 권력층이었는데, 이러한 귀속적 지위를 대신하게 된 것이 바로 교육을 통한 성취적 지위의 대명사인 박사 칭호였던 셈이다.[22)]

이처럼 교육이 새로운 지위 부여의 기능을 수행하면서, 향학열이 전국적으로 불타올랐다. 하지만 일부 상층 집단만이 자식을 '우골탑'이라는 별칭을 가진 고등교육기관에 보낼 수 있는 형편이었고, 대졸자를 위한 취업 기회가 매우 한정되어 실업률이 높은 것은 저학력자나 고학력자나 사정이 크게 다르지 않았다.

이러한 사정은 자본주의 세계경제체제에 강제 편입당한 경우든지 자

22) 사실 언론에서 대통령이나 총리, 장관 등 공식적 제도의 직함보다는 이승만 박사, 이기붕 박사, 장면 박사, 조병옥 박사 등으로 지칭하였으며, 이들 역시 사석에서 '박사님'이라고 불리는 것을 더 좋아했다고 한다.

발적으로 참여한 경우이든, 주변부에 위치한 나라에서 일반적으로 나타나는 사회문제이자 교육문제이다. 주변부 국가이기에 빈곤해졌든지 빈곤해져서 주변부 국가로 전락했든지 간에, 빈곤한 나라는 외부의 원조를 받는 일이 흔한데, 그 부정적 효과를 외면해서는 곤란하다. 우리나라에 제공한 미국의 교육원조는 수혜집단에게 더할 나위 없이 고마운 것이었으나, 교육정책적인 측면에서 부정적인 영향을 낳은 것도 사실이다. 이 시기 교육원조가 중앙집권적 계획과 통제를 강화시키는 물적 기반이 되었기 때문이다.

더군다나 반공이데올로기를 독재정권 유지의 방편으로 삼아서, 교육의 정치 종속화를 심화한 것은 유감스럽기 짝이 없는 일이다. 특히 중앙 고위인사의 지역 방문이나 선거유세 시에 학생들을 거리로 내몰아 환영 도열을 하도록 하는 일들은 일제 강점기의 신민화 정책을 답습한 형태라고 지적하지 않을 수 없다. 겉으로 보기에 이 시기 교육제도의 형식은 미국식 개방체제이지만, 관련 법규와 제도운영은 일제 강점기의 관행을 고수하여 고착시켰다는 특징을 보여 준다.

따라서 전쟁으로 파괴된 학교시설과 결손된 교육자원을 복구하기 위한 교육원조로 인하여 새로운 교육문제가 파생된 것이 이 시기이다. 곧 교육의 대외의존성이 심화되면서 일제 유산의 잔재를 청산할 기회를 영영 놓치고 말아, 오늘날에 이르기까지 교육방법과 교육형태 면에서 학교현장에 만연한, 식민지 시대의 '종살이 교육' 문제를 온존시키는 데 상당부분 책임을 물을 수 있는 시기에 해당한다고 본다.

3) 교육입국기(1960년 5월~1979년)

신생독립국에서 또는 경제적으로 낙후된 후진국에서 개발도상국으로 도약하기 위한 수단의 하나로 동원되는 것이 군부에 의한 정권교체와 정치변혁이다. 정치이념으로는 민족주의를 바탕으로 하지만 외부 지원에 따라서 자본주의이거나 아니면 사회주의를 표방하는 경우가 많다.

우리나라는 자본주의 세계경제체제에 적극 참여하는 전략을 이 시기에 실천에 옮긴다. 이른바 초기 자본주의에서 나타나는 원시적 축적체제의 등장이 군부의 정치 진출에 힘입은 바 크다. 학교교육은, 국가발전목표가 경제성장에 있고 이를 위한 국민동원체제의 필요성을 전파하는 데 중요한 역할을 수행한다. 곧 군부집권의 정당성 확보는 경제발전으로부터 찾는데, 이를 위해 전시에 버금가는 국민동원체제가 구축되는 것이다. 학교교육 역시 이러한 국가적 동원체제에서 예외가 아니다. 개인은 각종 교육을 통해서 산업 역군으로 거듭 태어나고, 그 결과 초기 자본축적에 필요한 단순 노동력을 제공하기에 이른다.

1961년 9월 군사혁명위원회는 교육에 관한 임시특례법을 공포하고, 이후 사립학교법(1963년 6월)을 제정하며, 또 학사등록제와 대학정원령(1965년 12월)을 시행한다. 이러한 일련의 법적 조치는 그동안 사회혼란으로 인해 산만하고 무질서하게 운영되어 온 학교교육을 정비할 뿐만 아니라, 특히 사회문제로 대두한 대학교육에 대한 체계화 작업을 시작했음을 의미한다. 이는 재정확충이라는 빌미로 이른바 '학위장사'라는 대학의 영리적 행위를 더 이상 묵과할 수 없는 상황이었음을 방증해 준다. 부실 교육과 비리 대학의 원형을 이 시기에 발견할 수 있다. 그리고 문제해결을 위한 강력한 수단은 어느 정도여야 하는지를 가늠케 한다.

올바른 정책수단을 강구하기 위한 기초는 정확한 통계자료이다. 이 점에서 1965년 문교통계연보가 처음으로 간행된 것은 때늦었지만 환영받아 마땅한 일이다.

1968년 11월에 대학예비고사제가 실시되었는데, 이는 고등교육에 대한 높은 욕구와 대졸자의 실업문제를 선제적으로 대응하는 조치이기도 하지만, 고교교육의 질적 관리 및 대학진학자의 수학능력 제고를 기대한 정책이었다. 그러나 고교별 대학예비고사 합격률은 고등학교의 서열화를 공고히 하고, 이는 다시 중학교와 국민학교(지금의 초등학교)까지 서열화하여 이른바 명문학교로의 진학을 위한 성적경쟁을 더 치열하게 만들어 '입시지옥'의 우려를 낳았다. 그래서 1968년 7·15입시개혁안에 따라 중학교 무시험입학제도를 도입하여 1971년부터 시행하기로 한 것이다.

이 시기에 빼놓을 수 없는 교육정책 중 하나가 국민교육헌장을 1968년 12월 5일 선포하고, 이를 모든 학생들에게 암송하도록 조치한 일이다. 이는 개인의 존재이유가 국가발전을 위한 것임을 천명하는 내용을 주로 하고 있는데, 개인보다는 기업조직이나 국가 전체가 우선한다는 전체주의적 발상을 내면화하여 국민동원체제에 순응하도록 하는 것이다. 이른바 '조국근대화'를 위하여 비근대적인 사고체계에 의존하는 모순성을 엿볼 수 있다. 결국 새로운 나라 건설이라는 기치 아래, 소중한 근대적 가치 가운데 자유와 인권, 사생활 보호, 다양성 추구 등은 외면당하고 만 것이다.[23)]

경제발전을 위한 수단으로서의 교육발전을 목표로 1972년 8월 한국교육개발원이 설립되었다.[24)] 이는 교육정책 연구가 집단지성의 차원에

23) 실제로 유신체제에 들어서면서 이러한 소중한 가치는 본격적으로 억압당하고 말았다. 1980년 이후 들어선 제5공화국 체제에서도 이러한 억압은 5·18광주민주화운동을 거쳐 삼청교육대를 정점으로 탄압의 형태로 한층 강화되었지만, 1987년 민주화항쟁으로 폭발하면서 다시 부활의 국면으로 들어섰다.

24) 한국교육개발원(Korean Educational Development Institute)이 1년 더 늦게 설립되었지만

서 지속적으로 축적될 수 있는 인적·물적 기반이 형성되었다는 의미에서 주목할 만하다.

그리고 1974년에 연합고사제도가 도입되는데, 이는 1972년 10월 이후 유신체제라는 강력한 통치기제 아래 고교평준화를 시행할 수 있는 계기가 되었다. 이로 인해, 어린 학생들의 입시지옥이 해소되는 효과가 잠깐 나타났으나, 얼마 지나지 않아 신흥 명문고의 등장으로 그 효과는 반감되기에 이른다. 오히려 경제성장에 따른 가계소득 상승으로 과외수업 등 사교육 시장이 확대되는 결과를 낳았다.

유신체제에 대한 저항은 대학생을 중심으로 한 학생운동으로 나타났는데, 이를 근절하기 위해 1975년 학도호국단을 재설치하였으며, 학교 군사훈련에 병영생활 체험을 포함시켰다. 이런 채찍과 더불어 당근으로는 교련 교과목 이수 1학점당 군복무 의무기간을 1개월씩, 최대 6개월 경감해 주는 조치를 내렸다.[25] 당시에도 군복무는 남성에게 피할 수 없는 의무사항이었기에 이러한 당근책은 대학진학을 희망하는 젊은 남성의 숫자를 크게 늘리는 결과로 나타났다. 이에 대입 재수생이 증가하여 학원 등 사교육 시장이 확대되고 나중에는 가계의 교육비 부담급증 문제로 이어졌다.

이 시기 우리나라는 초기 자본주의에 진입하던 때로, 신생국가처럼 국정목표를 경제발전에 두고 교육입국을 통하여 노동시장의 고용구조에 부응하고자 하는 정책에 총력을 기울였다고 볼 수 있다. 점차 수출산업을 육성하고 대기업 위주의 중화학공업육성책을 채택하면서, 한편으

그 명칭에서 한국개발연구원(Korea Development Institute)을 뒤따른다는 인상을 준다.

25) 당시 군복무 기간이 육군 일반 사병의 경우 33개월이었는데, 대학 교련 이수자는 27개월만 근무하면 되었다.

로는 소수의 고학력 고임금의 전문기술자를 스카우트하고 다른 한편으로는 저임금 반숙련 육체노동자를 양산하는 것이 필요했다. 그래서 정치적 목적뿐만 아니라 경제적 이유에서도 고등교육의 성장을 억제[26)]하고, 반면에 실업계 교육을 강화하여 기능인 육성을 강조[27)]하는 교육정책을 실시하였다.

이와 같이 이 시기의 교육정책은 교육내적 발전보다는 교육외적 발전을 위한 수단으로서 자리매김하였다고 본다. 교육목표나 교육내용, 교육방법과 교육형태는 외형적 장치만 그럴싸하게 갖추면 내실화의 문제는 여전히 사치스럽고 한가한 영역으로 간주한 셈이다. "하면 된다."는 말이 회자되고, 과정보다는 결과, 목적/목표보다는 수단/방법, 철학원리principles보다는 생활기술skills이 훨씬 더 중시된 시기라고 할 것이다. 한마디로 교육정책이 정치안정 및 경제성장 등 교육외적 목표달성의 수단으로 총동원된 선례를 남겼기에, 그로 인하여 새로운 교육문제를 양산한 시기였다고 본다.

4) 교육확장기(1980년~1997년)

1980년대에 들어서면서 세계경제체제에 주목할 만한 변화가 일어났다. 구미 국가의 경제가 제2차 석유파동 이후 위기에 직면한 반면에, 중동 오일머니의 축적은 일본을 비롯한 아시아권 경제 활성화에 도움이 되었다. 특히 우리나라, 대만, 홍콩, 싱가포르는 아시아의 작은 용 4마

---

26) 예외적인 것으로, 중화학공업을 기반으로 하는 산업분야의 고급인력 양성을 목적으로 주요 지방거점 국립대학교를 대상으로 이공계열 단과대학의 특성화 정책을 시행하였다. 경북대의 전자·통신, 부산대의 기계·조선, 전남대의 화학공업 분야 등은 성공적 사례에 해당한다.

27) 이와 관련하여 국제기능올림픽대회 출전에 관한 주요 언론방송의 보도뿐만 아니라 수상자에 대한 대우는 시가지 환영퍼레이드를 비롯하여 훈포장 수여에 이르기까지 다양하였다.

리에 비유될 정도로 고속 경제성장을 구가하였다. 주변부 국가에서 반주변부 국가로의 위상 변화가 일어난 것이다.

우리나라는 이 시기를 전후로 본격적인 산업자본주의 사회로 탈바꿈하여 이른바 3저 현상(저유가, 저물가, 저임금)의 호재를 맞아 수출주도산업화 전략의 성과가 나타났고, 무역흑자 시대에 들어섰다. 특히 1980년대 초반에 이르러 중공업 위주의 전문기능인 확충은 고급인재 양성기관인 대학과 연관된 국가적 과제에 해당하였다.

이러한 이공계열의 전문기능인 양성 수요뿐만 아니라, 1970년대 중반 이후 나타난 상품 및 중동지역 인력 수출의 호황은 해외영업을 포함하여 기업체의 조직 확장으로 이어져 기획·판촉·인사 등 관리부서직종의 인력 양성 수요도 폭발적으로 창출되었다.[28] 정부는 1980년 7·30조치를 통하여 대학 본고사를 폐지하고 졸업정원제 도입과 더불어 과외금지 조치를 단행하였다. 이는 사교육비 부담을 경감할 뿐만 아니라 대학 진학 수요를 흡수하여 대졸자 고급인력 공급을 원활히 하려는 취지였다. 실제로 대학 및 학과의 신설과 증설을 허용함으로써 고등교육기관의 양적 팽창을 가져와 사학 재단의 호황기를 맞이하였다.

그런데 1980년의 5·18광주민주화운동은 대학생 중심의 반정부활동의 촉매제 역할을 하여 학생운동을 점점 급진화시켰다. 이에 1981년 1월 17일 전국 대학 학생처·과장회의에서는 이데올로기 비판 교육회 설치를 권장하기에 이른다. 이후, 대학행정의 지상목표는 학생소요를 막는 일이라고 할 수 있을 정도로, 교수의 학생지도비가 연구장려비보다

28) 1977년에서 1979년 사이의 대학졸업자들은 적어도 두세 군데의 취업 자리를 두고 선택해야 하는 행복한 고민을 하였기에, 단군 이래 최고로 운이 좋은 세대라는 말을 들었다.

더 많았던 시절이 1980년대 말까지 이어졌다.

당시 군부독재체제에 대한 국민의 반감이 상승하였는데, 이에 대한 유화정책들 가운데 중·고등학생의 교복자율화 및 두발자율화 시책은 학교현장의 변화를 통해 호감을 얻고자 한 것이었다. 하지만 학생지도 혼선에 대한 불만이나 사복비용 부담으로 인한 학생 간 위화감 조성 등 반대여론이 비등하자 얼마 지나지 않아 흐지부지되고 말았다. 이해 당사자들 사이의 합의나 현장 실정을 무시한 인기영합적인 정책이 갖는 한계를 잘 보여 주는 해프닝이었던 셈이다.

1987년 6월 항쟁은 우리나라 정치사에 큰 변화를 초래하였다. 정부의 일방적인 교육정책에 대한 교사들의 저항이 1987년의 전국교사협의회를 모체로 1989년 5월 28일 전국교직원노동조합(약칭 '전교조')의 결성을 낳았다. 그리고 교수들의 반발과 항거는 1987년 6월 26일 민주화를 위한 전국교수협의회(약칭 '민교협')의 출범을 가져왔다. 또한 시민사회에서의 반항과 항변은 참교육을 위한 전국 학부모회(약칭 '참교육학부모회')라는 전국적인 시민운동조직의 결성으로 이어졌다. 이러한 단체들은 때로는 단독으로 때로는 서로 힘을 합쳐, 신자유주의 이데올로기를 기반으로 한 정부의 교육정책에 대항하여 대안적인 교육체제를 모색하고자 했던 것이다.

1989년 11월 9일 베를린 장벽이 무너지면서 구 공산권 국가의 붕괴가 시작되었는데, 1990년대 초반에 우리나라는 북방외교를 통해 이념적 대결구도에서 교류협력관계로 전환함으로써 대학가의 반정부투쟁도 급진적 이념성향에서 탈피하여 점점 학내문제에 관심을 갖기 시작하였다. 1990년대 중반 무렵 신규대졸자 취업난이 가중되면서 대학생의 관심이 사회적 이슈보다는 개인적 진로에 쏠리는 현상이 나타났다. 따라서 취업할 때 졸업장보다 성적표가 중요하다는 인식이 확산되어 학점 관리에 지대한 관심을 갖는 대학생들이 늘어났다. 강의평가제도 및 상대평가실시 여부가 대학개혁을 가늠하는 평가요소에 포함되어 어느 정도 대학교육 부문에 대한 질적 개선의 여지가 마련되기도 하였다.

그리고 급속한 도시화의 진행으로 1980년대 중·후반부에 이르러 대도시를 중심으로 아파트 단지 개발 붐이 일어났는데, 그 여파로 도심지역 학교들의 신 주거단지로의 이전이 이루어지면서 학교시설도 현대화되었다. 하지만 암기 위주의 입시준비 공부가 초·중등교육과정을 지배하였다. 이를 개선하고자 1994학년도부터 대학입학시험으로 학력고사를 폐지하고 수학능력시험을 도입하였으나 그럼에도 불구하고, 대학서열화에 따른 명문대학으로의 진학을 위한 재수생 증가 현상은 더욱 기승을 부렸다. 1995년 5월 31일 획일적인 학교설립기준을 지양하고 다양한 교육수요를 충족시킨다는 목적을 내세우면서, 대학설립 인·허가제를 폐지하고 이른바 '대학설립준칙주의'를 도입하기에 이른다. 그리하여 대학의 신·증설이 용이해졌는데, 이것은 이미 우리나라 고급인력수요를 초과해 버린 대졸자 급증으로 인한 고등실업 문제의 심각성을 더 가중시키는 결과를 낳게 된다.

이러한 1990년대는 세계화라는 화두와 더불어 무한경쟁시대로 진입한다는 위기감이 감돌았는데, 특히 각종 세계대학평가와 국내언론사의 전국대학평가에서 나타난 순위는 대학 간 경쟁을 자극하는 계기가 되었다. 정부 예산과 기업체 투자 등 국가 전체 R&D 비용의 증가와 더불어 많은 대학들이 교수의 연구실적을 중시하면서, 이 시기 말경에는 교수들이 학부교육이나 학생지도를 상대적으로 소홀히 하는 경향도 나타났다.

이 시기의 교육정책 가운데 한 가지 바람직한 방향을 찾자면, 지방자치제도의 부활로 인하여 교육감 선출제도와 더불어 교육자치의 길이 열린 것이다. 이와 관련해서 여전히 아쉬운 점은 실질적인 교육자치를 위해서 입후보자의 정당공천제 폐지와 재정자립의 기반을 확보하는 일이라고 본다.

이 시기의 경험을 통해 알 수 있는 점은 교육 부문의 개혁이 정치적 의도나 경제적 목적 달성 수단으로 이루어질 경우에 오히려 교육 부문 자체의 해결의지와 역량을 왜곡하고 억압하게 된다는 사실이다. 심지어 사교육에 대한 강력한 금지 방침조차도 대학서열구조, 직업위계구조와 같은 불평등 문제의 해소가 전제되지 않은 한 효과를 거두지 못하고, 결국 점증하는 중산층의 압력 때문에 위헌적 요소라는 명분에 의해 폐기되고 마는 것이다.

이렇게 보면, 이 시기의 교육문제는 정치경제적 목적에 종속된 교육개혁 조치, 소득증대로 늘어난 중산층의 교육수요 폭증, 고등교육기관의 급속한 양적 팽창 등과 연관되어 나타난 것으로 진단 가능하다. 이 시기는 반주변부 국가로서 자본주의 사회에서 일반적으로 나타나는 불평등한 교육문제를 사회적 공론의 장에서 표출하기 시작한 때라고 볼 수 있다. 다시 말해, 이는 그만큼 자본주의의 신자유주의적인 시장원리가 교육 부문에까지 침투하여 확산하는 시점에 이르렀음을 보여 준다.

5) 교육개혁기(1997년~2009년)

1997년 외환위기 사태는 자본시장개방에 따른 국가 관리체제의 미흡함에서 발생하였다. 이런 사태를 겪지 않았다 하더라도 우리나라는 서서히 신자유주의 시장논리가 사회 각 부문에 침투·확산한 결과로 체질개선이 필요하던 때였다.

세계화 무한경쟁시대가 전개됨에 따라 교육기관의 경쟁력 제고를 위하여 이 시기에 이르러 정부교육예산 확충과 학교재정 확보 문제가 대두하였다. 정부는 교육개혁의 필요성을 절감하고 준비해 온 결과, 1997년 12월 30일 교육부 고시 제1997-15호로 제7차 교육과정 시행을 발표하였다. 이는 창의성 함양을 위해 수업현장에서의 교수법 개선까지 포함하는 획기적인 조치였다. 구성주의 교육관에 근거한 수행평가제도와 종합생활기록부 도입 역시 교육 패러다임의 전환을 의미할 정도로 중요한 조치였는데, 아쉽게도 조급한 추진으로 인하여 학교현장의 혼란을 초래하고 수도권 대학을 중심으로 대학입학전형제도 개선 거부 움직임이 나타나 파행하거나 좌초하고 말았다.

아무튼 20세기를 지나 21세기로 들어서는 세기적 전환기에 즈음하여, 교육개혁의 필요성에 대한 국민적 공감대가 형성되는 계기가 마련되었다. 그리하여 민선 교육감에 의한 지역별 교육 경쟁구도가 자연스럽게 형성되었으며, 대학평가제도의 도입으로 개혁지표 달성 여부에 따른 차등지원 정책이 시행되었다. 이른바 '선택과 집중'의 원리에 따라 정부 재정지원 사업 신청의 성패가 일종의 제로섬 게임 양상으로 전개되기 시작한 것이 바로 이때다. 예컨대 입학사정관제도, BK21, 전문대학원제도, 산학협력단 사업 운영 등 각종 신규제도 도입은 대학평가 결과와 연계하여 지원 여부가 결정되었다.

얼마 지나지 않아, 재정확충에 더 많은 관심을 갖고 노력한 수도권 사립대학의 급성장과, 그렇지 못한 비수도권 지방대학의 상대적 퇴보라는 불평등 문제가 초래되었다. 대졸자의 가중되는 취업 문제는 수도권 소재 대학으로의 진학희망자를 증가시켰고, 아울러 재학생은 취업준비를 위한 '스펙 쌓기' 때문에 여유가 사라졌으며 이로 인한 교육비 부담은 감내할 수준을 넘어설 만큼 커졌다. 대학등록금 인상에 대한 거부감은 학생운동의 방향을 더욱 학내문제에 국한되게 한 셈이다. 그리고 대졸자의 청년실업 문제는 이른바 '3포 세대'라는 신조어를 낳았는데, 이는 연애와 결혼·출산, 집 마련까지 포기할 수밖에 없는 처지를 표현한 것이다.[29)]

그럼에도 불구하고, 아니 그렇기 때문에 명문대학이나 안정된 전문직 관련 전공으로의 진학 준비가 더더욱 치열해졌다. 이 시기에 특수목적고의 입시전문기관화 문제와 실업계고교의 정체성 위기 문제가 등장한 것은 이런 맥락에서 보면 예상 가능한 일이다. 그리고 이공계열에서는 의료분야로, 인문사회계열은 각종 고시를 포함한 공직 분야로 진출하려는 경향이 뚜렷이 나타났다. 특히 교육개혁 정책이 교원을 개혁의 주체가 아닌 대상으로 삼아, 교원의 신분적 지위와 권위, 사명감 등을 크게 약화시키는 방향으로 추진되었다. 또한 학교·학급운영위원회를 통한 학부모의 학교교육 참여를 보장함에 따라 정년감축과 더불어 교원의 위상은 예전 같지 않게 되었다. 그렇지만 현직 교원의 지위하락에도 불구하고, 교원의 직업안전성을 선망하여 교직 분야로의 진학 경쟁은 오히려 더 치열해졌다.

이 시기에 일선 학교현장에서는 교원의 힘만으로 해결하기 힘든 새로운 교육문제 사례가 발생하였다. 급우 간에 벌어지는 '왕따' 현상과 학교폭력, 그에 따른 가출 및 자살은 중산층 가족의 가치관에서는 용납할 수 없는 사안이기에 교원의 직무유기 문제로 접근하려는 학부모가 늘어났다. 심지어 자기 자식을 부당하게 대우한다며 학부모가 교사를 폭행하는 사례도 나타났다.

---

29) 이 시기의 저출산 현상은 2020년 전후의 대학진학 학령인구의 급감 문제를 야기하게 된다.

학교교육에 대한 불신 풍조가 인성교육의 중요성이라는 인식을 낳기에 이르렀으나, 현실은 오히려 사교육 시장의 확대로 교육산업이 발달하여 본격적으로 공교육의 위기를 말하기 시작했다. 참여정부의 교육혁신위원회가 주축이 되어 교육현장 문제 해결을 위한 각종 정책대안을 마련하였지만, 사학재단과 교육산업체 등 이미 정부의 정책적 통제의 영향권에서 벗어난 이해집단의 비협조로 별로 효과를 거두지 못하였다. 기득권층의 이해관계를 대변하는 이들 주류 세력집단은 다양한 교육적 수요를 고려하기보다는 예전처럼 명문대학 또는 인기직종 전공분야로의 진입과 진출을 위한 전략적 수요를 맞춤 겨냥하는 타성을 버리지 못했던 것이다. 이후 MB정부에서는 이들 주류 집단의 이해관계를 반영하는 쪽으로 정책을 확장한 탓에, 신자유주의 이데올로기가 교육 부문에 연착륙하여 깊이 뿌리내리게 되었다.

우리나라는 이 교육개혁기를 금융자본주의의 세계화시대에 들어서면서 경험하였다. 그러면서 자신의 분야에서 세계적 경쟁력을 갖춘 전문인력이 되어야 한다는 강박관념을 갖기 시작하였다. 이에 고소득계층은 자녀의 조기유학을 적극 추진하였으며, 중산층에서도 '기러기 가족'이라는 신조어가 생길 정도로, 자녀를 해외로 보내 교육시키는 경우가 많아졌다. 이들은 자발적 이산가족이 되는 것을 마다하지 않았다. 이러한 현상은 고학력 전문인력 양성이라는 노동시장의 수요에 적극 대응하기 위한 합리적 투자라고 간주하는 이들이 적지 않음을 말해 준다. 그 반면에 일부에 국한된 경우이지만, 창의적인 지식 못지않게 행복감과 도덕적인 인성을 기르기 위한 교육을 강조하는 대안교육에 대한 관심 또한 증대해 가는 경향이 나타난 것도 이 시기라고 본다.

이처럼 교육개혁기는 양날의 칼처럼 시대변화에 적극 대응하는 방식

뿐만 아니라 추구하는 교육적 가치에 대하여 서로 다른 인식을 갖는 계기가 되었다. 다양해진 교육수요를 바탕으로 한 상이한 교육관은 상호 소통의 기회를 상실하게 되면 사회갈등을 야기할 수 있다는 것을 보여 주었다. 따라서 무엇을 위한 개혁이고, 어떤 방식으로 개혁을 추진할 것인지에 대한 전 국민적 성찰이 더 늦기 전에 이루어질 필요가 있던 시기였다.

6) 교육혁신기(2010년 이후)

2008년 미국의 금융위기는 실물경제의 중요성을 새삼 일깨워 준 사건이었다. 정보통신기술의 발달에 의한 IT산업의 급성장은 다른 산업부문과의 융·복합을 통하여 새로운 시장을 창출하였는데, 이러한 신경제체제가 창조자본주의 시대를 열었다. 한 명의 똑똑한 창의인재가 백만 명을 먹여 살린다는 말이 회자되기 시작한 것이다. 정부정책 역시 이러한 방향에서 창의성 교육 진작을 통한 수월성 목표를 내세우고, 이를 위해 교사, 학생, 학교, 지역, 대학, 교수집단에 대한 각종 평가체제를 구축하려는 시도가 진행 중이다.

학령인구 급감 현상은 초등학교 단계에서 시작하여 중등교육기관에 심각한 영향을 미치고 있다. 이에 농어촌 지역의 폐교 문제는 인접 학교 간 통폐합 운영, 또는 귀농·귀촌인구 유치 차원의 기숙사형 명문학교화 전략으로 대응하고 있다. 그리고 공교육에서는 자유학기제를 도입·시행함으로써 진로교육 및 자기설계교육을 통해 학생들의 행복을 증진하기 위해 노력하고 있다. 점차 '정규교육'과 '대안교육'의 경계선이 허물어지는 양상을 보인다.

그리고 선출직 진보 교육감의 등장으로 정부의 일방적인 정책이나 지침을 그대로 따르지 않고 '참교육'이나 '대안교육'의 목소리를 듣고 따르는 일들이 늘어간다. 보육과 급식에 대한 무상지원을 의무화하는 것이 대표적인 사례이다. 역사교과서 국정화 문제에서도 정부가 밀리는 듯한 인상을 받는데, 이러한 일들이 발생하는 것은 이제 더 이상 정부가 일방적인 교육정책을 시행할 수 없을 정도로 현장의 사정이 천차만별로 다를 뿐 아니라, 이해 당사자들의 다양한 요구를 외부인의 일방적인 지도와 획일적인 간섭으로는 조정하거나 해결할 수 없기 때문이다. 진정한 교육자치에 걸맞게 교육부의 권한과 자원을 지역 교육청으로 위임하고 이양하는 것이 바람직하고, 교육청은 다시 일선 학교로 위임·이양해서 해당 이해 당사자들에게 자율에 대한 책임을 묻는 방식으로 교육행정이 이루어질 시점인 것이다.

MB정부는 2010년 9월 29일에 국립대 선진화 방안 1단계를 발표하고, 2012년 9월 10일에 2단계를 발표하였다. 주된 내용으로는, 총·학장 리더십 강화 및 성과관리 체계 구축, 학부 교양교육 활성화 및 학사운영의 선진화, 기성회회계(비국고회계) 제도 개선 및 운영 선진화, 성과급적 연봉제 정착을 위한 세부 방안 마련 등을 포함하고 있다. 이런 현안들은 과거부터 다루어져 왔던 것인데, 이제 더 이상 해결을 미룰 수 없는 시점에 이르렀다고 본 것 같다. 이러한 정책 시도는 한마디로 대학평가체제의 정착을 의미한다고 할 것이다.

이러한 연장선상에서 박근혜 정부 들어서는 학령인구감소의 선제적 대비와 대학경쟁력 제고를 위하여 정부주도의 대학구조조정인 이른바 '대학구조개혁 평가'를 3주기에 걸쳐 시행하는 것을 추진 중에 있다. 학자금 대출과 국가장학금 신청을 정책수단으로 삼아서, 평가 결과에서 하위 등급으로 판정받은 대학에 대하여 재정지원 제한 조치와 더불어 입학정원을 일정 비율 감축하도록 권고하는 것이다.

대학재정 확충은 국공립대는 물론 사립대로서는 생존을 위한 최우선 순위가 된 현실에서, 등록금 동결 및 '반값등록금' 정치공약 실현을 위한 국가장학금제도의 도입은 그동안 학내이슈에 집중한 학생운동의 결실로 볼 수 있다. 하지만 사학재단의 적립금을 교비로 전환하게 한다는 명분에 밀려, 국가장학금제도의 역효과에 대한 지적은 상대적으로 국민적 관심을 끌지 못하고 있다.

그런데 사회양극화 못지않게 대학의 양극화 문제가 우려되는 요즘이다. 학생충원이 양호하고 대학운영이 견실한 대학이 존재하는 반면에 학생충원이 어렵고 운영이 부실한 대학도 존재하기 때문이다. 그리고 한 대학 안에서도 인기 있는 전공 분야인가 그렇지 않은가에 따라 존폐의 위기감이 다르다. 또한 교수 개인 간에도 소득격차가 확대되어 가는 추세인데, 이는 성과급 연봉제 시행과 아울러 연구비 수주실적에 따른 간접비 환급, 우수연구논문[30]이나 우수연구자[31]에 대한 포상 등에 따른 결과이다.

연구에 대한 보상을 증대할수록 연구실적은 상승하겠지만, 그만큼 학생교육에는 시간과 정성을 기울이지 못할 가능성이 크다. 그리고 연구비 수주를 위해 노력하는 것 못지않게 연구비 관리나 연구윤리 준수도 중요하다. 하지만 일부 교수의 연구비 집행 부정과 연구윤리 위반으로 인해 관리비용이 증가하는 문제도 간과할 수 없다. 아무튼 선진국 유수대학의 경우 R&D 수주를 비롯하여 교재 발간과 교육프로그램 및 기념품 판매 등 수익사업을 통한 영리추구 행위가 일반화하여 대학의 기업

30) 일부 대학에서는 *Nature* 또는 *Science*에 단독저자로 논문을 게재하면 1억 원의 포상금을 지급한다.

31) 일부 대학의 경우이지만 학술상 수상자로 선정되면 1천만 원의 상금을 수여한다.

화, 상업화, 상품화 문제가 벌써 대두하였다. 우리나라의 경우도 이러한 전철을 따라가는 것은 아닌지, 달리 길이 있는지 고민해야 할 시점이다.

그리고 신경제체제의 특성상 고용창출은 갈수록 어려운 상황이기에 청년실업 문제가 심각한데, 대학으로 하여금 이 문제를 책임지도록 유도한 것이 청년창업 지원이고 기업에게 부담하도록 한 것이 청년인턴제이다. 그런데 청년창업이든 청년인턴이든 미봉책으로 그치지 않도록 하기 위해서는 후속조치가 강구되어야 한다. 지금이 그때이다. 이는 고령화 시대에 적합한 인력활용계획을 포함하여 제4차 산업혁명 시대의 새로운 직업을 위한 준비로서, 평생교육체제 속에서 대학의 역할 분담을 설정해야 하는 일이 필요하다고 본다.

현 시점의 교육혁신기는 정부이든 민간단체이든 독자적으로 그리고 일방적으로 교육정책을 수립하여 집행하기 어려운 상황이다. 그 미시적 이유는 관련 이해 당사자들이 다양하고 자기 이해관계에 대한 입장이 분명하기 때문이다. 그 거시적 이유는 제4차 산업혁명 시대의 특징이 기존의 여러 첨단기술과 로컬문화가 융·복합적으로 결합하여 새로운 시장 영역을 창출하기 때문이다. 그런 만큼 근대사회의 기계론적 사고나 합리적 판단만으로는 당면 문제해결을 위한 창의력이나 미래에 대한 예지력을 담보할 수 없다.

비유를 들어 조금 더 말한다면, 숲이라는 사회 전체적 차원에서 접근하는 것과, 나무들이라는 개별적 차원에서 접근하는 것은 기본적으로 서로 다르다. 국정 목표는 숲의 차원에서 접근한다면, 개별 주체의 대응방식은 나무의 차원에서 접근한다고 할 수 있다.

숲의 차원에서 강조하는 교육을 통한 수월성 제고와 경쟁력 향상의 국정목표는, 한정된 자원의 효과적이고 효율적인 배분을 위하여 선택과 집중의 원칙을 내세우는 형편이다. 신자유주의적 세계화의 영향 때문이라는 이념적 잣대로 해석할 수도 있지만, 오늘날 국가들이 개별적으로 발전전략을 수립함에도 불구하고 선진 국가들의 레짐regime의 성격이 유사해지는 것은 반드시 우리나라 현 정부나 위정자의 탓으로 돌릴 수 없다는 점을 상기할 수 있다.

이와 대조적으로 나무의 차원에서 주목하는 민주와 자율의 가치는, 선택과 집중의 가치 앞에서 무력해지거나 배제당함에 따라서 밑으로부터의 저항을 불러일으키기 십상이다. 더군다나 민주와 자율의 가치는 근대화 공정 이후 교육제도를 떠받쳐 온 만능 무기이며, 이러한 가치를 숭고한 것으로 교육해 온 대학이야말로 그 굳건한 보루이자 성채의 기능을 수행해야 한다는 책무성을 사회로부터 부여받았다고 믿고 있는 것이다. 그리하여 대학교육을 받은 고학력자의 비중이 높은 우리나라 중년층은 자녀들과 함께 촛불시위 참여와 같은 실제 행동으로써 자신의 가치를 기꺼이 구현하려는 것이다.

이처럼 정부와 개별 주체나 집단의 관점과 시야는 다르다는 점을 염두에 두고, 교육문제의 설정과 의제 선정 과정에서뿐만 아니라 교육정책의 입안에서 집행 및 성과에 대한 평가에 이르기까지 서로 수용하기를 기대한다.

3. 현대 한국사회의 교육문제

앞 절에서 현대 한국사회의 교육정책 흐름을 여섯 단계의 시기별로 나누어 살펴보았다. 이렇게 나누어 정리한 것은 사회구성체의 분석수준을 기준으로 삼으면서 한국사회의 역동성을 반영하려는 의도를 담고자 함이었다. 이제 다시 이러한 역사적 관점에서 종합적으로, '현대'의 시간과 '한국'의 공간이라는 '사회'의 장場, fields에서 발생하고 전개된 교육문제를 진단해 보고자 한다.

되풀이하자면, 현대 한국사회는 제2차 세계대전 이후 자본주의 세계경제체제에 주변부 국가로 편입당하였는데, 교육적 관점에서 보면 이 시기는 새로운 교육제도의 정초기와 전후회복기에 해당한다. 그다음에는 산업자본주의를 바탕으로 반주변부 국가로 도약하였는데, 이 시기는 각종 교육제도가 본격적으로 정비되고 점차 경제성장과 더불어 학교교육의 수요와 공급이 양적으로 크게 팽창하는 교육입국기와 교육확장기라고 볼 수 있다. 마지막으로 반주변부 국가에서 중심부 국가로 진입하기 위해 애쓰고 있는 단계인데, 이를 위해 교육 부문의 세계적 경쟁력을 확보하기 위해 체질 개선을 도모하는 교육개혁기와 교육혁신기를 맞고 있는 시대라고 볼 수 있다.

교육정책은 이론적 백지상태나 역사적 진공상태에서 출현하는 것이 아님을 강조해 왔다. 세계경제체제 속에서 차지하는 국가의 위상, 산업구조의 특성과 노동시장의 수급 상황, 사회계층분화와 계급적 세력관계의 판도, 정부 관료와 언론 및 전문가 집단의 지성 수준, 해당 이해 당사자의 정책수용도 등이 총체적으로 작용한 결과로 등장한 교육 관련 부문의 현안에 대하여, 정부의 대응이 반영된 것이 교육정책이라고 볼 수 있다. 다시 말해서 특정 교육정책은 당대의 시대적 상황과 문화적 맥락, 그리고 사회적 세력관계에 의해 배태된 교육문제를 해결하려는 정부의 의지를 제도화한 것이기도 하다.

이런 관점에서 여섯 시기별로 정리해 본 교육정책들로부터 당대의 교육문제를 유추해서 정리해 봄 직하다. 이런 작업을 통해 얻고자 하는 점은 다음과 같다. 첫째, 어느 정도 해결 가능한 교육문제와, 별다른 해결책이 없는 교육문제를 구별할 수 있다. 정부수립 이후 처음부터 지금까지 계속 반복되는 교육문제가 있다면, 이런 유형의 교육문제는 완전히 해소하기 어려운 속성을 지닌 것으로 판단 가능하다고 본다. 둘째, 특정 교육문제가 과거의 잘못된 교육정책에 기인한 것인지, 아니면 교육정책은 좋았으나 과정상 시행착오 등의 이유에서 의도하지 않은 결과로 파생한 것인지를 구별할 수 있다. 해당 교육문제가 잘못된 정책에 기인한 것이라면 정책수정이 불가피하지만, 의도하지 않은 결과에서 파생한 것이라면 같은 정책을 다시 잘 집행하는 방향으로 가닥을 잡을 수 있다고 본다. 셋째, 교육문제 설정을 과거지향적인 입장에서 접근하는 것인지, 아니면 미래지향적인 입장에서 시도하는 것인지를 구별할 수 있다. 앞으로는 교육정책적인 의제를 선정할 때 과거지향적으로 접근하기보다는 미래지향적으로 접근하는 것이 바람직할 줄 안다.

현대 한국사회에서 지속적인 교육문제를 한마디로 집약해서 표현하면 '공교육의 위기'이다. 그 구체적인 진단은 여섯 가지 증상에 근거한다고 볼 수 있는데, 첫 번째 증상은 교육이념과 교육자치의 문제와 깊은 연관이 있다. 이는 교육의 정치 종속화 및 경제 종속화와 다름없다. 교육을 정치인과 경제인의 입맛과 뜻에 맞게 길들이려는 작태이다. 우리 사회의 주류 집단은 오늘날까지 반공이념과 경제성장 신화에서 헤어나지 못하고 있는 셈이다. 이는 여전히 민족정체성, 국가정체성, 지역정체성 등과 같은 정부수립 초기에 해결해야 했던 '건국'의 문제를 반복하고 있는 데에서 알 수 있다.[32] 교육의 제도화를 처음부터 민간 영역에서 선도하지 않고, 중앙집권식 계획과 통제로써 정부가 주도한 탓이 크다. 위

32) 국사교과서 국정화 이슈가 이러한 문제의 단적인 예이다.

로부터의 일방적이고 획일적인 접근을 탈피하고 아래로부터의 힘을 모아 내는 진정한 교육자치의 실현이 이런 난제를 해결하는 주요 방안이 될 줄 안다. 하지만 교육자치가 제대로 이루어지려면 교육재정 확보를 통한 지방의 재정분권 없이는 어렵다.

둘째, 우리나라 교육문제의 증상은 교육재정의 부족과 깊은 연관이 있다. 정부의 교육정책이 의도한 목표를 달성하기 위해서는 재정지원이 필요하다. 그런데 분단국가로서 국방비 예산 확보는 상대적으로 교육비 예산 확대를 제약하는 요인이 되고 있다. 계속해서 부족한 부분을 수익자 부담 원칙으로 보충해 가는 방식이 임계점에 이른 수준이다.[33] 기본적인 교육인프라를 구축하는 일뿐만 아니라 첨단기술의 발달에 힘입은 혁신적인 교육인프라를 보완하고 운영하는 일에는 재정적 뒷받침이 절실하다. 하지만 선진국 수준의 교육예산과 R&D예산을 확보하지 않은 채 세계적인 경쟁력을 갖춘 교육 및 연구 역량을 견인하려고 할 때, 기형적인 예산배분과 파행적인 정책집행을 낳기 쉽다. 기초연구에 대한 장기적인 투자나 기초학문보호에 인색한 상황에서는, 개인적 차원의 성과급 평가에 급급하여 무책임한 교육형태와 비윤리적인 연구형태가 학교조직 안에서 구조화할 우려조차 낳게 한다.

셋째, 교원(대학교수 포함)의 양성과 평가의 문제가 현장 교육의 질적 개선 면에서 가장 연관성이 높다. 정체성 혼란이나 재원부족에도 불구하고, 오히려 그 관련 문제를 극복해 내려면, 교원의 사명감과 열정 등 사기 진작은 필수적이다. 바람직한 인재양성의 첫 단추는 바로 헌신하

33) 대학등록금 인상 반대를 위한 학생운동의 의제를 수용하여 정치권에서 '반값등록금' 공약을 할 수밖에 없었던 점을 그 예로 들 수 있다.

는 교원의 양성이 아닐 수 없다. 담당 학생들의 진학 및 취업 등을 기준으로 평가하고 차등 보상하는 개인별 성과급 연봉제는 이런 헌신을 유발하는 일과는 거리가 멀다. 이는 교원을 개혁의 주체가 아닌 객체적 대상으로 삼아 온 저간의 정책실패의 한 예이기도 하다. 교원을 정권안정과 체제유지의 수호자나 하수인으로 간주하기보다는 국민행복생활의 실천자이자 전도사로 인정할 필요가 있다. 학교에서 행복한 교사가 수업시간뿐만 아니라 일상지도에서도 학생을 행복하게 해 줄 가능성이 높기 때문이다.[34)]

넷째, 실업자의 고학력화와 취업 만능 증상이다. 단계별 학제가 학력學歷이 아닌 학력學力의 향상을 의미해야, 즉 잠재능력 개발을 통한 실력함양의 학교교육이 되어야, 실업자의 고학력화 문제에서 벗어날 성싶다. 특히 학문후속세대인 대학원 이상 학력자 배양의 질적 제고는 연구력 신장과도 직결된다고 본다. 이 문제는 결국 학생선발과 학교 서열화 문제와 직결되어 있다. 사실 이 두 문제는 마치 동전의 양면과 같다. 취업을 잘하기 위해 좋은 학교로 가려고 하며, 또 좋은 학교는 취업을 잘하는 졸업자가 많은 편이다. 그리고 더 나은 취업을 위해서 더 높은 단계의 학교로 진학하려고 하며, 또 고학력자가 저학력자보다 취업시장에서 더 나은 대우를 받고 있다. 따라서 같은 수준의 학력자들 사이에서는 더 이름난 좋은 학교 출신자가 유리하고, 학력 수준이 다를 경우는 상대적으로 고학력자가 더 유리한 것이다. 이러한 사실은 결국 우리 사회의 불평등 문제가 학생선발 방식과 학교 서열화와 밀접하게 연관되어 있음

---

34) 이런 측면에서 교원의 자유재량권을 확대하고 그에 대한 책무성이행 여부를 평가하는 방향으로 현존 교원평가제도를 개선할 필요가 있다.

을 보여 준다.

다섯째, 교육수요의 미충족과 불일치 증상이다. 교육수요는 한편으로는 교육받고자 하는 집단, 곧 학부모와 학생이 원하는 교육수준을 의미하고, 다른 한편으로는 일정한 교육수준을 갖춘 인력을 원하는 집단, 곧 일자리 제공자 측에서 갖는 취업시장에서의 수요를 뜻한다. 우리나라는 이러한 양쪽의 교육수요자들에게 불만족스런 교육을 제공해 온 셈이다. 전자의 교육수요자는 점점 더 다양한 교육 내용과 더 높은 수준의 것을 원하는 추세를 보인다. 하지만 기대치에 못 미치는 공교육은 공교육 자체를 불신하게 하고 사교육에 관심을 갖게 하여 가계비용 부담을 증가시키고 있다. 자녀의 해외유학을 위해 가족이산까지 마다하지 않고 있다. 이처럼 더 긴 교육기간과 더 늘어난 비용으로 키워 낸 인력들이지만, 고용주 입장에서는 급변하는 산업시장에 대응할 만한 쓸모 있는 인재가 늘 부족하다는 불만을 제기한다. 그만큼 노동시장에서의 질적 불일치와 양적 불균형이 만성적인 현상이다.

마지막으로, 교육정책 수행과 연관된 증상이다. 아무리 올바른 정책이더라도 기획, 입안, 공고, 집행에 이르기까지의 여러 과정을 올바르게 수행하지 않을 때, 이해 당사자들의 반발과 저항은 물론이거니와 비판적 여론에 의해 소기의 성과를 거두지 못하고 의도하지 않은 결과에 직면하곤 하였다. 오히려 새로운 문제를 야기한 경우도 없지 않았던 것 같다. 이해집단의 정치세력화는 갈등구조를 고착하여 정부의 어떤 교육정책에 대해서도 불신하거나 비판하려는 태도를 낳았던 것이다. 이제는 보수 대 진보라는 이념보다는 경쟁이냐 공감이냐, 자율이냐 책임이냐 등과 같은 가치 선택에 따른 중첩적이고 다중적인 형태의 서로 다름에서 기인하는 차이일 뿐인데, 이를 제로섬 게임처럼 '너 죽고 나 살자' 식으로 몰아갈 이유가 없다. 정책은 문제를 명료하게 하되, 그 문제의 해결이 아니다. 그보다는 상호 간의 차이를 문제로 인식하고 조율과 조정의 과정을 거친, 타협과 협력의 산물이라고 보는 것이다. 지금은 정책에 관한 소통과 협의가 이해 당사자에게만 필요한 것이 아니고, 시민영역의 여러 사회집단과의 협력도 중요한, 이른바 '거버넌스(협치)'의 시대이다. 결국 공교육의 위기를 극복하는 길은 사회적 공론의 장을 활성화하는 데에서부터 찾아야 할 것이다.

제2부 새로운 교육정책의 배경

오늘날에는 학교라는 제도교육의 식당에서 메뉴판이나 서빙방식을 바꾸지 않으면 안 될 정도로 요리의 재료와 방식 등이 크게 바뀌었다. 그렇지 않으면 고객이 더 이상 찾지 않는 식당이 되어 폐점하든지 아예 업종을 바꾸어야 할 판이다.

이처럼 식단 메뉴판과 서빙하는 방식을 바꾸는 일은 교육 패러다임의 전환이라는 큰 틀에서 다룰 수 있다. 교육이 어떤 사람들에게 왜 중요하고, 무엇을 어떻게 가르쳐야 하는지 등에 대한 담론을 근원적인 수준에서 형성해 갈 것이 요청된다. 본서에서는 몇 가지 교육 패러다임 유형을 정리하면서, 앞으로 필요한 담론을 위한 화두 수준의 견해를 피력하고 있다. 아직 성급한 논의이기에, 완성된 그림처럼 매끄럽고 세련된 수준은 아니지만, 대체적인 윤곽 그리기를 통해서 사회변화에 따른 새로운 교육 패러다임이 갖는 의미를 파악해 보고자 한다.

앞서 강조한 대로 교육문제나 교육정책은 사회적인 진공상태에서 발생하는 것이 아니다. 사회변화를 수용하고 해석하는 여러 이해집단의 힘의 관계가 반영된다. 그 결과, 교육정책은 한편으로는 지금까지 여러 정책들이 시행되었음에도 불구하고 여전히 해결하지 못한 문제를 겨냥할 수도 있으며 다른 한편으로는 미래사회의 변화에 미리 대응하여 준비하기 위한 집합적 노력을 제도교육 차원에서 견인할 수도 있다. 구태여 바람직한 쪽을 하나 집어 낸다면 전자보다는 후자라고 답할 경우가 많을 줄 안다.

본 서 제2부에서는 먼저 현대사회에서 교육정책 구상의 일반적 배경이 된 사회변동의 추이를 간단히 정리해서 살펴본다. 그럼으로써 사회변동의 각 요소가 교육현장에 미치는 영향을 중심으로 정책적인 함의를 도출하고자 한다. 이러한 작업은 왜 우리 사회가 교육정책을 시행하려고 애쓰지 않을 수 없는지를 이해하는 데 도움을 줄 것으로 기대된다.

교육정책은 교육제도 외적인 영향을 크게 받는데, 이는 당대 집단지성의 산물이기 때문이다. 그렇기에 교육정책은 지식사회학적 존재구속성에서 벗어날 수 없다. 이런 의미에서 지식사회학적 구성물인 교육 패러다임의 전환이 발생하면, 바람직한 교육정책의 방향도 바뀐다고 볼 수 있다. 따라서 교육 패러다임의 유형을 정리하고 그 변화하는 측면을 살펴봄으로써, 앞으로 우리 사회에 바람직한 교육정책의 방향을 짚어 내고자 한다.

올바른 진단과 올바른 처방, 그리고 올바른 복용, 이 세 가지가 갖춰져야 일반적으로 기대하는 효과를 거둘 수 있다. 교육문제 역시 올바른 진단에 근거하여 올바른 교육정책을 올바르게 시행하는 것이 중요하다. 교육정책에 대한 신뢰성은 이미 주어진 것이 아니기 때문이다. 그렇다고 해서 미래에 언젠가 나타날지 모르는 막연한 효과에 기대어 신뢰성을 견인할 수도 없다. 정책에 대한 신뢰성은 해당 정책 입안에서부터 집행에 이르는 과정이 하나도 예외 없이 올바르게 진행되고 있다는 점을 사회적으로 인정받을 경우에 확보할 수 있는 것이다. 해당 정책이 왜 필요한지, 왜 지금 시행하지 않으면 안 되는지, 왜 현재 방식대로 시행해야 하는지 등에 대한 명확한 설명과 진지한 논의를 통한 사회적 합의의 중요성은 아무리 강조해도 지나치지 않다.

제4장

사회변동 추이와 교육적 함의

현대사회의 특징 가운데 가장 두드러진 것이 변화와 관련된다. 근대화, 대중화, 도시화, 민주화, 산업화, 서구화, 세계화 등은 바로 현대사회에서 일어나고 있는 변화의 속성과 형태를 묘사한 용어들이다. 이처럼 변화의 모습이 다양하고 복잡할 뿐만 아니라, 무엇보다도 변화의 진행 속도가 빠른 것이 현대사회의 특징이다. 신제품이나 신모델에 대한 광고가 수시로 나오고, 관련된 첨단기술과 새로운 어휘에 대한 보도가 빠질 날이 없는 지경이다.

결국 주위 환경 변화가 복잡하고 빠를수록 과거의 경험과 지식은 효용성이 떨어지는 경향을 피하기 힘들다. 학교에서 가르치고 배운 것을 현장에 적용하려고 할 경우에 괴리감과 이질감이 생기지 않을 수 없다. 19세기 교사가 20세기 교실에서 21세기 학생을 가르친다는 말이 그저 나온 것이 아니다.

이렇게 보면, 교육문제는 사회변동으로 인하여 발생하기 마련이다.

부모가 학습하던 예전과 똑같은 시대상황과 사회적 환경에서 그 자녀가 학교를 다닌다고 한다면, 똑같은 교육내용과 수업방식으로 가르치고 배우면 될 터이다. 하지만 기록이 남겨진 아주 오랜 고대 시절부터 세대차a generation gap라는 개념이 존재했듯이, 변화의 정도와 속도만 다르지 늘 변화와 함께해 온 것이 인간사회의 속성이다.

사회변화로 인해 발생한 교육문제를 해결하기 위하여 정부가 동원하는 수단이 교육정책이다. 제1부에서 강조한 대로, 이러한 사회변화를 국면적 분석수준에서 접근하면 교육정책의 신뢰성 확보와 일관성 유지가 어렵다. 왜냐하면 이해 당사자들의 정제되지 않은 이해관계가 그대로 정책의제화하기 쉽고, 게다가 그 선정과 조율 과정에서 기득권 세력이 공론의 장을 주도하여 편향적인 방향으로 정책이 수립될 개연성이 높기 때문이다. 그렇다고 추상수준을 높여서 생산양식 분석수준에서 접근하면, 그에 따라 제안된 정책의 가시적인 효과에 대한 현실적 기대를 충족시켜 주기 어려운 만큼, 거대담론의 장기적 기획으로 인식되어 선언적 구호나 선동적 행태로 끝나 버릴 공산이 크다.

그러므로 이 장에서는 오늘날 우리나라의 사회변동 가운데 사회구성체 분석수준에서 유의미한 것을 찾아내고자 한다. 즉 주요한 사회변동의 추이를 살펴보는 것이다. 크게 인구구조와 문화사조, 산업기술, 사회불평등을 중심으로 그 전개양상을 개괄적으로 정리해 보기로 한다.[1)] 이러한 작업을 시도하는 목적은, 최근의 사회변동이 야기하는

---

1) 사회학에서는 천재지변이나 자연재해, 또는 전염이나 전쟁 등에 의해 발생하는 사회변동을 잘 다루지 않는다. 기성체제와 기득권 재생산·유지 문제 등 기존의 인적·물적 자원의 동원과 배분 방식, 그리고 결과에 따른 보상체계에서의 변화 측면을 주로 다룬다. 본 장에서 다루려는 인구구조와 문화사조, 산업기술은 인적·물적 자원의 동원과 배분 방식에 연관된 측면이고, 사회불평등은 그 결과 및 보상체계에 관련된 변화 측면이다.

교육적 함의를 이끌어 내어 정책적으로 고민해야 할 사항을 챙기는 데 있다.

1. 주요 사회변동 추이

우리는 일상생활을 영위하는 가운데 이러저러한 변화를 경험한다. 학생의 경우, 상급학교로 진학하는 일, 학년이 바뀌어 새로운 학급에 들어가는 일, 심지어 일제고사에서 예상과 다른 문제를 접하는 일 따위처럼 무수하게 많은 변화를 겪는다. 하지만 개인적 차원에서 그리고 일상적으로 부딪히는 경험 가운데 사회변동이라는 용어를 붙일 만한 것은 그렇게 많지 않다. 사회변동은 일상적인 반복성을 탈피하여 기존의 틀을 고수하기에 버거운 상황을 초래하는 차원의 것이다. 그래서 크게 고치지 않으면 많은 사람들이 지속적으로 낭패를 당하기 쉬운 속성을 지닌다. 개혁이나 혁신은 이러한 사회변동에 대비하거나 대응하는 방식을 일컫는다. 다시 말해서, 사회변동은 개인의 일신상에 일어난 변화보다는 사회구조의 변화를 지칭한다.

여기서는 사회변동을 사회구성체 분석수준에서 그 추이를 정리하고자 한다. 잠시 언급한 대로, 사회구성체 분석수준의 사회변동에 대한 바람직한 대응방식으로 동원되는 용어가 개혁이고 혁신이다. 구조개혁이니 제도혁신이니 하는 것이 이에 해당한다. 참고로 국면적 분석수준의 대응방식은 인적쇄신이니 제도개선이니 하는 것이며, 생산양식 분석수준의 대응방식은 계급혁명이니 사회혁명이니 하는 것이다.

사회구성체 분석수준에서 사회구조의 변동을 살펴보기 위하여, 이 절에서는 우리나라 인구구조와 문화사조의 변화, 산업기술의 발달, 그리고 사회불평등의 심화 현상을 짚어 보고자 한다.[2] 이 세 가지 사회변동의 측면은 비유적으로 세 가닥의 노끈으로, 서로 한데 꼬아 강인한 줄이 되는 셈이다. 아무튼 자본주의 생산양식 체제 속에서 전개되어 온, 최근 우리나라의 사회문제의 보편성과 특수성 부분을 사회구성체 수준으로 한데 모아 보려는 시도이다.

1) 인구구조와 문화사조의 변화

세계 인구는 2015년 73억 2천만 명으로 2000년에 비해 1.2배 증가하였다. 앞으로 유사한 비율로 증가할 것이라 가정하면 15년 뒤인 2030년에는 84억 2천만 명에 이를 것으로 예측한다. 우리나라 인구는 2015년 5천1백만 명으로 2000년에 비해 1.1배 증가하였으나, 앞으로 15년간은 소폭 증가에 그쳐 2030년에 5천2백만 명이 되어 정점을 이루고 나면 점차 감소추세로 들어서서, 2060년에는 4천4백만 명이 될 것으로 전망한다.[3] 우리나라 인구수가 감소하는 원인은 바로 저출산 현상 때문이다. 우리나라 합계출산율은 2010~2014년 1.23명으로 1970~1974년 4.21명에 비해 70.7%나 감소하였으며, 2010~2014년 유럽의 합계출산율 1.58명이나 북미의 1.94명에 비해서도 낮은 수준이다.

고령화 현상도 인구구조 변화에서 주목할 만하다. 세계 인구 중 65세 이상 비중은 2015년 8.2%에서 2060년 17.6%로 증가할 것으로 예측된다. 우리나라는 고령인구 비중이 1960년 2.9%에서 2015년 13.1%

---

2) 김태일(2016)의 연구에서 중점을 둔 사회·경제 변화는 지식정보사회의 출현, 양극화 및 불평등 현상, 그리고 학령인구의 감소인데, 큰 흐름에서 보면 본 서의 견해와 같은 맥락이다.

3) 통계청 보도자료, 7월 11일 '인구의 날'에 즈음한 세계와 한국의 인구현황 및 전망(2015. 7. 8.).

로 4.5배 증가하였는데, 앞으로도 계속 증가하여 2030년에는 24.3%, 2060년에는 40.1%로 증가할 전망이다. 우리나라 고령인구 비중 순위는 1960년에 152위이던 것이 2015년 51위, 2030년 15위, 2060년에는 2위 수준이 될 것으로 보인다.[4] 앞으로 고령인구 비중의 급격한 증가는 그에 역비례하여 생산가능인구 비중이 빠른 속도로 낮아지게 된다는 것을 의미한다. 이는 근로소득세 등 재정수입의 감소와 더불어 노령연금과 건강보험 등 재정지출의 증대와 직결되는 문제이다.[5]

이와 같이 우리나라 인구구조와 경제활동 변화에 가장 크게 영향을 미치는 것은 저출산과 고령화 현상이다. 무엇보다도 교육 부문과 관련하여 저출산은 학령인구의 감소를 초래하고 고령화는 교육자원을 축소시키는 결과를 낳는다.

우리나라 학령인구 통계는 저출산 현상의 심각성을 여실히 보여 준다. 초·중·고 전체 학생 수가 1980년 1077만 명에서 2015년 615만 명으로 43%(462만 명)나 감소하였다. 최근에 이를수록 감소폭이 큰데, 이는 2001년과 2002년에 전년 대비 10% 이상의 출생아 수가 급감한 여파에 따른 것으로, 2010년 734만 명이던 전국 초·중·고 학생 수가 2015년 615만 명으로 무려 119만 명이나 줄어들었다. 한국교육개발원의 향후 추계치에 따르면, 2020년 초·중·고 학생 수는 545만 명으로 감소하고 2030년에는 531만 명으로 더 줄어들 것 같다.

향후 이와 같은 학령인구 감소의 영향을 가장 크게 받을 교육기관은

---

4) 상동.

5) 생산가능인구 1백 명당 피부양인구(유소년인구+고령인구)를 나타내는 총부양비의 경우 우리나라는 2015년에 37.0으로 세계 192위 수준인데, 2060년이 되면 101.1로서 세계 3위 수준으로 급부상할 전망이다.

대학이다. 왜냐하면 우리나라 대학은 사학재단에서 설립한 사립대학이 훨씬 많고 대학재정수입에서 학생등록금 비중이 높기 때문이다.[6] 대학 입학자원 감소는 신입생 미충원 확산을 의미하는바, 입학자원 추계치에 따르면 2020년과 2021년의 경우 각각 전년도 대비 35,474명(7.0% 감소)과 43,246명(9.2% 감소)이 감소할 것으로 나타나므로 대학에 따라서는 심각한 상황을 예상할 수 있다.

사실 우리 사회는 '학력 인플레이션'이 만연해 있다. 대졸자에 적합한 일자리가 더 이상 늘지 않고 있다. 2016년 4년제 대학 졸업 이상 구직자 가운데 31만 6000명이 실업자인데, 이는 한 해 전보다도 3만 8000명이 더 늘어난 수치이다. 2016년 4월 기준 우리나라 대학 진학률은 69.8%로 2008년 이후 조금씩 낮아지는 추세이기는 하나 여전히 OECD 회원국 평균 대학 진학률인 41%(2014년 기준)보다 높은 수준이다. 현재 세계 경제회복을 주도하는 독일은 대학 진학률이 28%이고 일본은 37%이다.[7]

다른 한편, 경제활동인구의 감소와 소득상승 및 학력신장에 따른 3D 업종 기피현상으로 인하여 해외노동인력에 대한 수요는 꾸준히 늘어났다. 게다가 국내에서 배우자 선택 기회를 갖지 못한 사람이 외국인 배우자를 맞이하여 다문화가정을 이루게 됨에 따라, 결국 다인종국가와 다문화사회로 진행하고 있다. 이러한 다양성을 수용하기 위하여 필요한

---

6) 우리나라 4년제 대학 중 사립대학이 79%를 차지하고 국공립대학은 21%에 불과하다. 참고로 핀란드는 95.7%, 스페인은 79%, 호주는 44.3%가 국공립대학이다. OECD(경제협력개발기구) 회원국 평균은 국공립대 78.1%, 사립대 13.7%, 정부의존형 사립대 9.2%로 나타나는데, 이에 비하면 우리나라는 사립대 비중이 너무 높다. 그만큼 국민의 교육비 부담이 크다는 뜻이다.

7) 『중앙일보』 2017년 1월 12일자 기사, 「4년제 대졸자 31만 명 실업시대」.

일이 교육대상과 교육내용의 변화이다. 2016년 11월 말 현재 국내 체류 외국인은 200만 명에 이르고, 이 가운데 등록외국인은 1백17만 명 정도로 58.6%이다. 국내 이민자 대부분이 숙련도가 낮은 직종에 주로 종사하고 있는데, 전체 취업비자 외국인력의 91.9%가 이른바 비전문인력에 해당하여 앞으로 이민자의 유입정책이 정주형으로 나아갈 경우에 이민자의 사회통합을 위한 비용이 증가할 가능성이 높은 셈이다(이규용 2017).

과거 전통사회와 오늘날의 사회는 다른 점이 많다. 많은 사람들이 자신이 태어난 곳에 머물지 않고 쉼 없이 이곳저곳으로 이동하는 양상이 두드러지게 나타나고 있다. '디지털 유목민'이라는 말이 시사점을 주듯이, 실제 오프라인 세상뿐만 아니라 온라인의 가상세계는 이동과 접속이 끊임없이 일어나고 있다. 이렇듯이 오늘날 세상은 물류자원뿐만 아니라 다양한 문화권 사람들 간의 잦은 만남과 접촉을 특징으로 삼는다.

인류사회는 오래전부터 문화접촉으로 사회진화를 거듭하여 문명사회에 이르게 되었다. 이러한 문화접변은 무역 상인들이나 선교사 집단의 의도하지 않은 결과이기도 하지만, 무엇보다도 다른 선진 문물을 습득하기 위해 유학한 이들의 공이 컸다. OECD 통계에 따르면 대학교 이상 고등교육기관의 유학생 수는 2012년을 기준으로 전 세계적으로 450만 명에 이른다. 2000년과 2012년 사이에 그 수가 2배 이상 증가하여, 연평균 증가율이 7%나 된다. 최근에는 우리나라로 들어오는 해외유학생들이 늘어나고 있다. 하지만 여전히 우리나라 학생이 외국으로 유학 가는 사례가 더 많다. 그 가운데 재미 유학생이 가장 큰 비중을 차지한다. 2015~2016학년도에 미국에 유학 중인 우리나라 학생 수는

61,007명인데, 그 가운데 53.6%가 학부생이고 27.2%가 대학원생이며 나머지는 초·중·고생으로 나타난다.[8)]

오늘날 다른 나라의 문물을 접하는 이들은 유학생에 그치지 않고 무역과 취업, 여행 등의 이유로 해외에 나가는 일반인 수가 급증하는 추세이다. 우리나라의 경우 1948년 민간항공기가 최초로 취항한 이후 1970년에 연간 국내 항공 여객 수가 132만 명에 달하였으며, 1987년에 1000만 명을 돌파하였고, 2007년에는 5000만 명, 2016년 한 해 동안은 1억 명이 넘었다. 지난 1970년에 비해서 약 80배 증가하였고, 2007년 이후 9년 만에 두 배 가까이 증가한 것이다. 국내선보다 국제선 성장이 더 큰데, 1970년부터 2016년까지 국제선의 연평균 성장률은 12.0%로 국내선의 7.9%보다 더 높다. 국제선 여객 수는 2000년부터 크게 증가하여 2016년 현재 국제선 여객이 국내선 여객의 두 배에 이른다. 지난 2010년 이후 국제여객은 10.5%의 높은 성장세를 보이고 있으며, 2016년 동계 시즌 기준 53개 국가, 177개 도시, 387개 노선에 92개 항공사가 취항하고 있다.[9)]

이런 통계치 하나만 참고하여도 우리나라는 세계화의 영향권 안에 들어 있음을 알 수 있다. 세계화의 긍정적인 영향 가운데 문화사조의 다양성 증대와 다원적 가치의 존중을 손꼽을 수 있다. 국가나 기업보다는 개인이 변화의 주체로 등장한, 토머스 프리드먼Thomas L. Friedman의 세계화 버전 3.0시대에 우리는 살고 있다. 외부세계에 대한 개방은 베를린 장벽을 무너뜨린 11·9의 정신이다. 그 반대 세력은 뉴욕무역센터를 테

8) Institute of International Education(IIE), Open Doors Report 2016.

9) 뉴시스 이승주 기자(국토교통부 2016. 12. 19.), 「올해 국내 항공 여객 수 1억명 돌파」.

러한 9·11의 파괴와 폐쇄를 일삼는 고립주의이다. 후자는 주로 종교적 근본주의에 기반을 두고서 회교적 공동체 복원 및 수호를 이상목표로 삼고 있다.

물론 종교적 이념을 떠나서 공동체문화를 중시하는 문명비평가들은 자본주의가 지배하는 사회에서 늘 존재하였다. 특히 현대사회의 도시화와 개인주의 확산에 따른 사회관계의 익명성을 탐탁하게 여기지 않는 이들도 적지 않다. 그리고 사회구성원 간의 신뢰와 친밀한 연결망을 사회자본으로 간주하는 학자들의 입장에서 보면,[10] 우리나라에서 번져가는 혼밥, 혼술 문화가 사회자본의 위축을 의미하는 것은 아닌지 우려할 만하다.

최근 들어 우리나라는 나홀로 살아가는 1인 가구의 비중이 크게 높아지는 경향을 보인다. 통계청의 '2015년 인구주택 총조사' 결과에 따르면, 1인 가구가 전체 가구에서 차지하는 비율이 27%로 가장 높게 나타났다. 반면에 1980년 전체 가구의 절반을 차지하여 우리나라 가구의 일반적인 형태였던 5인 이상 가구의 비율은 6%에 그쳤다. 이는 한 집에서 노부모, 부부, 자녀가 함께 사는 3대가족을 지금 찾아보기 힘든 실태를 반영한다. 선진국의 경우에도 1인 가구가 늘어나는 추세인데, 주로 노년층에서는 배우자와 사별한 후 홀로 살아가는 독거노인이 많기 때문이고, 젊은 세대에서는 비혼 증가나 초혼연령 상승으로 인해 1인 가구가 늘어나기 때문이다. 그런데 우리나라의 경우에는 이와 같은 선진국 경향도 나타나나, 특이하게도 40~50대 연령층에서 전체평균의 2배가 넘는 증가율로 1인 가구가 늘어나고 있다. 40~50대 연령층은 우리

10) 미국의 사례이지만 대표적으로 Robert Putnam(2000)을 들 수 있다.

나라가 겪는 사회경제적 환경 변화에 가장 크게 흔들리는 연령층임에도 불구하고, 변화에 대한 완충적인 장치가 이들을 위해 제도화되어 있지 않다는 것을 보여 준다.

사실 살벌한 무한경쟁에 내몰리면서 우리 사회구성원들은 인간관계를 통한 친밀성과 공감 형성이 점점 더 어려워지는 현실이다. 타인들과의 감정 소통이 힘들어질수록 그 대안으로 새로운 반려 대상이 등장하기 마련이다. 곧 애정과 위안의 공유 대상으로서의 반려동물에 대한 수요가 새로운 산업시장을 형성할 정도로 상승하고 있다. 우리나라는 이미 반려동물을 키우는 인구수가 1000만 명을 넘어섰고, 시장규모 역시 2016년 1조 800억 원에서 2017년 2조 2900억 원으로, 그리고 2020년 5조 8100억 원 수준으로 성장할 것으로 예측된다.[11] 이제 반려동물이 1인 가구에서뿐만 아니라 일반 가정에서 어엿한 가족성원으로 인정받는 시대이다.

이와 더불어 우리나라에서도 비혼 집단이나 비혈연 가족 구성 등 개인의 선택권을 존중하는 문화가 서서히 자리 잡아 가는 중이다. 심지어 동성애자 등 소수자의 권익을 보호하는 제도적 장치를 요구하는 목소리가 커져 간다. 그리고 장애인, 노인, 새터민, 다문화가정, 육아 등 각종 돌봄과 배려를 사회적으로 보장받기를 원하는 복지욕구의 다원화와 복지수준의 향상을 강조하고 있는 것이 우리 실정이다.

이혼율과 자살률은 한 사회의 가족안정성을 파악하는 데 유용한 지표이다. 다시 말해서, 이혼율과 자살률이 높은 사회는 가족해체 현상이 급속하게 진행된다고 볼 수 있다. 이른바 '정상가족' 또는 '핵가족' 모

11) 『조선일보』 2017년 2월 16일자 기사, 「반려동물 전성시대」.

형을 기반으로 하는 교과내용이나 교과지도방식에서 탈피하고, 사생활 존중과 더불어 개방성을 상호 인정하는 교육을 학교제도 안에 수용할 시점에 이른 것으로 진단할 수 있다.

일반적으로 인구 1,000명당 발생한 이혼사례 건수를 조이혼율이라고 하는데, 우리나라 조이혼율은 1990년에 1.1건에서 2000년은 2.5건으로 급격한 증가현상을 보였다. 2003년에 3.4건으로 최고점을 찍은 다음에 조금씩 감소 추세로 돌아서서 2015년 2.1건으로 나타났다. 그렇지만 OECD 주요국가들 가운데 상위 7번째(2014년 기준)에 해당하기에 여전히 이혼율이 높은 편이다.[12)]

더 심각한 사회현상은 자살률이 높고 그 증가추세가 세계에서 가장 가파르다는 것이다. 최근 수년간 우리나라는 매일 40명 정도 자살하는 국가이다. 해마다 조그만 읍 단위 인구가 자살로 인해 사라지는 셈이다.[13)] 1983년도 전체 자살자 수는 3,471명으로 10만 명당 8.7명이었는데, 15년 뒤 IMF 외환위기 직후인 1998년에는 전체 자살자 수가 8,622명으로 10만 명당 18.4명, 2배 이상 증가하였다. 2010년에는 전체 자살자 수가 15,566명으로 10만 명당 31.2명 꼴로, 하루 평균 42.6명이 자살하여 OECD 국가 가운데 1위에 올랐다.[14)] 구태여 에밀 뒤르켐David Émile Durkheim의 견해를 빌리지 않더라도, 이처럼 자살률이 높은 사회는

12) 조이혼율은 이혼과 관련이 없는 영유아 인구를 포함한 전체 인구로 나누기 때문에 인구구조의 영향을 받는 단점이 있다. 또 국가 간 비교 시에 서구사회는 사실혼이 더 많은 편이라서 우리나라처럼 혼인신고율이 높은 경우에 상대적으로 조이혼율이 더 높게 잡힐 수 있음을 유의할 필요가 있다.

13) 2015년 한 해 동안 자살자 수가 13,513명으로 집계되었는데, 이는 2011년 충청남도 서천군 서천읍 인구수인 13,539명에 근접한다.

14) 조금 다행한 점은, 2011년 전체 자살자 수 15,906명, 10만 명당 자살자 수 31.7명, 하루 평균 자살자 수 43.6명을 정점으로 한 이후부터 조금씩 그 수치가 줄어드는 경향이라는 사실이다.

급격한 사회변동으로 인하여 구성원 간의 유대감 형성이나 사회통합 측면에서 심각한 결함을 지니고 있음을 알 수 있다. 사회질서 형성을 위한 교육의 지향점을 새로이 모색하지 않으면 안 될 상황에 이른 것이다.

마지막으로 이 대목에서 언급하고 싶은 점은, 21세기 들어 일상생활에서 가장 큰 변화를 이끌어 낸 기기는 단연 스마트폰이라는 사실이다. 우리나라 사람 10명 중 9명이 스마트폰을 사용하는데, 일상 사회관계 형성에서 차지하는 비중이 나날이 커져 가고 있다. 일선 교육현장에서는 아직까지 학생들의 스마트폰 소지를 수업진행의 가장 큰 걸림돌로 간주하는 형편이다. 하지만 최근 온라인에서 벌어지는 경쟁 가운데 주목할 만한 일이 인공지능기반 번역 앱 발명 노력이다. 스마트폰에 음성인식기술과 더불어 실시간 번역 앱이 탑재될 날이 머지않은 듯하다. 지금 온라인 공개수업인 MOOC Massive Open Online Course의 등장으로 해당 분야 최고 권위자의 강의를 주로 영어로 들을 수 있는데, 앞으로 자신의 모국어로 자신이 원하는 시간에 수강하고 학위취득까지 가능하다고 하면, 전 세계적으로 생존을 안심할 수 있는 대학 수가 상당히 제한될 것으로 보인다.

2) 산업기술의 발달과 제4차 산업혁명

기술결정론에 의존하지 않더라도, 기술혁신은 인간의 삶을 변화시키는 주요 동인의 하나로 지목할 수 있다. 비근한 예로, 스마트폰의 보급과 사용은 우리 인간의 일상생활을 질적으로 바꾸어 놓았음이 분명하다.

돌이켜 보면, 인류는 증기기관의 발명에 의한 기계혁명이라는 제1차 산업혁명을 18세기 말경 영국을 중심으로 맞이하였다. 19세기 말에서 20세기 초반에는 분업구조와 전기에너지의 발명에 의해 표준화를 통한 대량생산이 가능한 제2차 산업혁명을 경험하였다. 그리고 20세기 후반에는 컴퓨터에 의한 생산 및 사무 자동화와 더불어 인터넷 기반의 지식정보혁명으로 미국 주도의 글로벌 IT기업이 급부상한 제3차 산업혁명을 거쳐 왔다.

지금 21세기에는 최근 들어 제4차 산업혁명을 거론하기에 이르렀다. 디지털, 기계, 인공지능의 결합이 가시화한 것이다. 이른바 사이버물리시스템Cyber Physical Systems 기반의 만물초지능 통신혁명이 일어나기 시작하였다. 이처럼 사람, 사물, 공간을 초연결하고 초지능화하여 산업구조뿐만 아니라 사회체계를 혁신함으로써, 인류의 생활방식이 근원적으로 달라지는 거대변혁의 총체를 제4차 산업혁명이라고 일컫는다(Schwab 2017). 이제는 인공지능AI뿐만 아니라 증강현실AR, 사물인터넷IoT, 빅데이터, 로보틱스, 소재과학, 생명공학, 나노기술, 자율주행자동차, 3D 프린팅, 드론 기술 등이 생산시스템을 비롯한 금융, 의학바이오, 에너지, 행정서비스, 교육, 문화 영역에서까지 활용 가능한 시대로 들어선 것이다. 그리하여 학문계보나 직업분류에서의 전통적인 구분이나 범주가 무의미할 정도로 분야 간, 업종 간, 영역 간 융·복합이 일상화되기에 이른 것이다.

제4차 산업혁명은 변화의 속도, 범위, 영향 면에서 지금껏 인류사회가 겪어 보지 못한 수준에서 변화가 전개되고 있다. 선형적 변화가 아니라 기하급수적인 변화 양상이다. 더군다나 세상 모든 나라의 거의 모든 산업 분야에 침투하여 그것을 와해하는 과정을 보여 준다. 생산, 관리, 지배양식 등 모든 사회체계의 변혁을 초래하고 있는 것이다. 유래를 찾기 힘들 만큼 많은 정보와 지식이 상상을 초월할 정도로 빠르게 처리되는데, 이는 언제 어디서나 연결되는 이동기기 덕분에 인류 전체에게 허용된 기억장치용량, 정보접근성, 처리역량 등이 무한정으로 확장 가능하기 때문이다. 하지만 구체적으로 이런 가능성이 어떻게 현실화될는지는 불투명하다. 그래서 오늘날 상황을 묘사하는 용어 가운데 많이 등장하는 것이 불확실성, 혼란스러움, 복잡함이다.

그런데 각종 기술적 혁신의 확산은 시장공급자 측에는 기적 같은 일들을 현실화해 줄 것이다. 물류 이송 비용과 의사소통 비용을 줄여 전 세계적인 공급망을 효율적으로 관리함으로써 거래 비용을 절감하고 새로운 시장을 형성하여 경제성장을 견인할 수 있기 때문이다. 동시에 이런 변화는 노동을 기계로 대치하는 부분이 더 커질 것이므로 노동시장을 무너뜨릴 수 있다. 결국에는 자본에 대한 보상이 노동에 대한 보상을 훨씬 상회함으로써 경제적 불평등을 심화시킬 우려를 낳는다.

따라서 제4차 산업혁명은 인류의 오랜 꿈과 이상을 현실세계에 구현할 수 있다는 낙관적 전망과 더불어, 기존의 일자리를 사라지게 만들고 신기술에 대한 접근이나 활용이 어려운 사람들에게는 비관적 전망을 갖게 한다. 무한한 가능성은 누구에게나 열려 있으나 그 기회를 실제 자신의 것으로 만들기 위해서는 대가를 지불해야 하는데, 그 수단은 누구에게나 다 주어진 것이 아니다. 지금도 택시를 집 앞에 대기시킬 수 있으며, 항공기 전자탑승권을 예매할 수 있고, 영화와 대중가요 등 문화콘텐츠를 온라인으로 구매할 수 있지만, 이 역시 구매력을 확보한 사람들만 즐기고 있다. 요약해서 말하면, 제4차 산업혁명은 분명히 기회이자 도전인 것이다.

이 시점에서 예상할 수 있는 시나리오는 낙관과 비관, 기회와 도전 등이 혼합적으로 전개될 가능성이 높다는 것이다. 하지만 미래사회에서는 자본보다는 재능talent이 생산 활동에서 더 중요한 요소가 될 것임은 분명하다. 그리하여 일자리 시장에서 '저기술-저임금' 일자리와 '고기술-고임금' 일자리로 분절화되는 양상이 벌어지고, 이는 사회적 긴장을 유발할 수 있다는 것이다(Schwab 2017).

그러나 조금 더 희망적인 변화 조짐은 초연결망으로 인하여 생산자 중심의 사회구조가 서서히 막을 내리고 있는 추세라는 것이다. 제조업을 근간으로 하는 글로벌 기업의 성장속도보다는 플랫폼을 기반으로 하는 글로벌 기업의 성장속도가 더 빠른 양상이 전개되고 있다(윤종록 2016). 비유적으로 표현하자면, 이제 세계에서 인구가 가장 많은 국가는 중국과 인도가 아니라 2016년 말 현재 16억 5천만 명의 구성원을 둔 '페이스북'이다. 지금까지 제조업 중심의 대기업들은 높은 진입 장벽을 통하여 상대적으로 초과이윤 달성이 용이하였지만, 초연결망의 등장으로 인하여 플랫폼을 선점한 유통업 계열의 기업들로부터 글로벌 무대에서 큰 도전을 받고 있는 것이다.[15]

이러한 제4차 산업혁명 시대를 이끌어 갈 역량을 우리나라가 어느 정도 갖추고 있는지에 대해서는 기대보다는 우려가 더 큰 현실이다. 제4차 산업혁명 범주와 관련한 세계경제포럼의 국제경쟁력 보고서에 따르면, 우리나라는 교육역량에서 19위, 인프라에서 20위, 기술수준에서 23위, 법적보호장치에서 62위, 노동 유연성에서 83위로, 전체 42위에 놓인 것으로 나타났다. 아시아권 국가들 가운데 싱가포르가 5위로 가장 높은 순위를 차지했고, 홍콩이 12위, 일본이 15위, 대만이 20위, 중국이

15) 유통업계의 강자로 등장한 '아마존'과 '알리바바', 미디어 업계의 새로운 영역을 개척한 '넷플릭스', 음악의 유통 방식을 바꾼 '스포티파이'와 '애플뮤직', 공유경제의 첨병인 '우버'와 '에어비앤비'의 등장은 제4차 산업혁명의 전조라 할 만하다.

51위이다.[16)]

우리나라는 초고속인터넷 보급률이나 통신서비스 속도에서 세계 최고 수준을 자랑한다. 스마트폰 보급률도 2016년 3월 기준으로 세계 주요 50개국 평균이 70%인 데 비해 우리나라는 91%가 넘어 세계 최고 수준이다. 그런데 최근의 OECD 디지털경제 전망 보고서에 따르면 2014년을 기준으로 우리나라 기업들의 홈페이지 보유 비율은 61.3%로, 평균인 76.2%에 비해 상당히 낮은 편이다. 이는 5년 전인 2009년(59.7%)에 비해 조금 상승한 수치이나 당시 OECD 평균이 69.3%였던 것에 비하면 별로 나아진 바가 없다. 실제 5년 전에는 비교 대상 32개국 중 24위였는데, 이번에는 33개국 가운데 28위에 해당하는 것으로 나타났다.[17)] 이처럼 우리나라 기업들은 정보통신기술을 비즈니스에 활용하는 정도에서 다른 경쟁자에 비해 뒤처져 있음을 알 수 있다.

외환위기 이후 우리나라는 국영기업체의 민영화와 더불어 많은 민간기업들의 인수합병이 이루어졌다. 경영합리화와 운영효율화를 위한 각고의 노력을 경주하여 경쟁력을 향상시키는 등 적지 않은 성과를 거두었다. 하지만 다른 한편으로는 사회양극화 현상이 심화하여 중산층 신화가 무너진 지 오래이다. 일반국민들 사이에 구조조정은 곧 인원감축이라는 잘못된 등식을 고정관념화한 탓에 자신이 속한 조직체에서 살아남기 위해서, 그리고 안정된 조직체로 진입하기 위해서 상호 간에 무한경쟁에 돌입하였다. 이에 따라 특히 미래세대들이 직업 안정성을 중

---

16) "Relative Ranking from World Economic Forum Global Competitiveness Report Using Fourth Industrial Revolution Categories", *UBS White Report for WEF Annual Meeting 2016*(이주호(2016a)에서 재인용).

17) 『매일경제』 2017년 2월 14일자 기사(「한국이 IT강국이라고? 기업 홈피 보유는 최하위권」)에서 재인용.

시하여 교원, 공무원, 의사 등 전문직 업종으로 몰리는 경향이 두드러지게 나타나고 있는데, 이러한 현상은 제4차 산업혁명 시대를 대비하는 것과 어울리지 않는 직업선호도라고 판단할 수 있다. 왜냐하면 로봇화와 자동화 속에서 비교적 안전하리라 여겨지던 지식 기반 업무가 컴퓨터 알고리즘과 소프트웨어에 의해 대체될 것이라서 변호사, 의사, 약사, 회계사, 세무사, 교수, 기자 등의 직종마저 위협받는 시대가 다가오기 때문이다(구본권 2015).

또한 일부 집단에서 드러난 벤처열풍과 창업바람을 타고, 현 정부 들어서서는 창조경제의 기치를 내세웠지만 제4차 산업혁명 시대를 잘 대비한다는 인상을 주지 못하고 있는 실정이다. 중소기업가나 창업자들의 얘기를 들어 보면 신기술, 신제품을 개발하여도 정부의 규제와 대기업의 영업망을 뚫고서 상품시장에서 자리 잡기는 여전히 어렵다고 한다. 선진국과 같은 창업생태계 구축이 요원하다는 것이다.

3) 사회불평등의 심화

오늘날 우리나라가 안고 있는 사회문제는 불평등에 의한, 불평등을 위한, 불평등의 문제로 귀결된다. 갈수록 불평등의 대물림 현상이 심화하고 있는 것이다. 교육을 통한 신분상승, "개천에서 용 난다."는 신화에 대한 믿음을 상실한 구성원들이 나날이 늘어나고 있다. 한국 사람은 이제 "배고픈 것은 참아도 배 아픈 것은 참지 못한다."는 말처럼, 절대적 빈곤보다는 상대적 박탈감이 더 큰 것이 사실이다. 이렇듯이 한편으로는 어느 정도 사회복지제도의 순기능을 수용하면서도, 다른 한편으로는 남들과의 경쟁에서 비교우위를 차지하기 위한 경쟁심리가 지나친 면을 보여 주는 것이다.

사회불평등 가운데 경제 불평등은 1980년대 이후 전 세계적으로 증가하는 추세이다. 그러나 우리나라는 그 정도 면에서나 속도 면에서 유별난 점이 있다. 경제적 불평등은 소득, 자산, 소비 등 다양한 차원에서 측정하는 지표들에 의해 판단된다. 이 가운데 가장 흔히 인용되는 것이 소득불평등이다.

소득불평등 정도를 나타내는 일반적인 지표가 지니계수이다. 그런데 이 지니계수에만 의존해서 우리나라 소득불평등을 가늠해 보면, OECD 국가들 중 비교적 낮게 나타난다. 하지만 우리나라 통계청의 조사결과는 금융소득이 누락되어 상위소득자의 소득을 과소 파악한 것이다. 이를 감안하여 보정한 지니계수는 시장소득 기준 0.415, 가처분소득 기준 0.375로 수정되어 OECD 국가에서 5번째로 불평등 정도가 높은 나라라는 결과가 나왔다. 노동소득의 불평등 지표인 '하위 10% 대비 상위 10% 비율' 역시 국제비교가 가능한 방식으로 보정해서 계산하면 5.1 이상으로 OECD 국가에서 가장 높은 수준의 임금불평등을 보여 준다(유종일 2016). 노동시장에서의 임금불평등을 비교한 연구에 따르면, 우리나라는 OECD 국가들 중 미국 다음으로 임금불평등 수준이 높을 뿐만 아니라 1990년대 중반 이후 가장 빠르게 임금불평등이 증가하고 있다. 이처럼 여느 OECD 국가들보다 경제적 불평등이 크게 악화된 것은 수출 주도 성장체제 아래에서 대기업과 중소기업 간 불공정 원·하청 거래와 그에 따른 임금 격차 증가, 그리고 외환위기와 더불어 확산된 노동시장의 유연화 조치와 그에 따른 정규직과 비정규직 간의 격차 심화에서 그 원인을 찾을 수 있다(전병유 2016).

경제적 불평등은 우리나라 사회양극화 현상을 가속화하는 원인으로 작용하고 있다. 앞서 언급한 대로 중소기업 임금이 대기업 임금의

50~60% 수준인데, 이는 독일(73.9%), 일본(82.1%), 프랑스(90.0%)와 비교하면 그 격차가 너무 크다는 것을 알 수 있다. 하청 기업의 임금수준 역시 원청 기업의 50% 수준에 불과한 실정이다(안주엽 2015). 그리고 비정규직의 임금수준이 정규직의 60% 수준을 밑돌고 있을 뿐만 아니라, 기간제 근로자의 정규직 전환율조차도 1년 내는 11%, 3년 내는 22%로 나타나서 OECD 20개 국가들 평균인 각각 32.4%와 54.2%에 비해 상당히 낮은 형편이다. 이러한 극심한 양극화 문제는 정보통신기술의 확산에 따른 노동시장 내 숙련 수요 격차에 기인한 면도 있겠지만, 거시적으로는 기업소득과 노동소득의 격차가 벌어지고 미시적으로는 대기업과 중소기업 간 불공정 거래, 비정규직의 급증과 차별 심화, 그리고 노동조합의 역량 약화 등 여러 제도적 결함에 기인한 부분이 크다고 할 것이다(전병유 2016). 이와 같은 노동시장 이중구조 문제는 노동시장 개혁만으로 풀 수 있는 문제가 아니고 지속 가능한 성장과 분배체제 구축이라는 국가적 의제에 대한 사회적 합의가 전제되어야 해결할 수 있다. 특히 이러한 사회불평등에 관한 공론의 과정에서 교육 부문의 개혁 의제를 동시에 다루는 접근이 필요하다고 본다.

2. 사회변동의 교육적 함의

앞 절에서 사회구성체 분석수준에서 파악할 수 있는 사회변동을 세 가지 측면aspects에서 정리해 보았다. 곧 인구구조와 문화사조의 변화, 산업기술 발달과 제4차 산업혁명, 사회불평등의 심화를 살펴보았다. 이러한 사회변동의 측면으로부터 파생하는 교육 관련 변화상을 유추하는 것이 이 절의 목표이다. 다시 말해서, 이 절에서는 사회구성체 분석수준에서 우리나라가 직면하고 있는 주요한 사회변동을 감안할 때, 지금부터 이런 변화들이 교육 부문에 미치는 영향이 무엇인지 그 교육적 함의를 추론하려고 한다.[18] 사회변동을 독립변수로 삼고 교육부문의 영향을 종속변수로 간주하는 셈이다.

우리나라의 저출산·고령화에 따른 인구구조 변화는 이미 학교진학 대상자의 변화를 가져다주고 있다. 학교수준마다 전통적 형태의 학령 인구가 감소하여 학교 통·폐합 등 관련 문제가 벌써 등장한 것이다. 이러한 인구절벽의 쓰나미 현상이 얼마 지나지 않아 곧장 고등교육기관으로 밀어닥칠 기세이다. 상대적으로 증가추세인 성인학습자에 대한 교육기회의 제공을 포함하여, 국내외 유학생의 역내 유치 노력이 필요한 시점이다.

좀 더 구체적으로 살펴보면, 저출산으로 인해 이미 초등학교 수준에서 소규모 학교가 급증하고 있다. 전교생 60명 이하의 학교가 최근 들어 2,000곳을 넘어섰다. 예전에는 과밀학급에 따른 교육의 질 저하 문제가 사회적 이슈로 등장하곤 하였는데, 이제는 오히려 과소학교의 교육여건이 열악하다는 뉴스를 접하게 되니 격세지감을 느끼지 않을 수 없다. 소규모 학교에서는 이른바 '복식수업'과 '상치교사' 문제로 인해 학생들의 학습권이 크게 침해당하는 실정이다.

---

18) 참고로, 참여정부의 교육혁신위원회에서 2007년 작성한 학습사회 실현을 위한 「미래교육 비전과 전략」 보고서에서는 우리나라가 직면한 도전으로는 저출산·고령화 심화, 세계화 심화, 사회경제적 불평등 심화, 과학기술의 첨단화, 직업생활양식의 다양화, 남북 교류협력 확대를 제시하고, 그에 대응한 정책 방향으로는 순서대로 각각 두 개씩 제안하고 있다. 곧 영·유아 보육과 교육 강화/평생학습체제구축, 교육의 국제경쟁력 강화/세계시민교육 및 다문화교육 강화, 균형발전을 위한 교육/사회통합을 위한 교육, u-러닝시스템 구축/첨단 지식정보기기 활용, 학습과 일의 유연한 연계/개인주의와 공동체주의 균형 교육, 교육분야 교류협력 확대/평화·통일교육 강화의 순이다(교육혁신위원회 2007). 이후에도 관련 연구보고서가 다수 나왔는데 기본 틀은 여기에서 크게 벗어나지 않고 있는바, 여전히 유효한 정책 방향 제안이라고 볼 수 있다(김태일 2016).

'복식수업'은 2개 학년 이상의 학생들을 한 학급에 모아 가르치는 것을 말하는데, 개별 학생 수준에 맞는 교육 자체가 어려울 뿐만 아니라, 동급생 간의 교류가 제한되어 사회성 발달이 더디게 진행된다는 전문가의 진단이 있다. 한국교육개발원이 2015년 전체 학생 수 60명 이하의 학교 2,030곳을 조사한 결과, 초등학교의 경우 37.7%(549개교)에서 복식수업을 하는 것으로 나타났다.

'상치교사'는 자기 주전공 과목이 아닌 비전공 과목을 가르치는 교사를 지칭하는 용어인데, 예컨대 미술교사가 국어를, 상업교사가 수학을 가르치는 식이다. 교과목별 교사 보전이 가능하려면 적정 규모의 학생 수가 유지되어야 하는데, 현실이 그렇지 못하여 한 명의 교사가 복수의 과목을 맡을 수밖에 없기에 비전공 과목을 가르치는 것이다. 2014년 기준 전국적으로 상치교사 수가 2,009명에 달하는 것으로 드러났다.

그런데 학령인구가 감소함에도 불구하고, 학교 수 조정은 쉽지 않다. 오히려 학교 수는 2010년 전국에 11,567개교였던 것이 2014년 11,729개교로 162개교나 더 늘어난 것으로 나타났다. 그리하여 2001년 소규모 학교(전교생 60명 이하)가 700곳이던 것이 2015년 2,030곳으로 급증하였다. 최근 10년 동안 신입생을 받지 못한 학교 수를 보면, 우리나라 전체 1,554개교에 달하고 그 전국분포를 보면 전남 471곳, 경북 301곳, 강원 281곳 등이다.[19]

학습권 보장을 위해 소규모 학교의 통·폐합이 해결책이라는 접근에 대해 해당 학부모나 동문들의 반발 때문에 추진성과를 내기가 어려운

19) 『이데일리』 2016년 12월 19일자 기사, 「'전교생 60명 이하' 2030개교…인구절벽에도 학교 더 지었다」에서 재인용.

상황이다. 학교 이외의 다른 공공시설이 거의 부재하는 지역일 경우에 폐교로 인한 문화적 상실감이나 공동체의식 약화 문제 역시 외면하기 어렵다. 소규모 학교 학생들의 교육 결손을 최소화하기 위한 조치가 시급하게 마련되어야 하는데 때늦은 감이 없지 않다. 교육담론의 장에서 사회적 약자층의 목소리가 여전히 외면당하는 현실이 안타까울 뿐이다.

지금 저출산의 쓰나미를 눈앞에 둔 대학들은 학교 재정을 확보하는 데 어려움을 겪고 있다. 등록금인상이 억제되고 입학정원마저 감축해야 하는 상황에서 재정압박을 받지 않는 대학이 드물다. 그렇다고 고등교육예산 증액은 쉬운 일이 아니다. 정부예산 가운데 국방비 비중이 클 뿐만 아니라 고령인구를 포함한 각종 사회복지수요의 증가로 인해 상대적으로 교육예산을 확보하는 일이 힘겨워지는 실정이다. 특히 우리나라의 수도권 집중 현상으로 대학입학자원마저 수도권 대학을 선호하는 부작용 때문에 비수도권 지역소재 사립대학들의 재정위기감이 해가 갈수록 커지고 있다. 대졸자에 적합한 고급 일자리마저 수도권에 몰려 있기에 불균형발전에 의한 빈익빈부익부의 쏠림현상이 대학가에까지 전이된 양상이다.[20]

---

20) 참고로 혁신도시로 이주한 공공기관의 신입사원채용 시에 공모인원 30%를 해당 지역대학 출신자를 우선 선발하게 하는 것이 지역인재할당제도이다. 최근 보도에 따르면, 이 제도에 대한 역차별론을 중앙언론 중심으로 제기하고 있는데, 내용은 이렇다. 지역출신의 기준을 고등학교부터 하지 않고 대학을 기준 삼은 것이 잘못이라는 주장이다. 지방 출신자이면서 수도권대학을 나온 경우는 대상에서 배제당하고, 오히려 서울소재 고등학교 출신자임에도 지방대학 졸업자라고 해서 우대하는 것은 역차별이라는 것이다. 이런 중앙언론의 주장은 겉보기에는 비수도권 지역 출신자를 대변하는 것 같지만 지역대학인의 입장에서는 지역인재할당제의 근본 취지를 왜곡하는 것으로 보인다. 수도권 소재 고등학교 출신자가 이미 우리나라 전체 고교졸업자의 절반을 넘어섰다는 사실, 그리고 수도권 소재 대학 입학정원이 우리나라 전체 대입정원의 35%에 지나지 않는다는 사실을 직시한다면, 적어도 15%의 수도권 소재 고교 출신자가 수도권 대학으로 진학하지 않고 지방대학을 선택하고 나중에 본인의 희망 시에는 지역기관과 지역기업에 취업하도록 유인하는 조치이기도 한 것이다. 따라서 지역인재할당제

다른 한편으로, 오늘날 진행되는 사회변동은 앞으로 학교가 수행하는 기능을 다변화하지 않을 수 없다는 교육적 함의를 제시한다. 전통적으로 학교는 학생을 잘 가르치는 기능 중심으로 전문화된 조직체였다. 이 잘 가르치는 기능은 앞으로도 중시될 것임이 분명하지만, 그 밖에 다른 기능들도 수행하지 않으면 안 되는 상황에 놓인 것 같다. 벌써 대학은 졸업생 취업뿐만 아니라 재학생 창업 기능까지 주문받고 있는 실태이다. 초·중등교육에서도 잘 가르치는 기능을 학원 등 사교육시장에 할애하고 다른 기능 수행을 통해 존재의의를 재확인해야 하는 처지에 놓여 있는 것 같다. 그런즉 전통사회에서 다수를 이루었던 가족형태의 해체 현상이 보편화함에 따라서 해당 아동들에 대한 상담과 돌봄 등 가족복지기능까지 점점 더 많이 떠안을 필요가 있다. 그리고 지역주민의 문화 욕구를 충족시키는 기능을 체계화할 단계에 이르렀다. 특히 지역대학은 해당 지역사회의 지속 가능성과 연계한 교육문화 프로그램 개발과 산업기술연구 기능을 강화하지 않고서는 독자 생존력을 확보하는 것이 점차 어려워지는 지경에 놓였다. 일부 대학의 R&D 기능이 일자리 창출로 이어져서 해당 지역뿐만 아니라 국가 전체적으로 기여하는 사례에 주목하여 벤치마킹하는 경우가 더 늘어날 것으로 기대한다.

세계경제포럼의 클라우스 슈바프Klaus Schwab 회장은 제4차 산업혁명의 도래로 인해 2020년까지 15개 국가에서 710만 개 일자리가 소멸하고 200만 개의 일자리가 새로 만들어질 것으로 예측하고, 지금 초등학교 입학생의 65%는 현재 존재하지 않는 새로운 직종의 일을 할 것으로

의 궁극목표는 비수도권 지역에서 정주하려는 인재를 육성하는 데 있다. 수도권 인구집중을 완화하는 교육지책의 하나이다.

예상하였다. 또한 다빈치연구소 소장인 미래학자 토마스 프레이Thomas Frey는 2030년까지 20억 개의 일자리가 사라질 것으로 예측한다. 물론 기존의 일자리나 직업이 줄어든다고 걱정만 해서는 곤란하다. 26억 개의 전혀 새로운 일자리가 발생할 것이라 예측하는 경우도 있듯이, 제4차 산업혁명을 이끌어 가는 미래혁신기술 분야와 연계해서 새로운 일자리가 창출될 것으로 전망된다. 다만 이들 미래학자들의 주장 가운데 교육과 관련된 내용을 유념할 필요가 있다. 이들은 일자리 변동이 극심한 변혁기에는 유연한 교육시스템이 필수라는 의견을 한목소리로 개진하였다. 과거의 경직적인 학제구조와 고착화된 교육과정을 과감하게 탈피하거나 혁신하는 길을 찾아야 한다는 것이다. 자유학기제 시행이나 학기제 다변화를 도입하는 일이 그 예에 해당한다. 이와 같이 정부와 교육기관은 미래사회와 직업세계의 변화에 대하여 교육하는 일이 중요하고, 특히 이 역할을 제대로 수행할 교원을 육성하는 일이 시급하다고 본다.

선진국은 제4차 산업혁명 시대를 대비하여 대학을 중심으로 변화를 이끌어 가고 있다. 미국의 경우 전통적으로 인문·사회과학 분야가 강세였던 아이비리그 대학들이 미래 성장 동력으로 주목받는 컴퓨터과학, 로봇공학, 생명공학 등의 분야를 집중 육성하는 전략을 마련하였다. 그래서 이들 분야를 중심으로 창업과 일자리를 창출하는 새로운 융·복합적인 지식 생태계를 구축하려고 한다. 애리조나주립대학교의 경우에는 지난 10년 동안 69개 학과를 폐지하고 30개의 새로운 융합 전공을 만들었는데, 이는 제4차 산업혁명 시대에 발맞춰 나가는 모범적인 혁신사례에 해당한다(이주호 2016b). 이렇게 보면, 우리나라에서 현재 추진 중인 대학구조개혁이 나아가야 할 기본방향이 잡힌다고 할 것이다.

그런데 학사구조나 기관조직, 심지어 교과과정을 개편하는 작업만으로는 진정한 교육개혁이나 대학혁신이 이루어지지 않는다. 애리조나주립대학교 사례는 모든 강의가 학생들로 하여금 지역 기업 혹은 지역 사회의 문제를 해결하는 프로젝트 중심으로 이루어지기 때문에 주목받는 것이다. 이와 같이 실제로 일상적인 교육이 이루어지는 수업현장에서의 변화 없이는 소기의 성과를 거두기 어렵다. 즉 변화된 교육은 변화된 학생을 바탕으로 한다. 이처럼 학생을 변화시키기 위해서 먼저 교원의 변화가 전제되지 않을 수 없다. 따라서 수업현장의 변화는 교원의 역할기대 변화로부터 전개될 터이다. 이를 위해 개혁의 대상이 아니라 주체로서의 교원 지위를 부여하는 것이 요청된다. 동시에 교수와 학습을 대립과 지배의 수직적 관계가 아니라 소통과 협력의 수평적 관계로 전환해야 할 시점이다. 교사에게 학습도우미, 멘토, 상담자, 심지어 같이 놀아주는 사람playing partner의 역할 수행을 기대하는 것이다.

이렇게 보면, 사회변동에 걸맞은 학생들의 변화 지향점이 무엇인지에 대한 고민과 성찰이 필요하다. 이 사안은 다름 아닌 학교교육을 통해 길러내야 할 인재상像을 새롭게 설정하고 정립하는 문제이다. 제4차 산업혁명은 유사인간이라고 이름 지을 수 있는 사이버보그의 등장을 예고한다. 인간의 노동이 전통적 의미의 생산적 활동에서는 로봇이나 인공지능기계에 비해 특별한 이점을 더 이상 담보하지 못한다고 본다. 이처럼 인간 노동의 종말 이후에 인간의 위상은 구매력을 지닐 경우에 한해서 소비자이자 사용자의 속성을 지닐 가능성이 크다. 이럴 경우, 가상세계를 포함하여 세계 전체를 구성하는 자원들을 공공재로 인식할 때 지속 가능성을 기대할 수 있다고 본다. 그러므로 미래사회를 잘 대처할 뿐만 아니라 주도할 인재는 공감능력과 공유의식이 강하고, 사익추구보다는 공공적 가치를 우선시하는 것이 바람직하다.

이를 위해 앞으로 교육내용과 교수방법에도 변화가 필요하다. 어릴 적부터 홀로 장난감이나 전자게임을 즐기는 삶은 또래집단과의 대면적 접촉을 최소화하므로 사회성 발달에 지장을 줄 수 있다. 대인관계를 통한 인내심과 자제력, 그리고 양보하고 타협하는 인성을 갖추게 하는 일은 학교교육 과정 이외에서는 다른 방도를 찾기 쉽지 않다.[21] 그리고 제4차 산업혁명을 주도하는 미래기술력 때문에, 암기 위주의 주입식 교육방식은 퇴조할 수밖에 없다. 인공지능과 빅데이터 기술만 보더라도 인간에게는 형식지보다는 암묵지가 더 중요한 시대이다. MOOC 등 온라인교육이 대중화되면, 오프라인 수업현장에서는 거꾸로 학습Flipped Learning 또는 과제기반 학습Project-Based Learning 등을 바탕으로 학습동기 부여와 학습효과를 증진시켜야 할 것이다.[22]

덧붙이면, 미래세대의 학습의욕을 고취하고 수용하기 위해서는 학교의 공간조직형태에도 변화가 필요하다. 격자형 교실과 일직선 복도 등 전통적 형태의 학교건축구조는 군대나 병원 등 수용소 이미지를 각인시키므로 개방적이고 자율적인 생활양식을 길러 내는 데 한계가 있다. 이미 기술진화가 학습자의 생활양식을 바꾸어 놓았으므로, 학교건축물도 미래사회의 생활패턴 변화에 걸맞게 상상력을 자극하는 공간구조로 탈바꿈하는 것이 바람직하다(송병준·주범 2011, 이연수 2009).

---

21) 조벽(2011)에 따르면, 앞으로 학교교육에서 길러 내어야 할 역량은 창의성, 전문성, 인성이라고 보고, 특히 인성의 중요성을 강조한다. 구본권(2015)의 표현을 빌리면, 이 인성은 질문하는 능력과 사랑하는 능력으로서, 로봇기계에게는 없고 인간에게만 있는 것이다. 물론 기계가 갖기 힘든 인간 고유의 능력에는 '창의적이고, 성찰적이며, 공감하는 사고 능력'도 포함된다.

22) 제4차 산업혁명에 적응하기 위한 구체적인 학습방법으로 혼합학습(blended learning), 협력학습(collaborative learning), 심층학습(deeper learning), 교차학습(crossover learning), 논쟁학습(learning through argumentation) 등을 들 수 있다(김진숙 2017).

끝으로 사회로부터 가해지는 변화 압력을 교육현장의 실정에 맞게 자율적으로 수용하는 주체 설정이 필요하다. 가장 바람직한 모양새는 현장의 전문가인 교원이 알아서 나서 주는 것이다. 그런데 두 가지 이유에서 현실적인 기대감을 낮춰야 하는 것이 우리 현실이다. 하나는 교원집단이 직업특성상 지닌 보수성향 탓이고, 다른 하나는 외부세력의 과욕에서 빚어진 평가들로 생긴 타율성 때문이다.

아쉬운 면이지만, 교원은 직업특성상 보수적인 성향을 지니기 쉽다. 여기서 보수적이라고 함은 정치이념적 속성을 지칭하는 것이 아니고, 생활세계의 안정성으로 인해 변화를 거부하는 경향을 지니기 쉽다는 점을 가리킨다. 엘리트 학생에서부터 출발하여 엘리트 사회인으로 자리매김하는 과정까지 소속 집단 내에서 규범적 역할전범role model으로서의 반복적 수행 역시 자존감의 원천이자 자기정체성을 쉬이 바꾸지 않으려는 보수적 성향을 지속시키는 기제이다. 그런 만큼 변화에 대한 수동적 태도와 더불어 자신이 누리는 기득권을 자발적으로 포기하는 일이 어려울 경우가 많다. 이런 까닭에 변화가 절실히 필요한 시대를 맞아, 외부로부터의 간섭과 독려가 학교 현장에서의 변화 추동에 동원되어 온 것이 저간의 숨길 수 없는 실정이다. 그러나 내부 구성원 중심의 자발적이고 자율적인 학교 변화가 가장 바람직한 형태이자 이상적인 모형이다. 다만 그렇지 못할 경우에 차선책으로 외부인사의 개입을 통한 학교 거버넌스의 변화를 피하기 어려운 것이 지금 현실인 것 같다.

그런데 유감스럽게도 지금까지 이러한 변화의 성과를 가늠하기 위하여 기업조직의 평가방식을 학교조직 평가에 원용해 온 셈이다. 그러다 보니 해당 평가사업 그 자체만을 위한 미봉책으로 변화를 추진한 경우가 비일비재하여, 오히려 평가준비의 피로감을 키우고 평가결과에 대한 불신을 불러왔다. 기업조직은 저비용 고효율을 지향하고, 경쟁기업보다 시장에서 절대 우위를 점하는 것이 중요하다. 이를 위해 선택과 집중 등 비교경쟁의 가치 중심으로 평가가 이루어지고, 승자독식체제도 용인한다. 그와 대조적으로 학교조직은 제한된 자원을 구성원들이 상호 공유하고 협력하는 가치에 중점을 두어야 마땅하다. 설령 경쟁이 필요하더라도 교육성과를 위해 경쟁을 한시적으로 차용해야 할 따름이다. 애당초 타인들과 경쟁하여 이기기 위해 교육성과를 빌려 오는 것은 부당한 접근방식이다. 1등 한 사람을 위해 2등 이하 다수가 들러리를 서거나 희생당하는 구조는 교육기관과는 전혀 어울리지 않는다.

교육기관들에 대한 상호 비교 평가를 통하여 경제적·사회적 불평등을 강화·유지하는 일은 경계해야 할 시점에 이르렀다고 본다. 앞으로 자율과 책임을 중시하면서, 외부 지원은 확대하되 내부 간섭은 배제하는 원칙이 중요하다. 공생하고 공존하는 가치를 기반으로 학교교육의 질을 향상시키고 학습역량 강화를 통한 글로벌 수준의 경쟁력 제고를 추구할 때인 것이다.

제5장

교육 패러다임의 전환

인간의 교육 행위는 목표지향적인 것으로 다분히 의도성을 내포하고 있다. 물론 이 의도는 개인적인 유의성에 머물지 않고 상대방과의 상호관계 안에서 사회적인 의미를 지닌다. 다시 말해 교육 자체는 사회적 행위의 하나이다. 이러한 사회적 행위로서의 인간 교육을 이해하기 위한 큰 틀이 교육 패러다임에 해당한다. 하나의 동일한 교육 패러다임에 속한 사람들은 문제인식과 그 해결을 위한 타당한 접근방법과 신뢰할 수 있는 결과에 대하여 암묵적인 합의를 공유한다.[23] 그래서 교육이 무엇인지, 왜 필요한지, 누구를 대상으로 누구에 의해서 어떻게 해야 하는지 등에 대한 자동반사적인 인식을 바탕으로 교육 행위가 일어나는 것이다.

그런데 인간은 주위환경의 변화를 겪거나 이전과 다른 역사적인 경험

23) 패러다임의 기본 개념 이해는 Thomas Kuhn(1962)을 참고하기 바란다.

을 하면, 같은 대상에 대해서도 새롭게 인식을 바꿀 수 있다. 기존의 편안하던 것이 불편하게 여기지고, 생경하던 것이 익숙해지는 것이다. 이처럼 인간 지식 자체가 사회역사적 맥락 안에서 구성된 산물이기에 지식의 존재구속성을 받아들인다면, 교육 패러다임도 고정불변의 것이 아니라 시대환경이 바뀌면 따라서 변한다고 볼 수 있다. 새로운 시대에는 새로운 교육 패러다임이 등장하는 것이다.

앞서 제4장에서는 오늘날 인간사회가 겪고 있는 여러 변화들 가운데 교육과 관련성이 높은 것들을 살펴보았다. 그리고 이런 주요 변화가 학교교육에 미칠 수 있는 영향과 함의를 정리하였다. 이어서 이번 장에서는 이와 같은 변화와 영향 및 함의를 바탕으로 등장할 새로운 교육 패러다임을 구성하고자 한다. 이를 위해 먼저 교육 패러다임을 유형화하고, 그다음에 새로운 교육 패러다임이 어떻게 전개되면 바람직할 것인지를 짚어 내고자 한다.

1. 교육 패러다임의 유형화[24)]

인간은 교육하는 행위 덕분에 지구 행성을 지배하는 으뜸 생명체 곧 만물의 영장으로서의 지위를 차지하고 있다. 그런 만큼 여태까지 인류사회에서 진행해 온 모든 교육적 행위를 패러다임별로 범주화하는 일은 쉽지 않다. 이러한 존재행태론적 다양성과 복잡성 이외에도 현상을 수집 분류하는 사람의 논지와 입장에 따라 유형화를 다르게 할 수 있는 사안이다. 더군다나 추상화된 교육 패러다임의 유형을 특정의 현실 사회구성체에다 적용하려고 할 때 패러다임별 시대구분의 획정은 만만치 않

24) 이 절은 김규원(2014a)의 논의를 가져오면서 보완한 것이다.

은 논쟁을 불러일으키는 사안이기도 하다.

이러한 어려움을 인지하면서, 본 서는 베버Max Weber의 이념형적 범주화 방법을 활용하여 4가지 형태의 유형화를 설정하고자 한다. 유형화 기준틀에서 하나의 축은 이념적 가치기반의 유무이고 또 다른 축은 시대비교의 가능성 유무이다. [표 1]은 이러한 기준틀에 의한 교육 패러다임 유형화를 정리한 것이다.

[표 1] 교육 패러다임의 유형화

		시대비교 가능성	
		유	무
이념적 가치기반	유	친이념적 통시적 유형화[1]	친이념적 공시적 유형화[2]
	무	몰이념적 통시적 유형화[4]	몰이념적 공시적 유형화[3]

1) 친이념적 통시적 유형화

친이념적 통시적 유형화의 대표적인 사례는 전통적 교육 패러다임traditional educational paradigm과 근대적 교육 패러다임modern educational paradigm으로 크게 범주화하는 경우이다. 이 유형화에 따르면, 전통은 근대화 시기 이전의 사회에서 발견되는 요소로서 근대사회에서는 새로운 가치창출에 부정적이기에 주로 극복의 대상이 되는 경향이 짙다. 전통은 시대에 뒤떨어진 것이고 낡은 것이며 오히려 근대화를 저해하는 것으로 파악하기 때문이다. 이러한 인식을 바탕으로 전통사회의 존속과 유지를 위해 기능했던 전통적 교육 패러다임 역시 근대사회에서는 혁파의 대상으로 간주된다. 그 자리를 대신하여 근대적 교육 패러다임이 새로운 사회체제 구축의 중요한 기제로 주목받아 온 것이 저간의 사정이다. 근대적 교육 패러다임을 먼저 구축한 나라들이 선진국이고, 이를 이

어받아 뒤따라가기 위해 노력해야 하는 나라들이 후진국이었던 것이다.

제2차 세계대전 이후 대부분의 신생국가들은 경제발전을 위한 거국적 노력을 통하여 근대적 교육 패러다임의 영향 안으로 편입된 것이 사실이다. 전통사회는, 개인적 차원에서는 성취동기가 부족하고 사회적 차원에서는 혁신이 미약하여 창의성 발현은 원천적으로 제약받기 때문에 결국 저발전의 특징을 지닌다고 본 것이다. 전통적 교육 패러다임에서는 창의성 함양이 어렵다는 인식 확산 역시 이러한 근대화 과정에서 나타난 것으로 분석된다. 왜냐하면, 전통적인 교육목표는 선현의 지혜나 종교경전의 내용을 고이 전승하는 데 있고, 이를 위해 암송하는 방식을 취했으며, 선생의 설명과 해석이 중심이 되어 학생들의 의문제기는 금기에 가까운 수업형태였다고 보기 때문이다. 이처럼 사회진보의 맹아를 찾기 힘들다는 점을 전통적 교육 패러다임이 지닌 주된 한계점으로 지적당하곤 한다.

이와 대조적으로 근대적 교육 패러다임에서는 교사의 전문성을 바탕으로 학생의 학습역량을 증진하여 개인이 원하고 사회가 필요한 능력을 신장하는 데 교육목표를 두고 있다. 학교는 하나의 관료조직 형태를 갖추고 있기에, 체계적인 교육과정에 따라 학년별로 교과목을 편성하고 학생 평가를 통하여 일정한 수준에 도달해야 상위 학교로 진학할 수 있다. 신분이나 지위를 고려하지 않고 동등한 교육기회를 부여함으로써 국민의 성취의욕을 자극하여 사회 전체적으로 변화의 역동성을 불러일으키기 때문에 국가발전의 원동력을 제공한다고 본다. 이러한 근대적 교육 패러다임 속에서 발생하는 불평등은 귀속적 지위에 따른 불평등이 아니라 성취적 지위에 따른 보상차이에 따른 것이 불평등이므로, 사회체제에 대한 정당성을 담보하여 사회질서의 안정적 유지가 가능하다는 점도 이점으로 내세울 수 있다.

그런데 전통과 근대라는 이분법적인 접근이 지닌 문제점은, 많은 근대화론 비판가들이 밝혀 준 바 있듯이, 서구중심적인 발전관에서 벗어나지 못하고 사회현실을 곡해할 수 있다. 서구사회의 역사적 경험에서 근대화는 전통사회의 극복이자 발전적 해체에서 전개된 것이 분명하다. 하지만 비서구사회는 오히려 외세에 의한 강요로 전통사회의 좋은 점마저 파기·훼손시킨 것이 근대화 과정인 것이다. 근대화론의 악영향으로 인해, 주변 환경에 대한 오랜 진화의 산물인 전통적 지식체계를 미신이나 무식함으로 몰아넣고, 높은 윤리적 도덕공동체의 친밀성과 행복감을 구원받지 못할 무지몽매함이나 나태함으로 간주하기도 했다.

줄여 말하자면, 한때 전통사회의 특징이었던 적정기술과 느린 삶의 중요성을 새삼 강조하는 추세가 오늘날 선진국에서 이미 나타나고 있다. 스승과 제자 사이의 전인적인 만남을 통한 학습효과가 현대판 맞춤형 밀착교육에 비해 적지 않음을 알게 되었다. 심지어 창의성 함양 역시 암묵지의 중요성을 재인식하게 됨에 따라 전통적 교육 패러다임에서도 발견된다는 점을 주목하기에 이르렀다. 이런 근거로 해서 근대화론이 지닌 이념적 편향성이야말로 극복의 대상이라고 본다. 그 연장선에서 전통적 교육 패러다임이 근대적 교육 패러다임에 비해 모든 면에서 열등하다는 인식 또한 바꿔야 할 것이다.

2) 친이념적 공시적 유형화

친이념적 공시적 유형화는 주로 학문방법론과 교육정책에 대한 입장 차이를 근거로 시도할 수 있는 것이다. 이념적 가치기반의 미묘한 차이

등으로 인해 패러다임의 명칭도 다양하고 분류 개수도 일정치 않다. 여기서는 그 대표적인 범주화를 정리한 리브스Tom Reeves의 견해를 참조하고자 하는데,[25] 그 주된 이유는 유형화한 패러다임의 명칭에 그 다양성의 갈래가 잘 함축되어 있기 때문이다. 이들 패러다임의 입장을 비교해 보면 각자 자신의 패러다임이 바람직하고 올바른 교육을 한다는 견해에서 조금도 물러서지 않는다는 점에서만 일치한다고 할 것이다. 하지만 이들 패러다임은 이념적 가치기반이 상호 차이가 클 뿐만 아니라 사회현실 문제에 대한 접근방법 역시 편차가 심하다고 할 것이다. 아무튼 이들을 다음과 같이 크게 4가지 유형의 교육 패러다임으로 범주화할 수 있다.

(1) 분석적/경험적/실증적/계량적 패러다임 (Analytic-Empirical-Positivist-Quantitative Paradigm)

이 패러다임은 교육 연구뿐만 아니라 사회과학 전 분야에서 가장 많은 연구를 주도하는 대표적인 것이다. 이 패러다임의 '분석적' 측면은 기계론적이고 결정론적인 실재에 대한 믿음을 반영하고 있음을 가리킨다. 따라서 부분들은 전체로부터 분리 가능하며 부분들 사이의 인과관계를 밝힐 수 있다고 본다. '경험적' 측면은 탐구의 목표가 물리적 현상을 정의, 예측, 통제, 설명하는 데 있다는 점을 가리킨다. 즉 경험을 통한 귀납적인 형태나 실험을 통한 연역적 형태에 의해 물리적 현상을 밝혀낼 수 있다고 본다. '실증적' 측면은 과학적 진보와 인간의 완전 가능성에 대한 신념을 드러내는 점이다. 마지막으로, '계량적' 측면은 변인들을 측

25) Tom Reeves(http://itech1.coe.uga.edu/Reeves.html).

정할 수 있고, 그 변인들 사이의 관련성은 기술적·추론적 통계로써 분석할 수 있다는 확신에서 유래하고 있다.

이러한 분석적/경험적/실증적/계량적 패러다임의 추종자들은 개인, 집단, 사회에 대한 믿음과는 별도로 분리된 물질적 실재가 존재한다고 믿는다. 이들은 어떤 것이 존재한다고 하면, 반드시 측정될 수 있다고 믿는 것이다. 가급적 통제된 실험을 통하여 실재에서 일어나는 변화의 측면을 설명하려고 애쓴다. 객관성을 유지하기 위해서 연구 대상이 되는 현상으로부터 가능한 한 거리를 두는 것을 선호한다. 그리고 수학적 분석 모형과 통계학적 유의성을 최고 기준으로 삼는다.

(2) 구성적/해석적/이해적/질적 패러다임 (Constructive-Hermeneutic-Interpretivist-Qualitative Paradigm)

이 패러다임의 '구성적' 측면은 인간이라면 개별적으로든 집합적으로든 현실을 구성한다는 믿음을 반영한다. '해석적' 측면은 성경에 대한 학자적 해석이 다양하다는 근거에서 종교적 텍스트 분석으로부터 그 원래 의미가 유래한다. 최근 들어, 해석학은 더 확장된 의미에서 교과과정 분석을 의미하기에 이르렀고, 좀 더 예리한 의미에서는 교육용 프로그램 및 제품의 내재적 가치를 드러내는 시도를 포함한다. '이해적' 측면은 분석을 맥락 속에서 시도할 필요성을 강조하고 있는데, 교육성과에 관심 갖는 많은 집단들의 다양하면서도 때로는 상호경쟁적인 설명들을 제시하고자 한다. '질적' 측면은 계량적 패러다임이 너무 과도하게 의존하는 수학적 모형 설정을 거부하면서, 인간이 최우선적인 연구 수단이라고 강조하는 점을 드러내고 있다.

이 구성적/해석적/이해적/질적 패러다임의 지지자들은 실체의 속성에 관한 관점에서 계량적 패러다임 지지자들과는 아주 크게 다르다. 이들은 진리란 정보를 가지고 세련되게 구성한 사람들 사이의 합의에 달린 문제라고 믿는다. 결코 진리는 객관적 실체의 대응물이 아니라는 것이다. 더 나아가 이들은 문화, 성별, 상황적 맥락 등 여러 요소들이 '실체'를 구성하는 데 작용하는 역할을 강조하면서, 이 구성된 실체의 속성을 다양한 관점들부터 이해하려고 한다. 연구방법론에 대해서는, 특히 인간 관찰을 포함한 많은 인류학적 탐구방법을 채택해 왔다. 그래서 한 조사 연구의 맥락에 완전 몰입하는 것을, 고전적인 실험실 과학자의 거리 두기 방법보다 훨씬 더 선호한다는 점은 놀랄 일이 아니다.

(3) 비판 이론적/네오맑시스트적/탈현대적/실천적 패러다임 (Critical Theory–Neomarxist–Postmodern–Praxis Paradigm)

계량적 패러다임 옹호자들은 그 객관성을 자랑하고 질적 패러다임 신봉자들은 그 주관성을 뽐내는 반면에, 이 비판 이론적/네오맑시스트적/탈현대적/실천적 패러다임 주창자들은 '사회적 행동가'라는 별칭에 자부심을 갖는다. 이 비판 이론가들은 전자를 반동적이라고 규탄하며, 또한 후자를 한가로운 짓거리라고 비난한다. 사실, 이 패러다임의 네오맑시스트 부류는 스스로를 해방세력이라 자처하고서, 억압적인 권력체제에 맞서 사투를 벌이는 갈등에 참여하고 있다고 본다.

이 패러다임의 '비판 이론적' 측면은 권력, 통제, 인식론 등에 관한 관심과 연관이 있는데, 이런 것들이 일부 사람들의 이익을 위해 다른 사람들을 배제하면서 사회적으로 구성된 것으로 간주한다. '네오맑시스트적' 측면은 프레이리(Paulo Freire 1970)와 일리히(Ivan Illich 1970)가 주도한 해방교육운동으로부터 파생한 것이다. 네오맑시스트 평론가들은 교육용 테크놀로지와 교육개혁의 밑바탕에 자리 잡은 '숨겨진 교과과정'을 드러내려고 애쓴다. '탈현대적' 관점은 교육용 테크놀로지가 중립적이라든지 또는 필연적으로 진보 쪽으로 나아간다든지 하는 개념 자체에 의문을 제기한다. 탈현대론자들은 교육 기획자에 의해 개발된 제품과 프로그램에 내재하는 '텍스트'를 해체하고, 소수자의 이해관계를 배제한 점이나 모순된 점을 드러내려고 애쓴다. 해체 작업은 원래 문학작품 분석에 근원을 둔 것으로, 텍스트의 숨겨진 의미를 폭로하는 과정이다. '실천적' 측면은 경험주의자가 추구하는 진리 탐구뿐만 아니라 해석주의자가 바라는 이해와 설명을 포기하는 대신에, 상황적으로만 적절한 의미를 지닌 '작은 진실들little truths'을 추구하려는 바람을 드러내고 있다. 아무튼 이 패러다임의 기본적인 신조는 회의주의와 질문 던지기에 있다. 이런 움직임의 대표적인 학자가 푸코Michel Foucault인데, 그는 법, 과학, 종교 그리고 서구 철학을 포함한 모든 것을 의심하라고 우리에게 요구한다.

(4) 절충적/융합 방법론적/실용적 패러다임 (Eclectic–Mixed Methods–Pragmatic Paradigm)

이 패러다임은 교육에 관한 전통적인 분석에서는 발견되지 않지만, 여기에 소개되는 네 가지 가운데 가장 활용도가 높다고 할 수 있다. 왜냐하면, 현대사회와 테크놀로지의 확실한 특징인 복잡성을 가장 잘 다룰 수 있는 패러다임이기 때문이다. 복잡성 개념은 교육적 기획의 맥락에 너무나 잘 들어맞는다. 과거 인간과 기계 사이에 잘 어울렸던 편안함이나 안전함이 정보기술 시대에는 점점 더 사라지고 있음이 분명하다. 이와 같은 관찰은, 체계적인 교육적 기획에서 유래한 교육용 프로그램이나 제품들과 교사, 학습자 사이에 잘 들어맞지 않는 면에서도 드러난다. 갈수록 복잡한 양상이 전개되지만 효과는 더 불분명한 것이다.

이 패러다임의 '절충적' 측면은, 문제를 해결하는 데 도움이 되는 정보를 수집하기 위하여 다른 세 가지 유형의 패러다임들의 방법을 빌리는 일에 개방되어 있음을 가리킨다. '융합 방법론적' 측면은 복잡한 현상과 관련된 정보와 결론을 분할하거나 분류하기 위해서는 다양한 관점들이 필요하다는 인식과 관련된다. '실용적' 측면은, 비록 여러 가지 그럴싸한 접근방법들을 동원한 교육과 훈련에서조차도 궁극적인 예측과 절대적인 통제가 결코 달성될 수가 없다 하더라도, 사태가 조금은 개선될 수 있다는 실속을 챙기는 지향성을 반영하고 있다.

절충적/융합 방법론적/실용적 패러다임의 지지자는 실재의 궁극적 의미에는 별 관심을 갖지 않고, 교육자 및 훈육자로서 직면하는 실질적인 문제를 선호해서 다루고자 한다. 이들은 문제를 더 잘 이해하게 하면서 동시에 더 효과적인 문제해결을 위한 도구는 여러 탐구 방법들이라고 본다. 이들은, 마치 목수가 톱보다 망치를 더 가치 있다는 식으로 생각하지 않듯이, 하나의 도구를 다른 것보다 더 가치 있다고 보지 않는다. 어떤 도구는 그것이 사용된 맥락 안에서만 의미를 지닌다고 인식한다. 실용주의자들은 자신이 이해하고 변화시키고자 하는 현상과의 상호연결성을 받아들인다. 또한 이들은 자신의 도구가 지닌 약점을 잘 인식하는데, 과학이나 창의성이 의사결정에 미치는 영향이 정치, 무지, 직관, 습성과 편견에 의한 것보다 더 크도록 하기 위해 모든 노력을 기울인다. 그리고 이들은 자기 자신뿐만 아니라 청중에게도 솔직하게 인정하는 점이, 그들에 의해 추천된 권고는 잠정적이고 확률적인 속성을 지닌다는 것이다.

친이념적 공시적 유형화에 해당하는 네 가지 교육 패러다임들에 대한 간략한 소개를 마친 이 시점에서, 마지막으로 첨언할 만한 사항이 남아 있다면, 네 가지 패러다임 모두 효과적인 교육 행위를 견인하는, 곧 가르치고 배우는 행위를 극대화하는 교육 기획 모델을 고민해서 시행하는 데 나름대로의 유용성과 타당성을 지니고 있음을 수긍하는 것이다. 주어진 맥락과 여건에 상관없이 언제 어디서나 어느 한 패러다임이 늘 유용하거나 타당하지는 않다는 것이다. 아마 이념적 지향성에 따라서는 이러한 마지막 논평을 아무런 거부감 없이 수용하기 힘들 줄 안다.

3) 몰이념적 공시적 유형화

몰이념적 공시적 유형화는 이념적 지향성을 내세우기보다는, 역사적 경험과 문화적 가치를 달리하면서 나타나는 현상적 차이를 근거로 하여 교육 패러다임을 대별하는 경우이다. 이런 식의 분류방법이 일반적으로 가장 이해하기 쉽고 자주 언급되는 사례에 해당한다. 대표적인 예를 들면 [표 2]와 같다.[26] 특히 교육목적과 학습 이론에 관한 입장을 참고로 해서 판단해 볼 때, 창의성 함양에 더 적합한 것은 강의 패러다임이 아니라 학습 패러다임이라고 할 수 있다. 그런데 이 두 가지 패러다임은 한 사회에서 교육기관을 달리하여 동시적으로 존재할 수 있다. 다만 시대의 변화에 따라 어떤 유형으로 나아가야 하는지에 대한 명시적인 방향제시가 없다는 한계가 있다.

26) [표 2]는 Robert B. Barr & John Tagg(1995)의 견해를 발췌하여 재구성한 것이다.

[표 2] 강의(instruction) 패러다임과 학습(learning) 패러다임

	강의 패러다임	학습 패러다임
교육 목적	▪ 지식을 교사로부터 학생에게 전수함 ▪ 강좌와 교과목을 제공함	▪ 학생에게 지식발견 및 지식구성을 유발함 ▪ 영향력 있는 학습환경을 조성함
성공 기준	▪ 신입 학생들의 질적 수준 ▪ 교과과정 개발과 확장 ▪ 등록률과 재정 증대	▪ 현존 학생들의 질적 수준 ▪ 학습 기술(technologies)의 발달 ▪ 집합적 학습력 향상과 효율성
교수/ 학습 구조	▪ 일률적으로 동일시간대의 수업 진행 ▪ 1교사 1교실 제도 ▪ 독립된 교과단위 ▪ 수업종료 시의 평가 ▪ 강의담당자에 의한 수강자 등급서열화	▪ 학생이 준비된 시간 ▪ 다양한 학습경험 중시 ▪ 학제적 단위 ▪ 사전/중도/사후 평가 시행 ▪ 학습에 대한 외부 평가
학습 이론	▪ 지식은 객관적으로 존재 ▪ 지식은 조각내어져 강의자에 의해 학생들에게 배달되는 것임 ▪ 학습은 직선형적으로 누적적임 ▪ 교사 중심의 학습과 통제 ▪ 학습은 개인적이며 경쟁적임 ▪ 재능과 능력은 희소한 것임	▪ 지식은 사람마다 개별적 경험에 의해 형성됨 ▪ 지식은 구성되거나 창출되는 것임 ▪ 학습은 상호작용의 틀에서 함양되는 것 ▪ 학생 중심의 학습과 조정 ▪ 학습은 협력적이며 협동적임 ▪ 재능과 능력은 풍부한 것임
교사진 역할의 속성	▪ 교사진과 학생은 독립적이고 고립적으로 행동함 ▪ 교사가 학생을 분류하고 선별함 ▪ 누구든지 전문인은 가르칠 수 있음	▪ 교사진과 학생은 서로 팀을 이뤄 활동함 ▪ 교사는 모든 학생의 능력과 재능을 개발함 ▪ 영향력 있는 학습은 도전적이고 복잡한 일임

위의 [표 2]에서 드러나듯이, 강의 패러다임은 현대 한국사회의 많은 학교에서 오랫동안 시행해 온 바를 압축해서 보여 준다. 이 패러다임에서 지식은 소수의 특출한 사람들이 특수한 환경에서 생산해 내는 것이다. 학교는 이러한 지식을 교과서에 체계적으로 담아 전문적으로 훈련된 교사가 학생들에게 일방적으로 전수하는 곳이다. 많은 양의 지식을

정해진 수업시간에 효과적으로 전달하는 것이 좋은 강의이다. 학생은 이러한 지식을 받는 그대로 잘 소화하여 시험에서 높은 성적을 내어야 하는 기대감을 교사와 부모로부터 받게 된다. 이런 기성세대의 기대감은 실상 해당 학생이 무엇을 얼마나 잘 아느냐에 대한 기대라기보다는 동료학생들과의 경쟁에서 상대적으로 얼마나 더 우월하냐에 대한 기대이다. 그래서 교사의 주된 역할 가운데 하나는 학생을 성적에 따라 등급화하고 분류하는 일이다. 자연히 수업은 교사 중심으로 진행되면서 학생이 배움의 주체이자 미래의 주역이라는 사실을 잊어버리기 쉽다.

이와 대조적으로 학습 패러다임은 구성주의적인 지식관과 학생주도적인 학습관을 바탕으로 삼고 있다. 이는 우리나라에서 비교적 최근에 이르러 주목받거나 정책적으로 시행하려고 하는 방향이다. 마치 제품을 판매하는 공급자가 고객의 취향에 맞춰 서비스해야 하듯이, 교육도 하나의 고급상품 판매처럼 공급자인 학교가 학생을 어엿한 교육수요자로 간주하여 학생 중심의 학습을 제공하려는 취지를 담고 있는 것이다. 학습 패러다임에서는 학생이 수업시간에 배우는 내용과 평소 자신이 관심 가진 사항이나 개별적 경험은 서로 별개의 것이 아니다. 남들이 중요하다는 지식을 많이 전달받기만 하는 것은 좋은 학습이 아니고, 스스로 알고자 하는 것을 배워 가는 것이 올바른 학습인 것이다. 이처럼 학습 패러다임에서는 학생을 하나의 독립된 인격체로 인정하고 학습과정에서 상호 협력을 장려하는 점이 바람직하다고 본다.

4) 몰이념적 통시적 유형화

몰이념적 통시적 유형화는 가치배제적인 입장에서, 시대적 변화에 따라 교육이 진행되어 온 양상을 이념형적으로 제시하는 특징을 지닌

다. 대표적인 예로 [표 3]과 [표 4]를 들 수 있다.[27)]

[표 3] 20세기와 21세기 교육 패러다임 비교

	20세기 교육 패러다임	21세기 교육 패러다임
학습 프로그램의 중심	▪ 집단과 교사 중심	▪ 개인과 학생 중심
학습 주안점 및 접근방법	▪ 내용 강조 ▪ 만일의 경우를 대비하는 학습(Just in case learning)	▪ 과정 강조 ▪ 적재 적시에 어울리는 학습 (Just in time learning)
학습 관련성	▪ 학습자와 연관성이 적음 ▪ 현시점과의 연관성이 낮음	▪ 학습자와 연관성이 있음 ▪ 현시점과 현안을 다룸
사고 기술	▪ 주로 저차적 사고 ▪ 기억, 이해, 적용	▪ 주로 고차적 사고 ▪ 분석, 평가, 창의
학습에서의 학생 참여방식	▪ 학생들은 주어진 내용과 지시된 과정을 따름	▪ 학생들이 내용을 구성하고 과정을 개발 및 평가함
신체적 활동	▪ 체육교과목의 축소	▪ 매일 연습과 더불어 교과시간 중에 자주 움직임을 허용
평가보고	▪ A에서 E로 등급화하거나 예시된 간단한 평가언어를 사용함	▪ 형성되어 가는 측면에 집중 연관된 평가언어를 사용함
학습시간	▪ 전통적인 학교시간과 숙제	▪ 생리학 원리에 기초한 유연한 학교시간 운영
학교 구조	▪ 교실, 실험실 등 단일 목적용의 고정된 구조	▪ 임시적이고 유연한 학습공간 운영

[표 3]은 20세기와 21세기의 두 가지 교육 패러다임 가운데 어느 것이 더 일반적이거나 더 바람직하다는 가치판단보다는, 시대변화에 따

27) [표 3]은 Andrew Churches의 개인 블로그(http://edorigami.edublogs.org)를 참조하여 재구성한 것이다.

라 교육적 행위와 관련 활동이 달라져 온 추이를 정리한 것으로 볼 수 있다. 그런데 '사고 기술' 한 가지를 기준으로 판단해 보면, 20세기 교육 패러다임보다는 21세기 교육 패러다임이 사고력 진작 면에서 더 수준이 높다는 것을 알 수 있다. 아무튼 이러한 변화는 단순히 교육제도와의 정합성을 기준으로 분류한 것이 아니라 자본주의의 발전단계에 따라 경제제도와 산업구조의 변천이 이루어졌고, 이러한 사회변동적 요소에 상응하는 교육 패러다임의 진화과정을 보여 준다고 할 것이다. 하지만 이와 같은 이원론적 범주화는 근대화 이전의 교육 패러다임에 대한 접근과 이해를 원천적으로 차단한다는 한계점이 있다. 앞서 전통과 근대의 부당한 구분에서 언급하였듯이, 이런 한계는 서구사회가 주도한 근대화 공정의 또 다른 부정적 측면에 해당할 성싶다.

[표 4] 사회변동과 교육 패러다임의 3가지 유형[27]

	근대화 이전	근대화 과정	근대화 이후
사회 유형	전통농경사회	도시산업사회	지식정보사회
생산체계 변화	전 포디즘 (Pre-Fordism)	포디즘	포스트포디즘 (Post-Fordism)
사회질서 구조변화	구어적 의사소통 양식	문자적 의사소통 양식	전자적 의사소통 양식
교육 패러다임	전통적 교육 패러다임	전문화 교육 패러다임	성찰적 탐구 교육 패러다임
교육목적	의사결정을 위한 준거틀로서의 적합한 가치를 전승함	의사결정에 적용 가능한 각 전공학문에서의 주요개념과 기술에 관련된 과정을 습득시킴	탐구활동을 지식의 원천으로 삼고 문제해결과 의사결정을 위해 활용하도록 함

»

28) [표 4]는 김규원(2005)의 210쪽 표를 토대로 수정·보완한 것이다.

교육형태	시공간적 미분화 교육 도제적 관계 무정형적 교과과정	학교 제도 중심 위계적 교육구조 표준화된 교과과정	탈제도화 네트워크 교육구조 다변적인 교과과정
교육방법	교재 암송, 강독, 질의응답, 문제 풀이 연습 등	각 전공분야에서 개발한 적절한 자료수집과 지식 검정 방법	문제 확인, 상충적 관점의 극복 등을 포함한 구조화된 의사결정의 여러 과정들
교육내용	전통과 관습에 의해 채택된 가치, 신념, 태도를 예시하는 자료들	여러 전공학문 분야에서 다루는 개념, 문제, 과정들을 포함하는 자료들	개별 학생의 가치, 욕구와 흥미로부터 선택된 자료들

[표 3]과는 다르게, [표 4]는 근대화 과정 이전 시기의 전통사회에서 진행된 교육적 행위와 특성을 파악하는 데 도움을 준다. 그리고 근대화 이후 시기에 해당하는 최근의 변화방향까지 포괄하고 있기 때문에 창의성 함양을 강조하는 최신 교육정책과 연계하여 접근·이해할 수 있다. 물론 [표 4]에 제시된 시대구분이 이념형적 차원에서는 수용하기 쉽지만, 실제 현실적인 사회구성체 수준에서 그 역사적 실체의 근거를 명료화하는 작업은 쉽지 않다.[29] 그러나 유형별 범주화를 통하여 교육 패러다임들 상호 간의 비교가 시대를 달리하여 가능하다는 점에서, 특히 우리나라 전통사회의 교육적 특성까지 이해할 수 있다는 점에서,[30] 사회

29) 본 서 제1부 3장 2절에서 시도한 시기 구분과 연결해 본다면, 교육정초기와 전후회복기는 근대화 이전 시기에, 교육입국기와 교육확장기는 근대화 과정 시기에, 그리고 교육개혁기와 교육혁신기는 근대화 이후 시기에 해당한다. 여기서 아쉬운 대목은, 교육개혁기를 맞이하면서 준비했던 제7차 교육과정 개편정책의 핵심 내용이 성찰적 탐구 교육 패러다임으로의 이행을 지향하였으나, 이후 우리나라 교육현장에 연착륙하는 데는 성공하지 못한 점이다.

30) 이분법적 교육 패러다임 유형화에서는 근대화 이전 시기와 근대화 과정을 크게 구별하지 않고 '전통적' 패러다임으로 지칭하는 경향이 농후한데, 이런 경향은 특히 근대화 과정이 200여 년간 장기간에 걸쳐서 진행된 서구사회를 대상으로 논의하는 입장에서 흔히 발견된다. 우리

변동에 따라 전개되는 교육 패러다임의 전환에 대한 통찰과 흐름을 파악하는 데 가장 도움이 된다고 본다.

2. 새로운 교육 패러다임의 전개

앞 절에서 여러 유형의 교육 패러다임을 정리한 의도는 오늘날 우리 한국사회가 겪는 변동에 걸맞은 교육 패러다임을 찾기 위해서이다. 이는 미래지향적인 바람직한 교육정책을 모색하기 위한 정초 작업의 성격을 띤다. 이번 절에서는 제4장에서 정리한 사회변동 추이에 따라 파생된 교육적 함의를 바탕으로 이를 수용하는 교육 패러다임을 설정해 보려고 한다.

잠시 앞에서 언급한 대로, 사회변동의 추이와 흐름을 염두에 두고 시대에 따라 전개되는 양상을 준거로 삼은 것은 통시적 관점에서 교육 패러다임을 유형화한 것이다. 그중에서도 [표 4]의 분류가 기본골격을 잘 세운 것 같다. 이것을 토대로 삼고, [표 2]와 [표 3]의 내용 가운데 관련되는 부분을 참고하여 보충하는 식으로 새로운 교육 패러다임의 전개를 검토하고자 한다.[31] 전개방식은 교육목적, 교육형태, 교육방법, 교육내용 순으로 논의를 정리하는 것이다.[32]

나라는 이들 선진국과는 다르게 근대화 이전 시기에 고유한 전통적 교육행위와 활동이 일상생활 수준뿐만 아니라 사회제도적 수준에서 독자적으로 전개되었다. 따라서 이 글에서 지칭하는 전통적 교육 패러다임은 우리나라의 경험을 기준으로 한 것이기에, 다른 서구사회 경험에 적용하는 경우에는 많은 주의가 필요하다.

31) 이름을 통해 대상의 성격을 규정하고 싶어 하는 이들은 이 절에서 제시하는 새로운 교육 패러다임의 이름을 정하고 싶을 것이다. 구태여 잠정적인 이름을 달아 보면, '성찰탐구 학습공유' 교육 패러다임이라고 할 만하다. 아무튼 앞 절의 정리에서 다루었던 21세기 교육 패러다임, 학습 패러다임, 성찰적 탐구 교육 패러다임 가운데 관련 항목을 절충적으로 취합한 것이다.

32) 이하의 논의는 김규원(2005)의 '교육혁신의 기본 방향'을 토대로 수정·보완한 것이다.

1) 교육목적

교육기회의 균등화는 근대국가 성립 이후 정부 교육정책의 중요한 기조였다. 여기서 교육기회라는 것은 학교교육을 받게 해 준다는 의미이다. 즉 국민이면 누구나 학교를 다니면서 필요한 교육을 받을 수 있다는 것이다. 이와 같은 교육의 대중화는 학교 제도를 중심으로 이루어져 왔다. 학교는 학생들의 연령을 기준으로 학년을 구분하고 표준화된 교과과정을 통하여 단계적으로 지식을 전수하는 기관으로 자리 잡은 것이다.

지금까지 학교교육은 과목별로 사전에 수업계획서의 목표에 명시한 바람직한 인지 및 행동 변화를 유도하는 데 초점을 맞추고 시험을 통하여 성취 정도를 측정하고 평가해 왔다. 이 과정에서 주도권은 교원에게 있고, 학생은 수동적인 위치에서 일방적으로 정해진 내용을 전수받는 것을 당연시했다. 교원과 학생의 관계는 수직적이고 상의하달식의 소통 형태가 지배적이었는데, 그 주된 이유는 근대화 과정에서 보편화한 전문화 교육 패러다임이나 강의 패러다임으로 인하여 객관주의 인식론에 근거한 지식관 및 학습관이 학교교육을 장악했기 때문이다.

객관주의 인식론은 진리 또는 지식을, 활용하는 개인의 의지와 상관없이 독립적으로 존재하는 고정된 실체로 간주한다. 모든 상황에 적용 가능한 보편적이고 타당한 것이 진리이고 지식인 만큼, 학교교육은 이를 교원이 학생에게 전수하는 활동으로 이루어져야 한다고 본다. 학습자를 단순히 외부의 환경적 자극에 따라 반응하는 수동적 존재로 파악하고서, 학습자의 의사와 관계없이 교원이 일방적으로 설정한 학습목표 성취에 필요한 자극과 이에 따른 반응 그리고 반응의 결과에 대한 보강을 통하여 학습이 이루어지도록 배열하고자 한 것이다. 교원은 지식과 정보의 일방적 전달자이자 학습의 배타적 관리자로서, 학습효과를 극대화하기 위해 수업내용을 계열화하고 학습자의 특성분석과 행동진단을 체계화하는 데 전문역량을 갖춘 이들이다. 학생은 외재적인 지식과 정보를 자신의 내부로 전이시키는 활동에 주력해야 하고, 그 성취 여부를 확인하는 절차로서 사전 설계된 시험을 치르게 되며, 또한 즉각적인 피드백으로 성적순위나 합격·불합격 등 외재적 보상에 의한 강화 작용을 반복적으로 거치게 된다.

이러한 관점은 교육목적이 개인이나 집단에 따라서는 교육외적 목표 달성을 위한 수단으로 전락하는 경우를 낳기에 이르렀다. 사회적 지위 상승의 수단으로 학교교육을 동원하는 것이 가장 전형적인 예이다. 심지어 정부마저도 학교를 취업준비기관으로 인식하도록 졸업생 취업률을 기관평가 측정지표로 삼고 있다. 학습자를 수동적 인간으로 간주하다 보니, 학습자 스스로도 본인의 교육목적을 명료화하는 경우가 드물고, 사회적 분위기에 휩쓸려서 명문학교 진학이나 취업전공 선택을 교육목적으로 오인하는 사례가 비일비재한 지경이다. 따라서 교육에 직접 참여하는 교원과 학생의 활약이나 행복은 교육목적과는 아예 상관없다는 사회적 인식이 팽배하다.

교육목적에 대한 이와 같은 편향된 인식은 더 이상 힘을 발휘하기 어려운 시대적 상황이다. 제4차 산업혁명 시대의 도래를 목격하면서 학교교육을 통해, 사회현상의 다양성과 복잡성에 대해서 어떤 정답이 주어진 것처럼 구하기보다는 끊임없는 성찰과 협력으로 같이 찾아 가려는 학습 태도와 배우는 역량을 길러야 할 때이다. 우리나라는 다행하게도 민주주의의 제도적 정착과 경제성장에 따른 복지 수준 향상으로 인해, 생존을 위한 교육보다는 생활을 위한 교육의 중요성을 인식하는 토대가 마련된 셈이다. 실제로 우리 사회는 학교교육이 자기 삶의 방식이나 자기 존재 가치에 의미 있는 변화를 가져다줄 것이라 기대하는 이들이 최근 들어 늘어 가고 있다. 그리고 기존 교과서에서는 그 의미를 찾을 수 없음을 눈치채기 시작하였다. 이에 구성주의적 인식론과 지식관은 학교교육에 대한 새로운 길을 제시해 주고 있다.

구성주의 교육관에 따르면, 진리나 지식은 이미 누군가에 의해 정해져서 주어진 것이 아니라고 본다. 실재는 구성되는 속성을 지닌 것으로, 실재의 구성은 문화와 전통을 통해 형성된 의미 구성의 산물이다. 이렇게 보면 학습은 지식의 단순한 획득이나 재생산 과정이 아니고 능동적인 구성적 과정이다. 이런 의미에서 교육은 학습자로 하여금 자신이 위치한 맥락에서의 능동적 경험을 통하여 자신에게 적합한 지식을 구성하는 활동을 촉진하는 것이다. 더 바람직한 교육은 학습자가 자신이 살고 있는 세상에 좀 더 잘 적응하고 필요에 따라서는 세상을 좋은 의도대로 변화시킬 수 있는 방법을 찾도록 하는 일이다. 곧 학습은 인지적 과정일 뿐만 아니라 사회적 적응과 문화적 창출의 과정이라 할 수 있다.

지식의 구성은 외부세계와의 반사적인 대응이 아니고, 오히려 외부세계에 대한 의미를 구성한다는 점에서 적극적이고 능동적인 활동이다. 학습자도 마치 빈 그릇인 양 그 속에 무언가를 담아 채우기 바쁜 존재가 아니라, 맥락에 적합한 의미를 탐색하고 추구하는 능동적인 유기체인 것이다. 학습자가 만약 전자일 경우는 서로 남보다 먼저 많이 채우기 위해 발버둥치는 경쟁적·이기적 존재로 전락할 개연성이 높다. 반면에 후자의 학습자 상은 끊임없는 지적 자기번식을 통해 집단지성이라는 전체 사회의 번영에 기여하는 협력적·이타적 존재로 활약할 가능성이 크다. 이와 같은 능동적이고 주체적인 구성 활동으로서의 학습에서는, 교육의 중심이 학습자에게 놓인다. 그런 만큼 학생 자신의 기호와 기대, 목적과

목표에 따라 학교교육이 구성되는 것이 바람직하다.

요컨대 앞으로 바람직한 교육목적은 학습자들의 다양한 탐구능력을 신장시키는, 곧 **배움을 생산하는 능력**the ability to produce learning[33)]을 갖게 하는 일이다. 나아가 고정된 개념과 정형화된 기술을 습득시키는 데서 벗어나서, 학습자들에게 스스로 문제를 파악하고 해결할 수 있는 주체적인 의사결정력을 키워 주어야 할 것이다. 그럼으로써 학습 그 자체를 즐기게 하는 것이 중요하다.[34)]

2) 교육형태

현대사회에서 산업화가 진전됨에 따라 노동 분화뿐만 아니라 전문화가 진행되면서 학교교육은 자격증 수여의 기능을 갖게 되었다. 직업세계의 영역과 학교교육의 교과과정 사이의 연계성이 깊어지면서, 학교교육의 이력은 이후 이어지는 선별과정에서 가능성의 조건이자 구조적 제약처럼 받아들여졌다. 학교에서 이루어진 성적 평가표와 졸업증서는 학습과정에서의 경력을 의미하는 것으로, 학습자들의 우열을 판가름하고 구분하는 선별 기능을 수행하였던 것이다. 다시 말해서, 일반사회의 성인 대리인으로서 교원은 사회에서 높은 가치를 부여하는 기대에 잘 부응하는 학생에게 좋은 점수를 주었으며, 학교에서 좋은 점수를 받은 학

---

33) 배움을 생산하는 능력은 학습역량을 의미한다. 흔히 능력은 영어로 competency와 capability로 번역 가능하다. 하지만 competency는 남들과 경쟁할 수 있는 실력을 의미한다면, capability는 주어진 문제를 해결하는 역량이라는 의미에 가깝다. 본 서에는 이 두 가지 의미를 다 포함하면서 스스로 힘을 기른다는 뜻으로 능력강화(empowerment)라는 의미를 담은 역량이라는 용어를 더 선호한다.

34) 미래교육의 선두주자인 핀란드는 교육과정 개편의 지향점이 학생들에게 '학습의 기쁨(joy of learning)'을 주는 데 있다(윤은주 2015).

생은 사회 진출 시에 좋은 평가를 받는다는 가정을 신봉하기에 이르렀다. 그리하여 학교가 학업 성취 기준으로 부여한 학생들의 등급 분화는 현대산업사회의 능력주의 신화와 더불어 사회적 지위의 분화와 서열화를 위한 근거로 작용하였던 것이다.

이제 능력주의 신화를 신봉하기에는 청년실업의 정도가 심각한 상황이다. 우열을 매기고 서열을 정하는 학교교육의 형태는 소수의 학습자만을 구제하는 것이라는 인식, 심지어 학교에서의 이력과 사회에서의 경력이 더 이상 일치하지 않는다는 인식이 널리 자리 잡고 있다. 포스트모던사회가 도래하고 제4차 산업혁명 시대에 진입하면서, 탈획일적인 사고방식이 주목받고 전자적 의사소통 양식이 일반화됨에 따라 교육형태가 바뀌지 않을 수 없을 정도로, 기존 교육형태의 문화적 정당성에 대한 근본적인 의문과 더불어 공교육 체계의 위기 징후가 곳곳에서 드러나고 있다.

돌이켜 보면, 교육이 학교라는 조직형태로 제도화되면서 점차 관료제적 획일성을 띠게 되었다. 그리고 객관주의 인식론의 영향으로, 가르치는 역할과 받아들이는 역할 사이에 간극을 둘 뿐만 아니라 상하 수직관계를 형성하여 심지어 성공적이고 효율적인 학습은 강제적·권위적·동원적·일방적·편파적 관계에서 이루어질 수 있는 것처럼 여겨졌다. 교과목별로 정형화하고 학년별로 획일화한 교육과정은, 표준화를 기반으로 하는 대량생산체제에 걸맞은 규격화의 특징이라고 할 것이다.

지금 사회는 지식과 기술을 계속 개발할 수 있는 학습역량이 중요하기 때문에, 과거처럼 일정한 기간 동안 학교교육을 받은 다음에 직장생활을 하는 직선적 경력이 아니라 그보다는 교육과 직능개발이 병행하든지 아니면 지그재그형의 이력을 갖지 않을 수 없다. 굳이 평생학습사회라는 용어를 빌리지 않더라도 이제는 학교교육이 교육의 모든 것이 아니다. 학교교육만이 교육의 시작이자 끝이라는 것은 형식적 제도교육의 특징이자 오늘날 공교육 위기의 원천이 되는 인식이다. 다시 말해서 학교교육만이 제도교육의 알파이자 오메가인 시대는 끝나 가고 있다. MOOC 등에서 자극받듯이, 교육수요가 존재하는 곳을 찾아가는 교육서비스 제공을 강구하지 않으면 안 되는 시점이다.

앞으로의 교육형태는 일정하게 주어진 형식과 절차에 의존하기보다는 유연한 열린 교육의 형식을 취하고, 누구든지 원하는 사람은 자신의 기호와 취향에 맞는, 그리고 자신이 필요로 하는 내용을 배울 수 있는 개방적인 형식이 바람직하다. 이러한 교육형태에서는 교원과 학생의 관계 속성이 공감적·설득적·소통적·쌍방적·상대적·포용적·합의적 성격으로 전환될 것으로 예상되는데, 구성주의적 교육관의 등장과 온라인 교육 인프라의 확산으로 인해 그 가능성의 문이 열리고 있다. 특히 지역사회를 아우르는 교육 네트워킹체제 구축 노력에 기대하는 바가 크다.

교육 네트워킹체제는 개별 교육단위들과 관련 있는 단위들 간의 네트워크로 구축되는데, 교육수준별 단위기관들 간의 네트워크, 공간적 제약을 초월하여 여러 지역 교육기관 간의 네트워크, 교육기관과 다른 공공기관 및 시민단체 간의 네트워크 등 디지털·사이버 시대의 새로운 교육공동체의 등장과 평생학습사회의 형성을 포함하는 의미를 담고 있다. 이러한 교육 네트워킹체제는 학교, 공공단체, 기업체, 전문가, 학부모 등의 분산되고 고립되어 있는 지성들을 교육혁신의 에이전트로서 자리매김하여 상호 연결시켜 줌으로써 지역사회의 집단지성을 창출할 수 있다. 이는 개별적 지성들이 처한 사회적 환경의 영향으로 인해 발생하는 지식의 편식성과 편향성을 상호 검증하고 보완하는 계기가 될 뿐만 아니라, 지식 생산이 특정 집단의 전유물이 아니라 각자의 맥락에서 구성되는 것임을 생생하게 체험하는 기회를 제공한다.

한마디로 교육형태의 탈제도화가 점점 가시권 안에 들어서고 있다. 얼마 지나지 않아 교과과정과 비교과과정으로 나누어진 교육활동의 경계선도 희미해질 줄 안다. 기존의 위계서열적인 형태로 진행되는 학교교육은 네트워크 형태의 사회교육으로 전환되어 갈 가능성이 크다. 그러므로 주류와 비주류, 일류와 이류 따위의 등급화나 표준화된 교육과정은 뒤로 물러나게 하고, 동시에 다종다양하고 다각다변적인 교육과정을 구축할 필요가 있다.

3) 교육방법

우리나라에서 기존의 교육방법은 학습현장에서 교원의 주도성을 원칙으로 삼고 있다. 왜냐하면 교원은 각자의 전공분야에서 고도의 전문역량을 갖추도록 훈련받았기 때문에, 그 전공분야에서 개발한 적절한 자료수집과 지식검정 방법을 통해 학생들을 가르치는 것이 당연하다고 보기 때문이다. 그래서 교원 주도의 일방주입식 집합적 수업이 주류를 이루었다. 이른바 "선생님은 가르치고 학생은 배운다."는 식의 교육방법이 일반적 양상이었다. 교사가 주도하는 강의식 수업이 교육현장을 지배하였던 것이다.

우리나라는 교육내용마저 교과서 형태로 집약하고 체계화한 탓에, 전국 어디를 가도 동년배 학생은 똑같은 교과서 내용을 암기하여 전국적으로 평가하는 체제를 갖게 되었다. 이런 상황에서 학생은 교과서와 더불어 참고서까지 끊임없이 반복학습해서 좋은 성적을 거두는 일에 몰두할 수밖에 없었고, 교사는 훈육이 학생 삶의 가능성을 열어 주는 방법인 양 역시 지겹고 힘든 노역의 과정으로 학습을 독려하고 지도하는 역할을 감내해 왔다.

특히 학교교육은 상급학교로의 진학을 위한 입시 위주로 하여 시험이 중심이 되는 주입식 교육방법을 선호하였다. 성적지상주의에 몰입함으로써 학생 간, 교사 간, 학교 간 경쟁을 통해 제도교육은 위계서열을 띠게 되었으며, 구성원을 수동적인 존재로 만들고 일탈이나 패자부활의 기회를 원천 봉쇄하려고 애썼다. 심지어 최고 지성 집단이라는 대학원 수준에서조차도 전통적인 도제식 사제관계를 관행으로 받아들이는 데서 벗어나지 못한 경우가 가끔씩 언론의 주목을 받곤 한다.

그런데 최근 들어 인터넷과 플랫폼 등 정보화 환경의 보편화는 지금까지의 학교교육 방식에 많은 변화를 일으키고 있다. 학습자의 개인적 다양성과 개별성, 그리고 자율성을 기초로 한 교육방법의 하나로 자기주도적인 학습을 강조한다. 이는 학생 스스로 관심 있거나 흥미로운 문제를 설정하고 나아가 상충적 관점을 비교하고 검정 확인된 방법을 통해 문제 해결을 시도하는 것이다. 자기주도적인 학습은 자기 성찰적 교육방식의 하나인데, 이 방식은 지금까지의 학교교육이 단순 암기력 신장에 역점을 둔 것과는 대조적으로, 학습자 입장에서 나름대로 새로운 문제 상황을 파악하여 그에 적합한 행위를 선택하고 이런 체험을 토대로 현실을 평가할 수 있는 지식의 구성성과 창의성에 강조점을 두는 것이다. 다시 말해서 교사가 주도적으로 이끌어 가는 식의 교육이 아니라, 학생을 수업의 중심에 놓고 학생의 생각과 의견 및 행동의 변화를 유도하는 밀어주기 식의 교육이다.

자기 성찰적 교육방식에서 최적의 교육적 환경은 대화적이고 소통적인 것이다. 바람직한 교원의 역할은 이러한 대화적이고 소통적인 교육 환경을 능숙하게 조성하는 일이다. 따라서 학생을 수동적 수용체로 간주하지 않고 능동적 유기체이자 교원 자신처럼 동일한 맥락적 구성 주체로 존중해 주는 인식이 필요하다. 교원은 학생의 안내자 또는 조력자로서 단지 인지영역에서 새로운 지평을 여는 데 지적인 자극을 제공하는 일에 만족한다는 소박한 자기인식이 필요한 것이다.

물론 이러한 인식 전환은 결코 쉬운 일이 아니다. 왜냐하면 교원에게 부여된 기존의 기득권을 내려놓아야 하기 때문이다. 교원은 스스로를 기성세대에서도 지식인이라고 인식하는 자기 정체성 때문에, 미성숙한 학생을 자신과 동일한 인격체로 받아들여서 수평적 관계를 형성하는 데 주저하기 마련이다. 그리고 기존의 교원평가체제가 이러한 인식 전환을 가로막고 있는 장애물이기도 하다. 이처럼 직업 정체성의 전환과 평가제도의 개선이 선행되고 전제될 경우에, 교원의 역할 변화를 기대할 수 있다고 본다. 무엇보다도 교원평가보상체계를 바꾸는 일이 급선무이다.

강의 패러다임에서는 학생의 학업성취도를 다른 학교 학생과 비교함으로써 교원을 평가한다. 그 기준도 얼마나 많은 학생을 상급학교로 진학시키거나 취업시켰느냐에 둔다. 얼마나 많이 가르쳐서 좋은 성적을 내었느냐에 초점을 두기 때문이다. 그러나 학습 패러다임에서의 교원평가는 이러한 성적이나 결과를 기준 삼지 않고, 학생이 스스로 얼마나 잘 배우도록 교육환경을 조성했느냐에 초점을 둔다. 결국 학생이 얼마나 원하는 만큼 배워서 지적 성숙도[35)]가 높아졌느냐가 중요하다. 교원은

35) 지적 성숙도는 단순히 인지능력 수준이 높아짐을 의미한다기보다는 일반적으로 지덕체 요소의 긍정적인 변화 정도를 뜻한다고 하겠다. 여기서는 자기주도적인 학습을 통하여 배움을 스스로 생산하는 능력(the ability to produce learning) 수준에 덧붙여서 학습 책임감(the responsibility for learning)의 정도까지를 포함한 것을 의미한다. 학습 책임감은 배우는 행위 자체가 인간의 특권이라는 점을 자각할 뿐만 아니라 배우는 기회와 내용 자체가 숱한 사람들의 노고 덕택이라는 점을 인식하고, 자신 역시 배우는 결과를 또 다시 남들에게 도움이

학생들의 단순한 인기투표방식이 아니라 학생의 지적 성숙도에 접근할 수 있는 동료나 학부모의 평가를 중시할 수 있다.[36)]

수업현장에 적용 가능한 조금 더 구체적인 교수방법으로는 개별적 맞춤형 지도라든지 과제기반 학습, 거꾸로 배우기 학습 등을 들 수 있다. 그리고 배려와 협력 등 사회성 함양을 위하여 팀워크 중심의 공동학습활동 방식도 중요한 교수방법이다.[37)] 아쉽게도 조별학습은 대개 무임승차자 문제 때문에 수업현장에서 환영받지 못하는데, 성적부여방식에서 개인별 평가에 익숙하고 그 성적활용방식도 결국 개인별 보상을 기준 삼고 있기 때문이다. 교원에게 부여된 평가주도권을 해당 학생들과 공유하는 방식을 찾고, 그 결과활용에서도 이러한 공유된 평가권을 상급학교 입학 시나 취업 시에 수용하는 방안 마련이 필요하다.[38)]

새로운 학습 패러다임을 주장하는 학자의 견해에 따르면, 앞으로는 이른바 '교육적 원자주의educational atomism'에서 벗어나서 '통째로 배우기learning holistically'로 나아가야 바람직하다. 전자는 가르치는 일과 배우는 과정을 서로 고립·분리된 실체로 파악하고 교원이나 학생이나 각자가 수행할 역할이 다르다고 본다. 그리고 교과목 간 구분도 엄격하여 시간별로 독립적으로 편성한 수업일정표대로 순차적으로 진행하는 것을 불변의 교육방법으로 의심하지 않는다. 이런 교육적 원자주의는 교과

되도록 해야 한다는 도덕적 판단까지를 포함한다.

36) 대학의 경우에는 수강자들의 강의평가 결과를 교수의 교육역량에 대한 중요한 평가 자료로 활용 가능하다고 본다.

37) 우리 정부에서도 이미 심층 학습과 수평적 학습의 방법으로 수행평가 중심의 수업방식 변화를 추진해 오고 있다. 이와 관련하여 도입된 다양한 교수학습법의 명칭만 나열해 보면, 프로젝트 학습, 배움의 공동체, 융합인재, 스마트 교육, 하브루타 교육법, 거꾸로 교실 등을 들 수 있다.

38) 하나의 예로서, 본 서 제3부에서 제안하는 공공성-수행 인재 양성에 필요한 대학입학제도 개선을 위하여 '동료추천제' 도입을 들 수 있다.

목과 수업 그 자체가 고정된 수단인 반면에, 통째로 배우기 프레임에서는 학습결과만이 고정되어 있고 그 수단은 학습에 가장 효과적이고 효율적인 것을 꾸준히 찾는 과정에서 다양하게 허용된다. 심지어 가르치는 교원이 부재하는 교육환경일지라도 학습자가 주도하고 조율하는 활동이 전개된다면 이마저도 좋은 학습방법으로 수용할 수 있는 것이다 (Barr and Tagg 2004).

요컨대 앞으로의 교육은 교원의 주도 아래 학생 개인 간 경쟁을 기반으로 한 성적 중심 교육에서 탈피할 필요가 있다. 그 대신에, 학생 스스로 문제를 확인하고 동료학생들의 상충적인 관점을 적절하게 조정·극복하는 의사결정 과정을 중시하는 교육방법이 필요하다. 이는 교원의 대화적이고 소통적인 교육환경 조성 역량에 달린 사안이다.

4) 교육내용

미성숙하고 무지한 상태의 아동을 인간답게 커 가도록 가르치는 것이 교육이라는 인식은 오래되었다. 인간답게 커 가도록 가르칠 내용이 정해져 있는 만큼 배우는 내용도 그와 같아야 교육성과가 좋은 것으로 보았다. 그런데 여기서 가르칠 내용을 선정하는 것은 배움을 행하는 학습자의 몫이 아니라 교원의 몫이었다. 곧 교원이 주도하여 교육내용을 선별하고 설정하였다. 학습자는 그저 주는 대로 얼마나 잘 받아 챙겼느냐를 시험받고 높은 성적을 얻으면 비로소 좋은 학생으로 평가받았다.

그리고 교원이 가르쳐야 하는 내용은 객관적인 진리이자 표준화된 지식처럼 받아들여졌다. 사실 이 성문화된 진리와 지식에 관한 정보는 주로 대학의 여러 전공학문 분야에서 다루는 개념, 이론, 방법을 포함하는 자료들 중심으로 편성된 교과서와 참고서, 그리고 교안지도서의 내용이었다. 교육내용은 다름 아닌 일부 전문가들의 현실 개념과 논리를 바탕으로 한 것이었다. 때로는 교과서에 제시된 하나의 현실이란 것이 기득권자의 이해관계 중심으로 규정되었다는 점을 교묘하게 숨기는 내용을 포함하기도 하였다.

그런데 지식이 폭증하고 소통이 확산하면서 객관화된 하나의 현실 개념이라는 틀은 무너지고 여러 가지 다차원적으로 구성되는 현실 개념이 등장하기에 이르렀다. 현실 개념이 더 이상 존재론적 실재론에 구속되지 않고 오히려 현실 모델은 자동적으로 여러 개로 분화 발생하는데, 실행 가능성, 조작화의 방식, 문제해결과 생존을 위한 유효성 등 그 정도와 방향, 속도에 따라 제각기 다른 모습을 취하는 것이다. 이처럼 현실 모델의 구성성을 인정하면, 현실은 객관적 실재가 아니라 구성되어 가는 것이기에 원래부터 가르쳐야 마땅한 것의 본질적 실체는 존재하지 않는다.

하지만 가르쳐야 하는 일은 사라질 수 있을지라도 인간이 배우는 일을 그만둘 수는 없다.[39] 다만 무엇을 배워야 하는지를 미리 정해 두고 시작할 수 없을 만큼 시시각각 변하는 현실임을 솔직히 인정할 때라는 것이다. 달리 말해서 현실은 사회적 의미구성물이기에 그 자체로 끊임없이 다원적이고 복합적으로 구성된다. 이런 상황에서 개인은 자기 성찰적 자발성에 근거하여 현실의 의미를 창출할 필요에 더욱 자주 직면한다. 따라서 개인마다 자신의 주위환경에 반응하면서 현실을 구성하는 과정에서 자기 성찰적으로 새로운 의사소통체계를 열어야 하고, 이 과정에서 새로운 사회적 의미도 구성할 수 있다. 이렇게 기존의 고정된 현

39) 중세시대의 캐넌(canon)처럼 현대사회에서는 글쓰기, 말하기, 셈하기, 이메일 보내기, 인터넷 검색하기, SNS 등의 기본을 배우지 않으면 문맹자가 되어 행복한 삶을 누리기 어려운 실정이다.

실 개념이 해체되고 그 대신에 다양한 타자성이 긍정되고 다수성이 인정되는 과정에서, 이제 객관성과 표준화된 중핵 교육과정은 더 이상 권위를 유지하지 못할 뿐 아니라 비판을 면치 못하는 것이다.

객관성을 포기하고 성찰성을 수용하는 교육내용은 반복적 암기로는 이해할 수 없거니와 학습자에게 도움이 되는 지식으로 만들어지지 않는다. 진짜 학습은 일상적 학습상황에서 다양한 정보와 같은 어떤 인지적 도구를 가졌을 때, 또는 다른 사람의 도움을 받아 학습자가 어려운 문제를 확실하게 파악할 수 있는 기회를 가졌을 때 일어난다. 이때 학습자 본인의 삶과 관련된 문제를 스스로의 힘으로 해결하려고 시도하도록 고무하는 것이 중요한데, 교원은 이 고무하는 역할을 수행하는 것이 바람직하다. 특히 학습자는 이미 알고 있는 지식을 활용하여 새로운 지식을 창출하는 탐구활동을 통해서 그와 관련된 내용을 이해하려는 시도가 필요하다.

성찰적 탐구 학습과정에서는 수업시간 중에 의미 있는 의견과 정보 교환을 통하여 현실 관련 개념 인식에서의 변화를 추구하는 것을 강조한다. 이는 고정되어 활동력을 상실한 인식이 아니라, 가변적이고 유동적이며 유용한 인식 과정을 중요시하는 것이다. 그런 만큼 정형화되고 표준화된 교과서 중심으로 진도를 맞추기에 급급한 가르침은 오히려 참다운 배움을 방해하는 요소라고 볼 수 있다. 왜냐하면 학습이란 사전에 계획된 보편타당한 지식을 획득하는 것이 아니라 학습자가 사회 문화적인 맥락 속에서 의미 있는 경험을 스스로 구성하는 과정에서 생산되는 속성을 지니고 있기 때문이다.

따라서 앞으로 학교교육은 학습자 자신에게 의미 있는 것으로 지식을 구성하게 하는 것이 중요하다. 학습자 본인의 욕구나 흥미, 또는 가치지향으로부터 선택된 자료들로 교육내용을 구성하도록 하되, 교원은 그에 관한 복잡한 실생활의 과제를 제시하고 동료들과 상호작용하고 협동학습할 수 있는 환경을 제공하며, 이러한 학습 과정에서 일어나는 변화를 융통성 있게 수용하는 학습체계를 구축하여야 할 것이다. 그럼으로써 학습자 스스로 배움을 생산하는 역량을 키우도록 책임감을 길러 주기를 기대한다.

3. 교육정책 무용론·회의론에 대한 반론 시도

제2부에서는 새로운 교육정책의 배경으로서 교육 패러다임의 전환에 관해 논의를 진행해 왔다. 이제 남은 과제는 바람직한 교육 패러다임에 걸맞은 새로운 교육정책을 구체적으로 설정하고 시도하는 일이다. 하지만 이 작업은 우리 사회 모든 구성원들의 몫이다. 다만 제3부에서는 화두를 끄집어내는 차원에서 몇 가지 예시를 제공하고자 한다.

그런데 바람직한 교육정책 예시를 시도하기 전에 주의를 환기하고 싶은 점이 하나 있다. 곧 우리 국민들은 정부의 교육정책에 대한 신뢰도와 수용도가 낮다는 것이다. 그래서 앞으로 정책 담론 형성 과정에서도 방관자 입장을 선호할 가능성이 높은데, 그렇게 되어서는 원천적으로 바람직한 교육정책을 기대할 수 없다. 특히 교육정책에 대한 무용론과 회의론이 확산될지 모른다는 우려가 들지 않을 수 없다. 어쩌면 교육문제에 대한 애증은 백지 한 장 차이일 텐데, 관련 정책에 대한 분노와 실망이 클수록 교육정책에 거는 기대가 그만큼 컸다는 사실을 방증한다고 볼 수 있다. 아래 논의는 교육정책 무용론자나 회의론자도 바람직한 정책수립과 집행추진을 위하여 담론 형성에 참여하는 일이 무엇보다 중요하다는 취지를 담고 있다.

정책 회의론자이든 아니든 우리가 알 수 있는 것은 교육 패러다임의 전환이 언제 어디서 어떻게 누구에 의해 일어나는지를 미리 정확하게 알 수는 없다는 사실이다. 최선을 다해 지금의 교육 패러다임에 적합한 혁신적 노력을 정책에 담아 잘 시행해 간다 하더라도, 사회는 또 변화할 것이므로 언젠가는 지금 것과 다른 새로운 교육 패러다임을 수용해야 할 시점이 올 것이다. 그렇다면 지금 최선을 다하는 것이 무슨 소용이 있겠는가 하는 생각이 들 수 있다. 다시 말해서 교육정책의 존재 가치를 의심하는 것이다.

아무튼 교육 패러다임이 바뀐다면 도대체 그에 걸맞은 교육정책이 왜 필요한지에 대해 근본적인 의문을 던질 수 있다. 이에 대한 답으로, 여태까지 본 서에서 제시했던 이유 두 가지를 들겠다. 첫째, 사회불평등을 유지하거나 확대재생산하는 것을 해소 또는 완화하기 위함이다. 시장원리에 내맡겨 두는 정책, 곧 무無대책의 정책은 사회불평등을 심화시킨다는 것이 제1부 2장에서 검토한 절대다수의 이론적 입장이다. 과거의 잘못된 정책 또는 자유방임정책에 의해서 발생한 '기울어진 운동장'을 조금이라도 더 균형 잡힌 수평적 상태로 바로잡는 데 필요한 것이 교육정책이다.

둘째, 제1부 3장에서 우리나라에 적용해 본 역사적 관점은, 사회변화에 따라서 새로운 공급과 수요가 교육 영역에서 발생하므로 이에 대한 대응이 현실적으로 필요하다는 점을 보여 준다. 대의민주주의 국가에서는 개인이나 집단이 겪는 어려움이나 불편함을 사회적 차원에서 해결하기 위해 정부가 존재한다. 끊임없이 변하는 것에 대한 대응 그 자체가 지닌 한계를 핑계로 아예 무관심하거나 외면해 버리면, 민주국가의 사회적 책무성을 포기하는 것이다.

그럼에도 불구하고, 교육정책이 안고 있는 근원적인 문제를 철학적으로 제기할 수 있다고 본다. 따지고 보면, 교육하는 행위 자체를 변화시키거나 진작하기 위해 제3자가 개입하는 것이 교육정책이다. 이는 노자老子의 무위자연론의 관점에서 보면 '인위人爲'에 해당한다. 인간을 자연 그대로 내버려 두지 않고 간섭하거나 지배하거나 통치하려는 것은 쓸데없는 짓거리이다. 해체주의적 관점에서 보더라도, 어느 누구든지 자신도 확신할 수 없는 것을 다른 사람에게 전달하거나 주입하려는 것은 가치판단의 자유를 박탈하는 기본권 침해일 뿐만 아니라 심할 경우에 심리적 희롱이자 정신적 폭력이다.

이러한 주장들은 교육하는 행위 그 자체를 불신하고 부정하기에, 그보다 더 강한 의도성과 높은 체계성을 지닌 교육정책은 두말할 나위 없이 근본적인 회의의 대상인 것이다. 즉 인간 교육의 무용함과 부질없음을 기반하고 있기 때문에, 일체의 교육정책을 제도화하려는 시도를 부정하고 어떤 정책이든지 사상누각으로 간주할 수밖에 없다는 입장이다.

교육정책에 대한 이와 같은 극단적인 입장에 대하여 다음과 같은 반론이 가능할 것 같다. 한 인간이 성장하고 성숙해 가는 과정은 시행착오를 겪기 때문에 순탄하지 않다. 인생도정은 스스로 고민해야 하는 처지, 선택의 기로에서 번민하는 경우의 연속이다. 그리고 인간이 다른 고등생명체와 크게 다른 점은, 인간은 태어나서 다른 인간의 보살핌을 장기간 필요로 한다는 것이다. 이처럼 연약한 인간유기체의 개별적·집단적 시행착오를 줄이는 돌봄의 과정이 진화하여 사회화의 과정이 출현하였다. 또 이 사회화 과정이 조금 더 문명화함으로써 교육제도라는 일종의 사회적 행위체계를 초래한 것이다. 사실 교육하는 행위를 전문화하여 조직한 것이 학교이고, 이러한 학교에 다니는 것은 소수의 인간부터 누릴 수 있던 특권이었다. 이 소수의 특권을 제한하고 한정하는 방법의 하나가 다수에게 그 특권을 공유하도록 학교를 개방하는 일인데, 그 가능성을 위해 민주주의 국가는 국민 대중을 위한 교육정책을 등장시킨 것이다. 이른바 '균등한 교육기회'의 보장 정책이 대중교육화를 실현시킨 것이다.

이렇게 본다면, 교육하는 행위에서 특권 자체를 무화無化하는 것이 교육정책의 취지이다.[40] 교육하는 행위 자체를 거부해서도 안 되거니와 그 관련 특권을 지양하려는 교육정책을 부인해서도 곤란하다. 따라서 노자의 '인위' 개념을 교육하는 행위와 그 정책에다 적용하기보다는, 특권이라는 인간사회의 관계적 속성에서 파생한, 평가하는 행위에 대하여 적용하는 것이 더 타당할 수 있다(김규원 2016). 해체주의에서의 '해체' 역시 바로 이 평가하는 행위를 해체하는 것을 의미할 수 있다. 어느 가치가 더 낫고 옳으며, 존속 가능한지를 판단하고 비교해서 평가하는 행위가 근원적인 문제인 것이다. 즉 해체의 대상은 평가하는 행위이지 교육하는 행위일 수는 없다. 물론 더 따지고 든다면 "교육을 구성하는 핵심적 요소가 평가이다."라는 반론이 가능하다. 하지만 이 반론을 수긍하기 위해서라도 교사와 학생 간의 공정하고 공평한 의사소통 관계에서 교육적 평가에 대한 성찰을 일상화하는 일이 더욱더 중요하다.[41] 이것이 바로 이 시대에 필요한 교육현장에서의 혁신적 변화 요체이다. 그러므로 아무리 양보하더라도, 현실사회에서 파기하고 해체해야 할 대상은, 교육이나 평가 행위 그 자체가 아니라, 교육이라는 미명 아래 평가하는 행위를 통해 재생산되는 특권 유지와 특혜 형성인 것이다.

---

40) 시장원리에 의해 '기울어진 운동장'을 다시 균형 상태로 바로잡는 일이 정부의 역할인 정책적 개입이다.

41) 자기 성찰은 타인과의 관계형성에서 일방적으로 자신의 평가권(評價權)을 행사한 것에 대한 자기 반성을 포함한다.

제3부 바람직한 교육 정책을 위한 제안

교육문제와 교육정책은, 사회변화에 기인하고 새로운 패러다임 등장으로 인해 부각되지만, 최종적으로 사회구성원들의 승인 절차에 의해 구성되고 설정된다. 다시 말해서, 어느 누가 "이것이 교육문제이다."라고 주장한다 해서, 곧바로 다른 사람들도 그렇게 인정하지 않는다. 제시된 의제에 해당하는 담론을 형성하여 문제의식을 공유할 경우에 비로소 사회문제로서의 교육문제로 인식한다. 교육정책도 마찬가지로 이러한 사회적 승인 절차를 거쳐야 실현 가능한 형태로 구체화될 수 있다.

본 서를 마무리하는 작업의 일환으로 제3부는 새로운 교육 패러다임의 전개에 따라 우리나라가 직면한 교육문제 가운데 두 가지 의제를 중심으로, 이를 풀어갈 바람직한 정책 방향이 무엇인지를 논의하고 있다. 인재 육성과 대학 관련 평가에 관하여 논란의 여지가 있겠지만, 예시적 차원에서 그 정책 방향에 관한 화두 성격의 시론을 제시한다.

먼저 우리나라는 지금 인재에 대한 갈망과 실망이 교차하는 소용돌이에 빠져 있다고 진단할 수 있다. 창의적이고 도덕적인 인재를 키우고자 애쓰는 한편, 기성 정치인과 사회지도층 인사에 대한 배신감이 크다. 실제로 '갑질' 하는 행태가 비일비재한 현실 속에서, '금수저 흙수저'론과 더불어 젊은이들은 우리나라를 '헬조선'이라고 비하한다. 그래서 지금까지 학교교육을 통해 길러 내고자 한 인재들과는 질이 다른 인재를 어떻게 양성할 것인지에 대한 진지한 고민이 필요하다. 왜냐하면 사회 구조적 모순과 제도적 결함 탓도 있겠지만, 학교가 길러 내고 사회가 인정한 인재들의 잘못도 분명히 있기 때문이다.

다음으로 또 중요한 것은, 학교로 하여금 올바른 인재를 길러 내도록 하는 일이다. 그런데 여기서는 필자의 경험 한계로 인해서 대학 중심으로 바람직한 변화 방향을 짚어 보고자 한다. 가정교육은 물론 이거니와 어린이집, 유아원, 유치원, 초등학교, 중학교, 고등학교 등 고등교육기관 이전 단계의 제도교육의 중요성은 아무리 강조해도 지나침이 없다. 실제로 인성교육 영역은 제도교육 초기 단계에서 가장 중시해야 할 부분이다. 그럼에도 불구하고, 오늘날 고등교육기관인 대학만큼 제자리 찾는 일에 소홀하거나 허둥대는 제도교육은 드물다고 본다. 특히 우리나라는 대학 진학 문제가 끼치는 영향이 지나치게 큰 실태이다. 잘못된 대학서열화 형태가 미치는 악영향이 큰 것이다. 따라서 대학을 대학답게 만드는 일이 무엇보다 시급하다고 본다.

이런 취지에서, 제6장은 앞으로 길러 내어야 하는 인재의 유형이 지금까지 인재상과 다르다는 점을 강조한다. 오늘날 학교교육을 지배하는 인재상은 신자유주의적 경제적 인간관에 기초하고 있다. 그래서 한편으로는 합리적 사익 추구와 다른 한편으로는 사회적 공공성과 공익 추구, 이 양자 사이에 조화를 이룰 수 있는 인간관에 대한 고민을 낳게 한다. 그 해결책으로 경쟁에 기초한 '기능적 효용성'보다는 신뢰에 기초한 '규범적 공공성'을 강조하고, 성과보다는 과정을 더 중시하는 인재교육을 요청한다. 기존의 대입제도 근간을 이룬 '3불 정책' 기조를 바꿔야 할 시점이라고 보면서, '동료추천제' 등의 대안을 찾고자 한다.

제7장은 대학 평가정책을 주목하는데 먼저, 조직 차원에서는 구조개혁 부문을 다룬다. '중앙집권식 분할경쟁' 레짐보다는 '지역분권형 공유협력' 레짐을 구축하는 방향이 바람직하다고 본다. 그리고 구성원 역할 차원에서는 대학의 미래를 바람직한 방향으로 터 잡기 위해서 교수집단의 역할이 가장 중요하다고 본다. 그래서 '동료평가제'와 같이, 개인 실적보다는 소속집단에 대한 기여도를 중시하는 방향으로 교수업적 평가 방식을 변화시켜야 한다고 제언한다.

제6장

바람직한 인재양성 정책을 위하여

교육은 한자어 그대로 가르치고教 키우는育 일이다. 교육을 하는 주체도 인간이고 교육의 대상도 인간이다. 인간이 인간을 가르쳐서 인간답게 자라나게 하는 일이 교육적 행위이다. 이 교육적 행위가 사회적 유의미성을 갖게 되는 것은 그 행위의 결과물인 인재를 양성해 낸다는 데 있다. 그저 한 유기체로 하여금 자신의 욕구를 충족하는 기술과 지식을 습득하게 하는 데 그치지 않고, 다른 사람들에게 도움이 되는 쓸모 있는 인간을 길러 내는 것이다. 이처럼 쓸모 있는 인간을 인재라고 할 수 있다. 결국 유익한 인재를 양성하는 것이 바람직한 교육정책이다. 왜냐하면 사회적으로 기여하고 헌신하는 유용한 인재가 많을수록 좋은 사회가 될 수 있기 때문이다.

그런데 쓸모 있다는 것은 시대나 문화에 따라 사회적 의미가 다를 수 있다. 다시 말해, '바람직한 인재'에 대한 정의가 바뀔 수 있다. 또한 인재에 대한 정의는 동일하더라도 그 양성정책의 잘못된 것을 바로잡는다는 의미에서, 인재양성을 위한 '바람직한 정책'을 새롭게 찾을 수 있다. 엄밀히 따지자면, 인재에 관한 것이든 정책에 관한 것이든, 수식어로서의 바람직하다는 의미 자체도 시대적 상황과 역사적 맥락, 문화적 차이에 따라서 다른 것이 사실이다.

여기서는 바람직하다는 의미를, 곧 쓸모 있음을 뜻하는 바, 오늘날 우리 사회에 필요한 역할기대를 충족시켜 줄 가능성이 크다는 데에서 찾는다. 그래서 '바람직한 인재'의 의미를 찾는 것에 먼저 주안점을 두고서, 그 정책적 의의를 짚어 본 연후에 인재 유형화를 시도하여 바람직한 인재상을 도출하고자 한다. 그러고 난 다음에 이러한 바람직한 인재상에 걸맞은 인재를 양성하기 위하여 요청되는, 즉 '바람직한 정책'의 기본 방향을 논의하고자 한다.

1. 인재상의 정책적 의의

쓸모 있음은 시간과 장소, 위상 등 개별 인간의 처지에 따라서 구체적인 내용이 다르다. 한 가족 내에서 어머니로서 쓸모 있음이 한 직장 내에서 영업부장으로서의 쓸모 있음과 서로 다른 데에서 잘 알 수 있다. 하지만 여러 가지 지위에 따라 기대되는 역할이 다르다 할지라도 전체적으로 그 사람에 대한 평판으로서의 쓸모 있음을 말할 수 있다. 곧 쓸모 있는 인간이라는 표현이 그것이다.

앞서 언급한 대로, 교육은 이러한 쓸모 있는 인간, 곧 인재를 양성하는 일이다. 이 역시 한 사회 안에서 구성원의 처지에 따라 개인별로 구체적인 쓸모 있음은 차이가 난다. 그러나 하나의 집합적 의미에서 쓸모 있음에 대하여 공통적으로 기대하는 이미지를 생각해 낼 수 있다. 이처럼 쓸모 있는 인재의 공통적인 이미지를 인재상이라고 부를 수 있다. 따라서 교육은 다수의 쓸모 있는 인간들을 양성하려는 목적에서 일정한 인재상을 설정하는데, 이 인재상을 여러 단계의 교육과정을 통해 구현하는 제도적 장치의 마련이 교육정책이라고 할 것이다.

그렇다면 우리나라 교육정책은 어떤 인재상을 설정해 놓고 있는가? 제도화의 근거이자 성과인, 법에 적시된 내용이 있다면 무엇인가? 답은 이렇다. 우리나라만큼 좋은 인재상을 법으로 잘 명시해 놓은 국가는 없다고 할 수 있다.

변화해 가는 현실 사회 속에 법의 이념과 정신을 구현하기 위한 정부의 노력이 정책이다. 이렇게 보면, 교육정책은 교육법에 명시된 추상적 내용을 구체화하고 현실화하는 것을 말한다. 흔히 일상적으로 교육법이라고 하면, 교육과 관련된 모든 법률들, 곧 교육 관계 법규들을 통칭하는 편이다. 그러나 엄밀하게 말하면, '교육법'이라는 명칭의 독자적인 법이 1949년 12월 31일 제정된 바 있다. 이 '교육법'은 1997년 12월 13일에 교육 및 교육제도에 관한 기본적 사항을 정한 법률(이른바 '교육기본법')이 제정됨과 동시에 폐지되었는데, 그 이후에 전문가 집단에서는 후자의 교육기본법을 줄여서 교육법이라고 지칭하는 경우가 많다.

아무튼 인재상을 설정한 법 조항은 1949년에 제정한 교육법 제1조인데, 이 조항은 1997년의 교육기본법에서 제2조로 옮겨졌고,[1] 이후 2007년 12월 21일 해당 조항의 전문을 현대적인 의미를 살려 개정하였다. 현행 교육기본법 제2조는 다음과 같다.

---

1) 해당 조항을 개정하기 이전의 내용은 이렇다: "교육은 홍익인간의 이념 아래 모든 국민으로 하여금 인격을 완성하고, 자주적 생활능력과 공민으로서의 자질을 구유하게 하여, 민주국가 발전에 봉사하며 인류공영의 이상 실현에 기여하게 함을 목적으로 한다."

제2조(교육이념) 교육은 홍익인간(弘益人間)의 이념 아래 모든 국민으로 하여금 인격을 도야(陶冶)하고 자주적 생활능력과 민주시민으로서 필요한 자질을 갖추게 함으로써 인간다운 삶을 영위하게 하고 민주국가의 발전과 인류공영(人類共榮)의 이상을 실현하는 데에 이바지하게 함을 목적으로 한다.

이 조항에 따르면, 우리나라의 교육이념은 홍익인간이다. 이 이념을 우리 국민들이 체화하여 나라발전과 인류공영에 이바지하도록 하는 데 교육목적이 있다. 여기서 홍익인간은 바로 인재상이다. 널리 두루 크게 이로움을 행하는 인간이라는 뜻인데, 조금 더 구체적으로는 민주국가 발전과 인류공영에 이바지하는 인재이다. 물론 자주적인 생활과 인간다운 삶을 영위하는 시민이기도 하다. 이 후자의 자질 함양은 모든 인간에게 기본적으로 요구되는 일차적인 교육목표라고 한다면, 널리 두루 크게 쓸모 있는 인간이라는 조금 더 추상수준이 높은 인재상은 궁극적인 교육목표이다.

다시 말해, 인재상은 교육이념과 다르지 않다. 우리나라 교육법에서 제시된 인재상은 홍익인간이다. 그런데 홍익인간은 추상성이 높은 개념이라서 이를 구체적으로 교육정책에 담아 내기가 쉽지 않다. 심지어 이 개념이 『삼국유사』의 단군신화에 근거하여 공허하고 비과학적일 뿐만 아니라 후발국가의 자기민족역사를 과대포장하려는 후진성을 드러낸다는 비판이 제기되곤 하였다. 실제로 1946년 조선교육심의회는 많은 논란 끝에, "우리가 지향해야 할 교육은 흐려진 국가 관념을 강력히 고취하는 민족적 성격을 띤 것이어야 한다."는 취지로 홍익인간을 교육이념으로 선택했던 것이다.[2), 3)] 4년 뒤 대한민국 정부 최초의 교육법을 제정할 때 국회 심의과정에서 홍익인간 교육이념에 대한 문제점이 다시 제기되었으나, 민족정신회복을 교육시책의 최우선 과제로 삼은 초대 문교부장관(1948년 8월~1950년 5월) 안호상 박사의 노력으로 정착되었다.[4)]

일부에서는 홍익인간이 우리나라 교육의 치명적 결함이라는 인식을 버리지 못한다고 하는데, 그 주된 이유는 구미학계에서 통용될 만큼 과학적으로 명증성을 지닌 체계적인 인재관觀과는 거리가 있다고 보기 때문이다. 그러나 세계 어디에도 없는 우리나라만의 고유한 '홍익인간' 정신을 서구 중심의 과학관으로 재단하려는 접근에 쉽게 동의하지 못하는 입장이 더 많고 늘어가는 것 같다. 본 서는 절충적인 관점에서 홍익인간이라는 인재상을 조금 더 분석적으로 조망하기 위하여 인재의 유형화 작업을 시도하고자 한다. 그리하여 홍익인간은 여러 인재 유형들 가운데 하나의 유형에 더 친화성이 높은 개념이라는 판단을 기대하는 것이다.

이러한 유형화 작업은 홍익인간이라는 인재상의 설정을 단순히 교육이념 측면에서만 정당성을 갖추기 위함은 아니다. 그보다는 사회현실에

---

2) "미군정 시절 한국에는 1백 명으로 구성된 교육심의회가 있었고 이 심의회에서 20여 회의 전체회의 끝에 홍익인간을 교육의 근본이념으로 정했던 것이다." 안호상(1996), 『한뫼 안호상 20세기 회고록』, 민족문화출판사.

3) 홍익인간을 교육이념으로 처음 제시한 이는 백낙준(제2대 문교부장관: 1950년 5월~1952년 10월) 박사였는데, 이 조항 이외는 거의 미국과 일본의 관련 법률을 준용한 셈이다. 백낙준은 "교육학적 여러 이론이나 철학적 이론을 내가 말할 수 없지만 홍익인간으로 삼자고 하는 데에는 두 가지 이유가 있다."고 하면서, "사회에 유익한 사람을 만드는 것이 교육의 제1목표요, 배운 사람의 다음 목적은 내 개인을 위하는 것이 아니라 사회복리, 크게 말하면 인간 행복을 위해서 활동한다는 것이 곧 교육을 받는 사람의 목적이다."라며 홍익인간의 의미를 드러내었다. 출처: http://brainmedia.co.kr/brainWorldMedia/ContentView.aspx?contIdx=14630.

4) 출처: http://kr.brainworld.com/brainWorldMedia/ContentView.aspx?contIdx=14672.

서 일상적으로 경험하는 문제를 대처해야 한다는 당위성을 교육정책에서 찾고자 하는 데 있다. 곧 우리 사회에서 인재라는 기득권 집단에 대한 실망과 이를 대체할 새로운 인물들로서의 바람직한 인재에 대한 갈망이 서로 혼란스럽게 교차하는 현실을 직시하려는 것이다. 달리 표현하면, 우리나라의 사회적 리더십 위기를 극복하는 방안을 바람직한 인재양성정책에서 찾아야 할 때라고 본다.

1) 사회적 리더십 위기 진단[5)]

큰 사회변화가 닥칠 적마다 사회위기론이 확산되는 경향이 있다. 지금 우리 사회 역시 위기론이 팽배하다. 주로 정치적 불안정 및 외교관계의 불확실성을 염려하고 경제적 불황과 경기 침체를 우려하는 경우가 많은 편이다. 하지만 사회학적 관점에서 보면, 인재人災에 의한 사건과 사고에서 생기는 불안이 가장 큰 위기의식이다.[6)] 사람에 의해서 발생한 재난, 곧 인재는 자신의 직무를 소홀히 하거나 외면한 담당자를 포함하여 해당 조직 전체 운영에 대한 관리 책임을 지는 리더의 무관심, 무능력, 무책임으로 인해 사회적 위기로 치닫는 것이다.

이렇게 보면, 우리 사회의 위기는 사회적 리더십의 위기라고 진단할 수 있다. 우선 정치권의 리더에 대한 실망감이 팽배하다. 국회 인사청문

---

5) 이 절의 '사회적 리더십 위기 진단'과 '잘못된 인재상 발생 배경'에 대한 기술은, 2016년 12월 14일 South Baylo University의 Han Spirit Institute 정례 세미나에서 필자가 "한국의 사회적 리더십 위기와 인재상의 '오래된 미래': 교육의 역할 변화를 중심으로"라는 제목으로 처음 발표한 내용을 토대로 하고 있다.

6) 현대사회의 특성을 위험사회(a risk society)로 규정한 벡(Ulrich Beck)의 견해를 빌리지 않더라도, 최근 영화 〈판도라〉가 관람객에게 던지는 메시지를 참고할 수 있다. 이 영화에서 우리 사회가 직면한 위기는 리더십의 실종으로 묘사 가능한 인재(人災)에 의해 확산된 것이다.

회에서 낙마하는 지도층 인사들의 자기관리 부족과 인품 결함 및 법률 위반을 들 수 있다. 리더로서 이들의 부적격성은 하나같이 공익보다는 사익을 우선시한 점에서 드러난다. 자녀교육이나 부동산 투기 목적의 위장전입, 국가의무를 소홀히 한 입대면제 등의 병역기피와 과잉소득에 대한 탈세, 교육제도의 허점을 악용한 허위학력이나 학위논문 표절 등은 공인公人으로서의 자격 미달과 함량 부족을 여실히 드러낸 전형적인 사례들이다.[7]

경제계에도 예외 없이 부적절한 리더의 형태가 나타나고 있다. 이른바 '갑질' 행태의 전형적인 사례가 국내 대표 항공사의 '땅콩 회항' 사건이다.[8] 또한 운전기사에 대한 어느 기업회장의 상습적인 폭언과 폭행, 그리고 호텔서비스 직원에 대한 어떤 사업주의 난폭언행뿐만 아니라 감정노동자에 대한 부유층 고객의 막말과 난동 등 부끄러운 사건들이 꼬리에 꼬리를 물고 일어난 것이다. 더군다나 청년실업 문제가 심각한데, 이를 악용한 고용주의 횡포도 적지 않게 알려졌다. 취업면접 시의 모욕적 언사, 인턴이 당하는 굴욕과 노동 착취, 파트타임 청소년 근로자에 대한 최저임금 이하 지불, 임금체불 항의에 대한 보복으로 동전 지급 등은 사회적 리더 이전에 어른으로서의 도리를 망각한 처사이다.[9]

---

7) 낙마는 면하였으나 인사검증 보고서 채택이 거부된 경우에도 보면, 공인으로서 과거 발언의 부적절함, 직무 관련 특혜 대출, 탈세 의혹이나 범칙금 및 과태료 미납, 부동산 다운계약서 작성, 농업 직불금 부당 수령, 음주운전 사고 등이 드러난다.

8) 이 사건뿐만 아니라 이하에서 언급되는 사건들에 대한 상세한 내용은 국내 포털사이트에서 해당 관련어를 검색하면 접근 가능하다.

9) 2016년 10월 말부터 점화된 박근혜 대통령 퇴진 촉구 촛불시위 역시 최순실의 국정농단이라는 초유의 '갑질' 행태에서 촉발된 것으로, 일명 최순실 게이트는 정치·경제·행정·외교·교육·문화·체육 등 전방위적인 '갑질' 사건의 정수를 보여 준다. 시위 구호 가운데 "이게 나라냐?"는 표현은 우리 사회의 위기를 함축하고 있다.

정치와 경제 영역의 리더만 실망을 준 것이 아니다. 시민사회 영역에서도 리더의 몰지각한 처신이 도마에 올랐다. 시민사회단체 저명인사들의 추태에 관한 보도를 살펴보면, 여성 팬에 대한 유명작가의 성희롱 추문, 유명음악인의 공금 지출에서의 부적절한 집행과 처신, 복지시설 관리 성직자 및 활동가의 부정비리와 피수용인 학대 사건 등이 비교적 최근에 나타난 것이다.

사회적 리더로서의 윤리의식을 망각하고 책무성을 상실한 사례는 교육계에서도 예외 없이 발견된다. 대표적으로 대학교수집단에서 발생하는 비윤리적 행태를 지적할 수 있다. 논문 표절이나 대필 등의 연구윤리 위반 행위, 연구원 및 대학원생 연구수당 착복 등의 연구비 집행 부당행위, 비정규직 교수에 대한 배려 부족이나 제자 성추행 등의 인격모욕 행위 등 열거할 수 있는 사례가 적지 않다.

이처럼 사회 각계각층의 리더들이 보여 주는 실망스런 작태로 인하여 우리나라 젊은 세대는 이민을 갈 작정을 할 정도로 '헬조선'을 부르짖고 있는 현실이다. 이른바 '3포 세대'는 이제 '7포 세대'로 진화하고 있다. 절망이 희망을 압도하고 있는 시대를 살고 있는 것이다. 바로 이것이 오늘뿐만 아니라 내일의 우리나라가 떠안고 가야 할 사회위기이다. 고로 이 사회위기를 사회적 리더십의 위기가 야기한 것으로 진단한다.

왜 우리나라는 사회적 리더십의 위기를 낳게 되었는가? 어떻게 해서 지금의 사회위기 상황에 이르게 되었는가?

가장 먼저 제시할 수 있는 답은 돈이 문제라는 것이다. 즉 우리나라가 압축성장으로 자본주의 사회로의 진입이 급격하게 이루어져서 이른바 천민자본주의 형태에서 아직 벗어나지 못한 탓이라고 본다. 이 진단은 그럴싸하지만 현실적인 대안이 별로 없다는 것이 한계점이다. 문제의 원인이라는 자본주의를 해체할 수 있는 뾰족한 수가 보이지 않는다. 계란으로 바위 치기 몇 번 시도하다가 패배주의적 무기력증에 빠지거나, 아니면 남들 문제에 신경 쓸 것 없이 각자도생의 길로 접어들고 마는 것이다. 따라서 이는 정책 부재의 문제를 제기하지 않을 수 없는 답이다.

그다음으로 흔히 듣는 답이 전통적 형태의 공동체의식과 국가에 대한 충성심이 부족한 탓이라는 것이다. 이 진단 역시 정책이라는 처방의 관점에서 보면, 마땅한 대안이 없다는 점에서 한계를 드러낸다. 전통사회로의 회귀는 불가능하고 국가주의적인 공동체의식을 복원하는 일도 현실적이지 않다. 일부 풀뿌리 운동가들이 '작은 마을 만들기' 사업 등을 통해서 새로운 시민 유대감을 고취하려고 노력하고 있는데, 기득권 세력을 포획하는 데까지 미치기에는 요원한 실태이다. 일부 청년들은 현실 사회에서 겪는 가족해체나 치열한 경쟁관계에 벗어나기 위하여 신흥종교를 비롯한 종교 집단에 귀의하여 공동체 소속감을 얻는 경우도 있으나, 현실 개혁을 위한 참여와는 거리를 두는 형태이다. 아무튼 이 답에 근거한 정책은 실종 상태인 셈이다.

마지막으로 떠올릴 수 있는 답이 이 장의 주제와 연관된 것인데, 그동안 학교교육을 통한 인재양성을 잘못해 온 탓이라는 것이다. 이 진단에서 다행한 점은 정부정책을 통해서 해결책을 강구할 수 있다는 데 있다. 여태까지 잘못된 인재를 양성한 것이 문제의 원인인 만큼, 이제부터 올바른 인재상을 설정하고 그에 걸맞은 새로운 인재를 양성하기 위하여 제도교육의 혁신을 추진해 가면 해결의 실마리를 쥘 수 있는 것이다. 새 술은 새 부대에 담아야 하듯이, 새로운 시대에는 새로운 인재가 주역이 되도록 새로운 학교교육으로 인재를 양성해야 바람직하다.

2) 잘못된 인재상 발생 배경

우리나라 사회위기는 사회적 리더십의 위기이고, 이 사회적 리더십 위기는 잘못된 인재를 양성한 데에서 야기된 것이며, 또 이 잘못된 인재는 결국 잘못된 인재상에서 초래된 것으로 본다면, 다시 의문 하나가 생긴다. 즉 우리나라 교육이념인 홍익인간과는 거리가 먼, 잘못된 인재상이 왜 출현했는가에 대한 궁금증이다.

지금의 잘못된 인재상의 발생 배경은 편향적 관점에 의한 편파적 질문 제기에서 찾을 수 있다고 본다. 표현상 미묘한 차이는 있겠지만 우리 사회를 지배해 온 질문은 이렇다: "사회가 필요로 하는 인력이나 국가가 요구하는 인재는 어떠하며, 또 이들을 학교에서 어떻게 키워 낼 것인가?"

이 질문에 함축된 인재상은 국가주의적 관점에서 설정된 것으로 파악할 수 있다. 우리나라에서 국가주의적 관점은, 근대화 초기에 경제성장을 위한 국민동원체제의 구축을 겨냥한 '국민교육헌장'에 잘 반영되어 있다. 곧 "우리는 민족중흥의 역사적 사명을 띠고 이 땅에 태어났다."로 시작되는 내용인데, 여기서 인재상은 민족과 국가를 위해 헌신하는 개인으로 한정된다. 이즈음 민족중흥은 국가발전이고 국가발전은 경제성장이라는 등식이 형성되었다. 부존자원이 희박한 환경에서 수출산업 주도형 경제성장은 주로 노동력의 생산성에 의존하였는데, 노동시장에서 '교육열'에 기인한 생산성 높은 근로자의 공급 과잉은 저임금을 초래하여 세계시장에서 상품가격 경쟁력을 확보하는 데 크게 기여하였던 것이다. 게다가 인력수급은 신고전파 경제학의 관점에서 조절 정책이 가동되었는데, 설령 공급 과잉 현상으로 나타난 고학력 실업자 문제 역시 정부의 잘못이 아니라 당사자 개인의 탓으로 돌릴 수 있었다. 이른바 '희생자 탓하기blaming the victim' 프레임에 따르면, 미취업 등 시장에서 실패하는 것은 실력이나 정보 부족 등 해당 개인의 재능과 노력에 따른 결과이므로 당사자에게 귀책사유가 있는 것으로 간주한다. 출신학교와 개인 당사자 및 부모의 책임으로 치부해 버리는 것이다.

이렇게 보면, 잘못된 인재상은 그 당시 시대적 요청이라는 정치적 구실로 등장하고 갖가지 경제성장 정책에 의해 우리 사회에 자리 잡은 셈이다. 홍익인간이라는 교육이념을 정치경제적 목적에 따라 너무 한쪽으로만 치우친 인재상으로 변질시킨 것이다. 다시 말해서, 널리 두루 크게 이로운 인재상에서 오로지 국가발전과 경제성장에 필요한 부속품 내지는 소모품으로서의 쓸모 있는 인재상으로 전락게 한 것이다. 인재양성을 위한 잘못된 질문이 잘못된 인재상을 낳고 말았다.

이런 까닭에 우리는 새로운 질문을 설정할 필요가 있다. 너무 한쪽으로만 치우친 인재상을 조금이라도 균형 잡힌 인재상으로 끌어당길 수 있는 질문을 지금과는 정반대의 각도에서 제기해 볼 수 있다. 이는 헌법에서 보장한 국민 개인의 행복추구권을 인정하고, 개인의 잠재력 개발을 극대화하는 책임이 해당 개인보다는 사회와 국가에게 있음을 분명히 하는 질문이다. 예컨대, "앞으로 교육은 어떤 부류의 인재를 키워 낼 것인가?" 또는 "앞으로 무슨 인재를 학교가 어떻게 양성해 낼 것인가?"와 같은 질문이 필요하다. 이 질문은 결국 우리가 "어떤 학교교육이 바람직하고, 이를 어떻게 만들어 갈 것인가?"라는 질문까지 포괄한다. 이러한 질문들은 교육의 근본이유와 학교의 존재방식을 성찰하게 하는 아주 규범적이고 도전적인 성격을 띤 것이다. 규범적이기에 전문가 집단 사이에 논란과 논쟁을 유발하고, 도전적이기에 기득권의 반발과 저항을 촉발할 가능성이 크다. 하지만 역설적으로, 잘못된 인재상에 근거한 사회적 리더십의 위기 진단은 이러한 규범적이고 도전적인 질문의 파장으로 인해 공명의 힘이 더 증폭되기를 기대한다. 새로운 인재상 설정을 바람직한 인재양성정책의 출발점으로 삼은 이유가 여기에 있다고 할 것이다.

2. 인재상의 변화와 유형[10)]

새로운 인재상 설정은 알다시피 지금의 주류 인재상의 독점적 지배로 인해 결코 만만치 않은 일이다. 정치적 목적과 경제적 이유에 의해 포획된 학교교육에서 지금까지와 다른 인재상을 접목하는 일이 쉽다면 오히려 이상할 것이다. 이러한 현실적인 여건 이외에도 새로운 인재상의 정립에는 난점이 숨어 있다. 그런즉 바람직한 인재 유형을 찾기 위한 인재상 유형화 작업에 앞서서 먼저 인재상 정립과 관련된 어려운 면을 살펴보고자 한다.

1) 인재상 정립의 난점

첫째, 인재의 개념 규정에 대한 합의가 어렵다. 왜냐하면 인재의 정의는 변화 시기에 따른 사회적 수요에 의해 결정되는, 즉 사회적 세력관계의 산물이라서 합의절차가 생략되기 쉽기 때문이다.

물론 인류보편적인 가치를 두루 함양한 '이상형적 인간an idealistic type of human being'에 대한 동경을 포기할 이유는 없지만,[11)] 지식의 존재구속성을 인정할 수 있듯이, 바람직한 인재상에 대한 사회적 수요 역시 시대마다 사회마다 변한다고 볼 수 있다. 더군다나 학교교육을 통해 양성하

10) 이하의 내용은 필자의 논문 「미래의 대학교육과 인재상: 인재교육 레짐을 위한 담론」(2015)에서 많이 발췌한 것이다.

11) 이러한 동경은 종종 시나 소설, 연극과 영화, 음악과 회화 등의 창조적 소재가 된다. 특히 사춘기 시절에 사랑하는 연인을 이상형으로 형상화하는 것을 결코 통속적인 문제로 치부할 수 없다고 본다.

려는 인재상은 해당 개별 학교의 설립목적과 이념정신에 따라 달라질 수밖에 없다. 특히 대학은 저마다 나름대로의 독자적인 인재상을 갖는 것이 당연하다는 데 이론의 여지가 없다.

대학을 언급한 이 지점에서 더욱 어려운 문제를 추가한다면, 오늘날 자주 언급되는 창의력, 도덕적 인성, 전문역량 등의 개념들이 화자에 따라 서로 다른 내용과 의미를 지닌다는 점이다. 공통된 기호체계인 랑그langue에 의하여 동일한 기표(시니피앙: signifiant)를 공유하지만, 사람들은 각자의 발화행위를 통하여 생성된 파롤parole에 의해 상호 간에 공유 불가능한 기의(시니피에: signifier)로 인하여 소통불능을 초래할 수 있다는 것이다. 특히 포스트모더니즘의 관점에서는 차이의 인정이 무엇보다도 중요한 만큼, 지식 레짐을 포함한 일체의 전체주의적 요소를 해체하려는 시도가 특징이기에, 비록 한 대학이라도 하나의 인재상을 설정하는 일 자체를 수용하기 힘들 성싶다. 그렇다면 현실을 불확실성의 미궁에서 탈출시키려는 교육적 행위는 무슨 소용이 있는지에 관해 끊임없이 회의하게 만드는 셈이다. 결국 극단적인 지식 상대주의는 지적 허무주의에 접속하고 말게 될 터이다.

따라서 본 서에서 취하고자 하는 입장은, 교육이라는 원초적 행위목적은 의도성에 있고, 그 의도성을 체계화하고 고도로 조직화한 문명의 한 장르가 대학교육이라는 것이다(DeNicola 2012). 비록 근대 이후 대학교육의 주류를 형성한 것은 자기 이익 추구를 위한 강자의 의도성이었음을 인정한다고 할지라도, 여전히 자기 이익보다는 공공선과 타자를 위한 헌신을 자기정체성으로 삼은 사람들이 교육적 행위의 정당성을 축적하는 데 더 많은 기여를 했다는 점을 주목하는 입장이다. 그런 만큼, 제도교육을 부정하는 탈학교론이나 지식허무주의에 입각한 교육무용론에 눈길을 주지 않은 채, 곧장 대학교육의 가치와 의의를 존중하면서 동시에 사회적 기능을 수행하는 단위조직체로서의 대학 위상을 수용하는 입장을 취하려는 것이다.

근대주의적 이분법적 논의에서 흔히 제기되었던 질문은, 대학교육을 통해 양성하려는 인재가 '전문직업인이냐 고급교양인이냐'의 선택지이다.[12] 이런 구도에서 슬며시 빠져나오는 접근방식은, 학문 융·복합의 탈현대시대 대학교육은 마치 뫼비우스 띠와 같은 형태라서 한쪽으로 열심히 고급교양인을 키우다 보면 어느새 전문직업인을 키우게 되는 것이고, 또 전문직업인을 제대로 키우려고 애쓰다 보면 고급교양인을 키우는 것이라는 견해이다. 사실 오늘날 일각에서 주문하는 'T' 자형 인재상에 따르면, 깊은 우물을 파려면 먼저 넓게 파 들어가야 한다는 이치처럼, 폭넓은 교양교육과 기초교육이 나중에 전공심화교육을 위해 필요하다고 본다. 하지만 현실적인 문제는 한정된 자원과 제한된 시간 때문에, 그 넓음과 깊음의 균형점을 어디에 두는가 하는 것이다. 여기서 언급하고 싶은 점은 그 균형점 선택의 방식이 과거로부터의 관행에 의해 대부분 4년제 대학이 1년간의 교양교육에다가 3년간의 전공교육이라는 형태로, 전공을 불문하고 획일적으로 확정하거나 개인의 진로계획을 무시하고 일률적으로 적용하는 것은 바람직하지 않다는 것이다. 더욱이 새로운 관행을 도입하더라도 그 요구가 기업이익 추구 등 자본주의 시장경제의 논리를 추종한 것이라면 대학교육의 파행은 불가피한 일이 될 줄 안다.[13]

12) 참고로, 뒤에서 다루어지는 인재상에 관한 이념형적 분류 기준에서, 전문직업인은 기능적 효용성을 중시한 경우이고, 고급교양인은 규범적 공공성을 주목한 인재상에 가깝다고 할 것이다.

13) 비근한 예로서, 최소전공인정학점제도의 시행을 강제함으로써 대학 교과과정을 포함한 전반

둘째, 인재에 대한 개념합의가 있더라도 필요한 시기에 해당 인재의 적확한 양성이 어렵다. 왜냐하면 사회적 수요의 변화를 미리 예측하기 힘들고, 게다가 의도하지 않은 결과를 빚어 낼 우려가 상존하기 때문이다.

사회적으로 요청되는 인재상은 시기별로 다를 수 있다. 예컨대, 전쟁 시기에는 방어와 승리를 위하여 자기 목숨을 기꺼이 헌신한 애국전사가 바람직한 인재일 수 있으며, 산업화 시기에는 산업기술을 비롯한 경제적 생산성을 향상시킨 전문인력을 우수한 인재로 볼 것이다. 독재와 부정부패가 만연한 암울한 시기에는 정치민주화를 위하여 용기를 보여 준 재야활동가 역시 시대가 요청하는 인재상일 수 있다. 또한 국제교역과 지역 간 협력이 중요한 시기에는 외교통상 전문인력이 국가적 인재로 주목받기도 한다. 그리고 일자리 창출이 힘든 시기엔 블루오션을 개척한 창업자들이 새로운 인재라고 해도 과언이 아닐 줄 안다.

그런데 사후적 차원에서는 어떤 인물 유형이 그 시대 요청이나 사회적 수요에 부합하였는가를 판단하는 일이 비교적 용이하지만,[14] 앞으로 닥칠 상황이 불확실하고 불투명한 시점에서 교육을 통해 사전에 어떤 특정 부류의 인재들을 미리 선택적으로 양성해 두기란 매우 어려운 일이다.[15] 그런 만큼, 앞에서 강조한 바 있듯이, 어떤 인재를 양성할 것

적인 학사과정의 파행을 조장했던 일을 들 수 있다. 기업체에 의한 또 다른 학사과정의 파행은, 대졸예정자를 대상으로 하는 입사시험과 합격자 대상의 신입사원 오리엔테이션 등으로 인하여 4학년 마지막 학기에 실제로 강의에 출석하지 않고도 학점을 취득하는 관행이 대학가에 자리 잡은 것이다.

14) 특히 인재양성을 제도적으로 관리하는 정부의 이념적 가치와 상충 배치되는 인물을, 그 정부의 존속 기간에서만큼은 결코 인재라고 규정하지 않을 것이다. 그 대표적인 예로, 독재정권 시기에 민주화운동 세력의 대학생 지도층을 탄압한 것을 들 수 있다.

15) 빌 게이츠나 스티브 잡스처럼 지식기반경제 시대의 걸출한 인재들을 대학교육이 체계적으로 양성하지 않았음은 주지의 사실이다.

인가는 해당 대학 구성원들의 의지와 노력에 달린 문제라는 접근이 필요하다. 막스 베버의 견해처럼 '의도하지 않은 결과'라는 변수가 사회적 행위의 실천에서 작동하기 때문에, 실제 교육현장에서는 제한된 합리성 bounded rationality의 범위 안에서의 의도성을 강조할 따름이다.

미래의 인재상을 그려 내는 작업은, 결국 사회변화를 가정하고 그 변화를 지금보다 더 나은 방향으로 주도하거나 적어도 그 변화에 잘 적응하는 사람을 인재로 설정하는 일이다. 이렇게 보면, 개인의 고유한 특성이나 자질을 중심으로 접근하기보다는 사회적 역할의 충족 가능성을 기준으로 인재를 규정하는 것이 더 현실적이라고 본다.[16] 설혹 개인 특질 중심으로 인재상을 설정한다고 하더라도 앞서 언급한 바 있듯이, 그 기의는 시대적 요구와 사회적 수요에 따라 다른 의미를 띠게 마련이다. 아무튼 여기서 염두에 두고자 하는 점은 인간 안에 원래 내재한 잠재력이 교육을 통해 온전히 계발되어 실천적 행위로 드러날 때, 적어도 가시적인 성과는 없더라도 그 행위의 일관된 지향성이 드러날 때, 곧 사회적 평가와 인정에 의하여 비로소 인재로서의 가치와 의미를 지닌다고 보는 것이다. 다시 말해서, 개인의 특질 위주로 인재를 규정하든, 아니면 사회적 역할 충족 여부로 인재를 규정하든, 교육받기 이전의 상태만으로는 인재가 발굴되기 무척 어렵다는 것이다. 그러므로 '인재양성'이라는 표현 자체가 인위적이고 의도적인 교육과정을 포함할 뿐만 아니라 인재상 부합 여부에 관한 사회적 승인을 함축한다고 본다.

---

16) 개인의 특질 중심으로 인재를 규정하는 대표적인 사례가 '창의적이고 자율적이며 도덕적인 인간 양성'이라는 기치이다. 이러한 인간상은 근대화 초창기부터 지금까지 강조되고 있는데, 이는 원론적으로 인간의 인격적 완성을 기하려는 교육적 노력이 초등학교 수준부터 고등교육기관에 이르기까지 공통적이고 보편적인 데 기인하는 문제라고 본다.

셋째, 인재양성을 위한 학교교육 프로그램이 마련되더라도 독자적인 제도화가 지속적으로 자리 잡기 힘들다. 왜냐하면 외부로부터의 지원은 고사하고 간섭을 배제할 만큼의 힘과 여유가 교육자에게 주어져 있지 않기 때문이다.

오늘날 세계화 시대, 신자유주의의 영향으로 인해, 대학 구성원의 의지와 자구적인 노력을 좌절시키는 외부로부터의 압력 또한 만만치 않은 실정이다. 좀 더 구체적으로 언급하면, 특히 최근 우리나라의 경우, 대학 외부에서 제공하는 각종 재정지원 사업을 신청할 자격요건을 갖추고, 또 선정 이후의 대학평가 때문에, 지원받은 사업 수행에 몰입하지 않을 수 없기에 인재상에 따른 독자적인 교육목표 설정과 실행프로그램에 대한 자율적인 운영이 어려운 현실이다. 물론 외부지원사업이 유도하고 권장하는, 대학교육에서 양성하기를 기대하는 인재상이 없지 않다. 실제로는, 없는 것이 아니라 오히려 그 반대로, 무정형적인 유령 같은 형상이지만 일체의 다른 인재상들을 배제해 버리는 강력한 영향력을 행사하고 있다. 그러므로 미래의 인재상을 설정함에 있어서도 그 인재상이 가장 유력한 대안이 될 개연성이 많다. 그런데 앞 절에서 지적한 바대로, 문제는 그 인재상이 편향되고 편협적인 인간관에 기초하고 있다는 점이다.

오늘날 우리나라 학교교육의 인재상을 지배하는 패러다임은 신자유주의적 경제적 인간관이다. 이 인간관은 신고전파 경제학의 이론적 모델이 된 한계효용학파와 그 사상적 연원이 된 공리주의 철학에서 파생한 것이다. 공리주의는 인간 행위의 윤리적 기초를 개인의 이익과 쾌락의 추구에 둔다. 이에 따라, 무엇이 이익인가를 결정하는 기준은 개인의 쾌락과 행복이 되며, "도덕은 최대 다수의 최대 행복을 목적으로 한다."

라고 주장한다.[17] 이 사상은 근대 시민사회의 윤리적 기준이 되었을 뿐만 아니라 영국 고전경제학의 사상적 기초와 자본주의 질서 구축의 토대가 되었다. 특히 개개인의 사익추구에 기초한 합리적인 선택이 사회 전체의 효용을 극대화한다는 '보이지 않는 손'의 마법으로서, 시장만능주의를 낳는 계기가 되었다. 또한 시장의 가격결정 기제에 대한 한계효용체감의 법칙을 통하여 이러한 합리적 경제인상을 확립하게 된 신고전파 경제학이 출범하여 오늘날에 이르러 가장 지배적인 경제 이론 패러다임의 위상을 차지하고 있다.

그러나 공리주의의 제1원리인 개개인의 사익추구가, '보이지 않는 손'의 작용에 기대어도, 공익 보장과 직결되지 않고 오히려 많은 경우에 배치되는 현실임을 알 수 있다. 공리주의에서 도덕의 최고원리가 개인의 쾌락인바, 이에 바탕을 둔 개인적인 이익의 우선적 추구는 사회적인 공익과 복리를 담보하는 일과 상충하기 십상이다. 따라서 합리적 사익 추구와 사회적 공공성 및 공익의 추구 사이에 조화를 이룰 수 있는 인간관에 대한 고민이 필연적으로 생겨나는 것이다. 공리주의적인 개인주의를 근원으로 하는 경제적 인간관뿐만 아니라 그에 기초한 신자유주의적 인재상을 극복하는 것이 앞으로의 과제이다.

2) 인재상의 이념형적 범주화

인재에 대한 개념규정의 난맥상과 실행의지에 대한 학내외적 압박요

17) 쾌락은 선이고 고통은 악이라는 전제 아래, 쾌락을 증대하고 고통을 감소시키는 행위는 옳고, 그 반대의 행위는 옳지 않다는 것이다. 벤담(Jeremy Bentham)은 개인들이 각자 자신의 공리를 최대로 추구할 때 그 총계로서 사회 전체의 공리도 최대가 된다고 주장했다. 밀(John Stuart Mill)은 벤담의 쾌락을 질적/정신적 쾌락으로, 벤담 주장의 후반부를 '최대 다수의 최대 행복'이라는 말로 대체했다.

인들을 고려하면서, 학교교육에서 추구하는 인재의 유형에 좀 더 분석적으로 접근하기 위하여, 일종의 이념형적인 틀을 짜 볼 수 있다. 본 서에서는 기존의 인재상들을 이념형적으로 범주화하기 위하여 크게 두 가지 측면을 주목해 보고자 한다.

먼저 인재의 사회적 역할을 규범적 공공성에 두는지 아니면 기능적 효용성에 두는지를 나누어 볼 수 있다. 규범적 공공성은 인재의 쓰임새를 사적인 욕구충족이나 이익추구에서 찾기보다는 인류적 가치실현이나 사회의 공동이익증진에서 찾는 것으로, 한마디로 공익적 활용을 더 중시하는 것이다. 반면에 기능적 효용성은 개인적으로나 사회적으로나 기능적으로 필요한 수요를 충족하는 데 강조점을 두는 것이다. 즉 인재의 쓸모는 주어진 현실 문제를 타개하는 데 실질적인 도움이 되는 실용적 가치에서 찾아진다.

다음으로 인재양성이라는 교육 목표가 수행 과정에 중점을 두는지 아니면 성과로 나타난 결과에 중점을 두는지를 기준 삼을 수 있다.[18] 다시 말해서 학교교육을 통해 양성한 인재의 속성이 지속적인 교육과 수련의 과정에서 발현되는 것으로 보는지, 아니면 교육과 수련의 결과로서의 구체적인 역할 수행성과를 기대하는 것인지를 기준 삼아 구분해 볼 수 있다. 전자는 학교교육 이행 과정에서 드러나는 각자의 잠재력 계발 여부를 강조하고, 해당 인재의 쓸모 있음은 당장의 가시적인 부분보다는 성장의 지향성 여부를 중심으로 판단하는 것이다. 이와 대조적으

18) 홍승표(2012)에 따르면, 자기 바깥의 희소자원을 더 많이 쟁취하기 위해 노력하는 현대적인 삶과는 다르게 자신 안에 살고 있는 '참된 자기'를 깨워서 활동하도록 노력을 기울이는 것을 '마음공부'라고 하는데, 이 마음공부가 불교의 수행, 도교의 수도, 유가의 수신 등과 상통하는 것으로 본다. 여기서 현대적 삶을 결과 중심으로 본다면, 마음공부는 과정 중심에 가까운 것으로 볼 수 있다.

로 후자의 경우에는, 아무리 인재양성 교육을 이수했다 하더라도 예컨대 취업이라는 성과를 나타내지 않으면 그 역할기대를 수행하지 않았기에 인재로 인정받지 못한다. 노동시장에서의 '루저'는 인재가 될 수 없지만, 설혹 제도교육을 받지 않았거나 또는 심지어 진학 단계에서 실패를 반복했다 하더라도 노동시장에서의 '위너'는 인재로 취급받을 수 있는 것이다.

아래 [표 5]는 인재의 사회적 역할 속성과 인재양성 교육의 주안점을 결부시켜, 인재상을 4가지로 유형화해 본 것이다. 공공성-수행 유형, 공공성-성과 유형, 효용성-수행 유형, 그리고 효용성-성과 유형으로 범주화할 수 있다.

[표 5] 인재상의 이념형적 구분과 예시

		인재양성 교육의 주안점	
		수행 과정	성취 결과(성과)
인재의 사회적 역할 속성	규범적 공공성	공공성-수행 유형: 백범의 「나의 소원」	공공성-성과 유형: 율곡의 「만언봉사」
	기능적 효용성	효용성-수행 유형: 김규원(2001)	효용성-성과 유형: 신자유주의적 노동시장의 '위너'

이렇게 4가지 유형의 인재상을 조금 더 구체적으로 설명하기 위해서 각 유형에 해당하는 예를 들어 보겠다.

(1) 공공성-수행 유형의 인재상

공공성-수행 유형 인재상의 대표적인 사례를 백범 선생의 「나의 소원」에서 발췌해 볼 수 있다.

> 내가 원하는 우리 민족의 사업은 결코 세계를 무력으로 정복하거나 경제력으로 지배하려는 것이 아니다. 오직 사랑의 문화, 평화의 문화로 우리 스스로 잘 살고 인류 전체가 의좋게 살도록 하는 일을 하자는 것이다. (중략) 나는 우리나라의 청년남녀가 모두 과거의 조그맣고 좁다란 생각을 버리고, 우리 민족의 **큰 사명에 눈을 떠서 제 마음을 닦고 제 힘을 기르기로 낙을 삼기**를 바란다. 젊은 사람들이 모두 이 정신을 가지고 이 방향으로 힘을 쓸진대 30년이 못 되어 우리 민족은 괄목상대하게 될 것을 나는 확신하는 바이다. (중략) 앞으로는 세계 인류가 모두 우리 민족의 문화를 이렇게 사모하도록 하지 아니하려는가. 나는 **우리의 힘으로, 특히 교육의 힘으로 반드시 이 일이 이루어질 것**을 믿는다.[19]

백범 선생이 언급대상으로 삼은 청년남녀는 오늘날 대학생에 해당하는 연령층이라고 해도 무방할 것이다. 그렇다면 대학교육을 통해 양성하기를 바라는 인재상을 유추해 볼 수 있는데, 백범 선생은 최근 들어 대학교육에서 강조하는 세계적 경쟁력의 전문역량을 갖춘 자를 인재로 보는 것 같지 않다. 오히려 세계화 시대에 걸맞은 안목을 가지고서 우리 민족문화의 위상 제고와 세계평화를 위하여 수양하고 수련하는 것을 행복으로 여기는 사람을 인재로 간주하는 것 같다. 이러한 인재상은 규범적 가치를 실현하고자 하는 사회적 공공성을 앞세우고 있는 것이지, 사회적으로 필요한 어떤 기능을 효율적으로 수행하는 데 역점을 두지 않고 있다. 또한 학교교육은 특정 유형의 인물을 양성하는 것을 목표로 하고 그 결과를 통하여 성패 여부가 가려지는 것이 아니다. 그보다는 일정한 삶의 지향성을 갖도록 하는 데 주안점을 두고서, 그 노력의 과정 자체를

---

19) 김구(1997), 「나의 소원」. 65쪽과 74쪽.(인용문 가운데 굵은 글씨는 필자가 강조한 부분이다.)

의미 있는 것으로 인정하고 있다.[20] 나중에 다시 언급하겠지만, 이러한 공공성-수행 유형의 인재상은 신자유주의적인 인재상을 극복하기 위한 대안적인 인재상으로 가장 유력해 보인다. 왜냐하면, 배움의 결과로 얻는 실용성보다는 배우는 행위 자체를 통해 행복을 추구하기 때문이다.[21]

(2) 공공성-성과 유형의 인재상

공공성-성과 유형의 대표적인 인재상 사례를 율곡 선생의 「만언봉사萬言封事」에서 찾을 수 있다. 지금 우리 사회와는 인재양성의 목표나 방식이 달랐던 조선 중기 때, 율곡 선생은 초야 선비를 4가지 유형으로 범주화해서 인재등용의 기준을 제시하였다. 곧 도명盜名, 염퇴恬退, 은둔隱遁, 유현遺賢이다. 도명은 가장 낮은 급에 속하는 인물군상으로, 이런 유형은 헛된 명예를 추구하여 겉으로는 벼슬을 사양하지만 속으로는 감투쓰기를 바라는 욕망이 큰 사람이다. 그다음 염퇴에 해당하는 인물은 자기 능력의 한계를 고려하여 아예 벼슬길에 나서기를 포기한 사람이다. 은둔은 쌓은 학식과 덕망에도 불구하고 높은 벼슬을 가볍게 보고 청렴하고 고고한 삶을 살아가려는 사람이다. 마지막으로 유현은 율곡 선생이 가장 우선적으로 천거하는 인재상인데, 이들은 도덕적으로 출중하고 자신을 드러내지 않지만 기회가 주어지면 최선을 다해서 능력을 발휘하는 인재이기 때문이다.

---

20) 유승호(2015)는 리처드 세넷의 통찰을 복지시스템에 적용하면서 자기의존이 가능한 성인에게 필요한 재능은 "'위로 올라가기' 위한 재능이 아니라, 자기 스스로에게 의존하며, 서로의 재능을 연결하며, 타인을 존중하고 상호 인정하는 재능"(143쪽)이라고 보았다. 이는 곧 "타인에게 인정을 베풀 수 있는 '반디불적 시민'으로부터 출발"(144쪽)하는 것이다. 이러한 인간상은 공공성-수행 유형의 인재상과 아주 흡사하다.

21) 『논어(論語)』의 '학이시습지(學而時習之) 불역열호(不亦說乎)'를 연상할 수 있다.

율곡 선생 역시 인재양성의 목표를 개인의 이익보다는 사회적인 공익을 위해 개인의 능력을 발휘하도록 하는 데 두었다. 충성을 다해 군왕을 보필하고 정성을 다해 공직을 수행하는 인물이 바람직한 인재라고 본 것이다. 그런데 여기서 인재라는 것은 감투를 쓰고 자기 능력을 증명해야 비로소 사회적 승인의 절차를 마치는 셈이다. 교육이 그 자체로 하나의 수행 과정에서 마무리되면 '초야 선비'에 지나지 않는다. 다시 말해 인재의 판단기준은 '등용'의 기회를 얻어 실제 벼슬길에 나아가서 일정한 성과를 기대한 수준만큼 드러내는 것에 달려 있다. 기대 이하의 실행력을 보이면 인재로 인정받지 못하는 것이다.[22] 해당 인물은 자신의 교육의 결과, 실제 현실에서 기대하는 성과 달성 여부에 따라서 승자와 패자의 갈림길에 놓이는 것이다.

그런데 이 공공성-성과 유형의 인재상이 초래하는 문제점을 잠깐 지적할 필요가 있겠다. 아무리 교육의 의도가 좋고 유용하다고 하더라도, 그것이 성과 지향적일 경우에 해당 개인과 가족은 고통을 당할 확률이 높다는 점이다. 상급학교 진학이나 국가고시 합격, 또는 대기업 취업을 위해서 전개되는 과도한 경쟁은 오로지 남보다 더 나은 결과를 얻어야 좋은 인재라는 강박관념을 초래하는 것이다. 도리어 공공성이라는 가치를 강조하면 할수록 이를 지고의 가치로 교조화教條化함으로써 사회구성원들로 하여금 그 가치실현을 위한 도구화 과정에 더욱더 몰입하게 하고 동시에 가시적인 성과를 통해 자기 신념을 증명하기 위해 물불을 가리지 않게 할 가능성이 있다.[23]

---

22) 누군가 지위에 걸맞은 역할기대에 어긋난 행동을 했을 때, "내가 그 사람을 잘못 보았다!"라고 말하는 것은 옛 어르신들께서 믿었던 '인재'에 대한 실망을 드러내는 방식이었다.

23) 제2차 세계대전이 끝나 갈 무렵 일본의 가미카제 특공대가 이런 사례의 극단을 보여 주었다.

여기서 잠깐, 인재양성 교육의 주안점이 수행 과정에 있든 성취 결과에 있든 상관없이, 인재의 사회적 역할로서 규범적 공공성을 내세우는 인재상에서 발생할 수 있는 예상 문제점을 살펴보기로 한다.

조선 시대의 인재상은 과거제도로 구현되었는데, 주희의 영향으로 팔조목八條目을 중시하였다.[24] 이 팔조목 가운데 격물, 치지, 성의, 정심, 수신은 인재가 되기 위한 수행 및 학습 과정이라고 볼 수 있다. 그리고 제가, 치국, 평천하는 잠재적 인재가 실질적 인재로서 인정받기 위한 역할수행으로, 이른바 '세상에 이름을 남기는 자'는 이 역할기대를 잘 수행한 결과를 남긴 실질적 인재에 한정된다. 그래서 인간 가운데 '출세出世'한 인재는 드문 것이다. 그러다 보니, 도학의 가르침을 완수한 경지에 이른 군자君子나 진인眞人은 이상적인 인재상으로서만 강조된 측면이 없지 않다. 본인이 도학에만 정진하여 벼슬을 하지 않은 경우는 적어도 제자 양성에 힘써서 그 제자들 가운데 누가 높은 관직에 오르면 비로소 이름 있는 선생으로 인정받는 수도 있지만, 대개는 교육기관에서 학문 수행 그 자체만을 강조하지 못했던 것으로 볼 수 있다. 따라서 학문 수행과 벼슬살이가 늘 긴장관계를 조성하는 모순성을 퇴계 선생의 일생에서도 엿볼 수 있다.

이처럼 전통적인 교육에서 내재한 수행과정과 성취결과 사이의 모순성은 인재양성의 공공성에 대한 중대한 결함적 요소 때문이라고 볼 수 있다. 바꾸어 말하면, 인재양성에서 공공성의 가치를 중시한 것은 바람직하였으나, 그 공공성의 기본 대상 영역을 효孝와 충忠이라는 수직적

24) 『대학(大學)』의 근본 정신이 삼강령(三綱領) 팔조목(八條目)이라는 설을 따른 것이다. 삼강령(三綱領)은 명명덕(明明德)·신민(新民)/친민(親民)·지어지선(止於至善)을 말하는데, 신민을 친민으로 보는 설도 있다. 팔조목(八條目)은 격물(格物)·치지(致知)·성의(誠意)·정심(正心)·수신(修身)·제가(齊家)·치국(治國)·평천하(平天下)를 말하는데, 주희가 격물을 추가했다고 보는 것이 정설이다.

인간관계 중심으로 설정함으로써 확장 가능성을 제한한 것이 치명적인 한계점인 것이다. 이는 국가주의적 관점에서는 더할 나위 없이 계승되어야 할 공공성이겠지만,[25] 현대 민주주의 국가에서 수평적 인간관계를 바탕으로 급성장하고 있는 시민사회 영역에서는 더 이상 통할 수 없는 성질의 공공성이다. 이 점은 이미 제가齊家의 측면에서도 더 이상 수직적 인간관계가 통용되지 않는다는 사실에서 잘 알 수 있다.

왜 이런 결함이 과거 전통적 의미의 공공성에서 발생하였는지를 사회학적으로 진단해 보자면 이렇다.

격물, 치지, 성의, 정심, 수신이라는 고되고 진지한 정진을 감내한 잠재적 인재에게 제가는 비교적 용이한 성취 대상이다. 그처럼 수행을 하지 않은, 즉 교육받지 못한 사람들에게도 제가는 그 수준과 범위의 차이가 있겠지만 인간적 본성에서 비교적 자연스럽게 성취 가능한 결과일 수 있다. 그런데 문제는 그다음 단계이다.[26] 제가에서의 중요한 공공적 가치인 효가 그 연장선에서 곧바로 치국의 공공적 가치인 충과 마찰 없이 연결된다고 보는 데 맹점이 존재하는 것이다.[27]

오늘날 현대사회에서는 제가와 치국 사이에 또 하나의 중요한 공공적 가치를 필요로 하는 영역이 있다. 바로 앞서 언급한 시민사회 영역이다.

---

25) 공당인 새누리당 안에서 친박이니 진박이니 하는 파당을 지었던 행위는 과거 군왕에 대한 충성이라는 제한된 공공성을 현대 민주국가에서 그대로 계승한 대표적인 사례이다.

26) 물론 학자에 따라서는 제가, 치국, 평천하를 하나씩 하나씩 이루어 나가는 단계로 해석하지 않고, 어느 시점의 동시적 성과물로 보기도 한다. 그러나 여기서는 단계별로 성취해 가는 것으로 전제하고 있는데, 그 성취의 수준과 범위가 후자 쪽으로 갈수록 높고 넓기 때문이다.

27) 그러나 현실에서는 이 양자의 공공적 가치들이 종종 마찰을 일으킨다. 고향에서 노부모를 모시거나 돌아가신 후 삼년상을 치르는 일과, 관직에 나아가 임금을 섬기고 나랏일인 정사를 돌보는 일은 효와 충이 상충하는 비근한 예이다. 그리고 벼슬길에서 가문의 영달에 필요한 물질적 토대를 마련하는 일과, 비리를 멀리하는 청백리로서 멸사봉공하는 일은 서로 늘 긴장관계에 놓여 있다.

토크빌Alexis de Tocqueville은 미국의 민주주의를 지탱하는 초석이 결사체結社體, associations에 있다고 보았다. 맥이버Robert Morrison MacIver 역시 미국사회는 지역 공동체community 안에 무수한 결사체가 형성되어 민주주의 성장의 토대가 된다고 보았다. 이처럼 민주주의는, 결사체라는 시민들의 자발적인 모임을 바탕으로 민주적인 의사결정을 체험하고 민의를 조직화하여 대변하는 경험에 기초하고 있다. 즉 시민사회 영역의 성장이 가능하려면, 자발적인 조직화의 산물인 결사체의 원활한 작동에 필요한 공공적 가치를 교육하는 일이 중요하다. 이에 필요한 규범적 공공성은 수평적 인간관계 유지와 민주적인 의사소통과정을 중시하는 가치와 연결된다. 다수결의 원칙을 준수하면서도 소수의 의견에 귀 기울이고, 가능한 한 상호 간의 의견을 조율하고 타협하려는 태도가 존중받는다.

이렇게 보면, 우리 전통사회의 공공적 가치가 지닌 한계를 이해할 수 있다.[28] 오늘날 필요한 규범적 공공성은 수평적 인간관계의 조직화와 민주적 의사소통의 일상화 등이다. 따라서 적어도 '수신·제가·치국·평천하'는 '수신·제가·결사·치국·평천하' 또는 '수신·제가·협회·치국·평천하'라는 말로 전환해 봄 직하다. 여기서 결사結社는 앞장서서 뜻을 같이하는 사람들로 하나의 조직을 만드는 일을 뜻하고, 협회協會는 나와 뜻이 다른 남들과 협력하여 모임을 이끌어 가는 것을 의미한다. 결사이든 협회이든 사회 영역에서 공익활동을 하는 역할기대를 지칭하고자 한 것이다. 이처럼 우리나라에서 오늘날 필요한 인재들은 지역사회의 각

---

28) 되풀이하면, 규범적 공공성을 중시한 것은 바람직하였으나 상충적인 가치들로 인하여 군왕과 신료 사이, 신하들 간에는 긴장관계나 대립관계가 상존하는 정치체제였다. 결국 당쟁과 당파가 민주적 의사소통방식으로 조정되지 못하고 때로는 살육과 역모에 의해 수직적 사회관계를 강화하는 형태로 종결되는 문제점을 드러냈던 것이다.

영역에서 앞장서서 조직을 만들거나 남들과 협력하여 모임을 이끌어 가는 역할을 수행하기를 바란다. 시민활동가이든 창업활동가이든 그 역할 수행의 양태는 얼마든지 다양하게 전개될 수 있는 것으로 본다.[29] 여하튼 사회의 공익 증진을 위해서 자신의 역량을 발휘하려는 헌신이 중요할 뿐만 아니라 반드시 필요한 공공적 가치라는 것이다.

(3) 효용성-수행 유형의 인재상

효용성-수행 유형 인재상의 한 예로 필자가 예전에 쓴 글을 인용해 본다.

> 결론적으로, 21세기 정보사회를 주도할 수 있는 인재는 수많은 정보 가운데 필요한 정보를 선택하고, 분석, 종합하여 **새로운 정보를 생산할 수 있는 사람**, 수많은 정보가 날마다 쏟아지는 사회에서 이러한 변화에 적응하고, 스스로 정보를 탐색하며, 적절한 내용을 선택할 수 있는 **자율적인 학습능력을 갖춘 사람**, 그리고 다른 나라, 다른 지역 문화와 생활방식의 차이를 이해하고, 자신의 **문화와 생활방식을 주체적으로 발전시켜 나가는 사람**, 또한 남의 개성을 존중하며, **남과 협력하고 경쟁할 수 있는 사람**인데, (중략) 지금 대학은 이러한 인재를 양성해 낼 것을 요청 받고 있는 것이 현실이다.[30]

29) 수평적 인간관계는 기업경영에서는 팀워크로 표현할 수 있는데, 이러한 팀워크 형태의 조직 운영은 이제 정부기관에 이르기까지 확산되고 있다. 또한 소수자 배려, 기부활동 중시, 자원봉사 참여 등과 같은 민간 영역의 규범적 공공성이 현대사회 전반에 걸쳐 중시되는 추세이다.

30) 김규원(2001), 625-626쪽에서 인용하였다. 이 논문은 2000년 4월 7일 한국사회학회와 한국교육철학회가 공동 주최한 학술회의에서 발표한 내용을 토대로 작성하였는데, 당시 한국사회학회의 대주제는 '21세기의 바람직한 인간상과 국가의 교육책임'이었고, 한국교육철학회의 대주제는 '지식기반사회 대학교육 개혁의 방향'이었다. 필자는 전체 주제의 서론에 해당하는 부분을 집필하였다.(인용문 가운데 굵은 글씨는 여기서 필자가 새로 강조한 부분이다.)

이 인용문에서 짚어 볼 만한 점은, 새로운 환경에 적응하고 사회적 수요에 적합한 역량을 지니고 있는가를 기준으로 인재를 판별한다는 것이다. 즉 인재의 기능적 효용성에 여전히 주목하고 있다. 하지만, 실제 현실에서 그러한 효용적 가치를 실행 결과로 도출했는가 하는 점은 주목의 대상이 아니다. 필요로 하는 인재양성을 위한 교육목표와 수행과정 자체에 대한 주문사항이지, 인재양성 결과에 따라 그 성패를 진단함으로써 곧 구체적인 실천행위의 효용성을 기준으로 인재의 유효성에 대한 사회적 승인을 염두에 둔 것이 아니다. 오늘날의 인재는, 먼 미래사회에서의 성공이나 인정보다는 지금 환경에 적합한 역할 수행을 위한 능력 개발의 노력 과정이 더 중요하다고 보는 것이다.

아무튼 작성된 지 15년이 더 지난 인재상인데, 물론 오늘날 사회보다 더 빠르게 변하겠지만 앞으로 15년 뒤에도 유효한 내용을 담고 있는 듯하다. 이는 사회변화가 예상만큼 빨리 진행되지 않은 이유도 있겠으나, 예측된 시대상황에 따른 사회적 수요에 맞춘 인재양성이 그리 신속하게 추진되지 않은 것도 하나의 이유가 될 성싶다. 하지만 가장 근본적인 이유는 인재상에 대한 해당 구성원들의 합의과정이 결여되어 있을 뿐만 아니라 설령 구체적인 프로그램이 마련된 경우라도 그 정착을 위한 지속적인 실행 노력이 뒤따르지 못했기 때문이라고 할 수 있다.

그런데 이 효용성-수행 유형의 인재상은 인재의 의미를 여전히 실용적 가치의 내면화에 두고 있기 때문에, 그 실현 가능성에 대한 염두를 전제하고 있는 한계를 가진다. 그리고 더 큰 한계점은, 실용적 가치를 담보하는 것은 사익추구를 원천 배제하는 것이 아니라는 사실에 있다. 또한 기능적 효용성 제고는 인간 잠재력 개발의 한 방향은 될 수 있으나, 양성과정에서 기능적 효용성에 대한 성취 수준과 달성 여부를 점검하지 않을 수 없기에, 개별 구성원의 행복 신장과는 일정한 거리를 두고 있다는 것이다.

(4) 효용성-성과 유형의 인재상

효용성-성과 유형은 오늘날 지배적인 형태의 인재상인데, 이는 신자유주의적 시장경제체제에서 널리 주문받고 있는 일종의 고급 노동 상품에 해당한다. 곧 노동시장에서 수요자인 고용주가 원하는 자질과 기술 수준을 갖춘 경쟁력 있는 실력자라야 취업이라는 보상을 받는다. 최고급의 인적자본을 갖춘 상품은 시장에 내놓기도 전에 스카우트되는 경우인데, 이들 소수자만이 진정 인재다운 인재로서 대우를 보장받는 것이 요즘의 시대상황이다. 그런데 각자의 기능적 효용성은 사회적으로 승인받아야 하는 만큼, 제아무리 스펙이 좋아도 시장경쟁에서 탈락하면 아무 소용이 없는 것이 사회문제가 된다. 투자 대비 효과 면에서 효용의 극대화를 보장받는 개인들은 소수에 불과하기 때문에, 기회비용까지 날려 버리는 고학력 실업자들이 점점 더 늘어가는 추세이다.

사회변화 속도가 빠르면 빠를수록 어제의 교육으로 오늘의 수요를 맞추기 어려우며, 오늘의 교육으로 내일의 수요를 맞추는 것이 점점 더 어려워질 수 있다. 시장 수요에 대한 예측이 불투명하고 불확실성이 짙을수록 대학교육과 같이 장기적인 투자는 위험부담이 커진다. 그리고 노동시장에서는 노동공급자보다 노동수요자가 갑의 위치에 설 확률이 더 높다.[31] 실제로 괜찮은 일자리 수보다도 구직자 수가 훨씬 더 많은 것이 후

31) 이 점에 대한 근거로, Durkheim(1984)의 표현을 빌릴 수 있다: "사회의 한 계급이 살아가기 위해서 자신의 서비스에 대해 다른 사람들의 수용을 확보하지 않으면 안 되는 상황에서는 후자가 전자에 대해 주인노릇을 할 수 있는 것이다."(319쪽)(필자 번역).

기산업사회 노동시장의 특징이다. 그래서 취업자와 실업자라는 '위너' 대 '루저'의 제로섬 게임이 전개되고 있으며, 위너는 인재이고 루저는 인재 취급을 받지 못하는 실정이다. 결국 인재는 취업에 성공한 소수에 국한되고 마는 것이다.[32] 그리고 사회적 인정을 받지 못한 다수의 개인들은 실패에 대한 책임을 각자 질 수밖에 없는데, 애초에 충분한 정보수집에 근거한 합리적인 선택을 하지 않은 탓을 다른 누구에게 돌릴 수 없기 때문이다. 신자유주의적 시장의 '보이지 않는 손'은 아무에게나 자비롭지 않고 자신의 이익을 무엇보다 우선시하는 사람들에게만 자비로운 것이다.

이렇게 볼 때, 지금 우리 사회뿐만 아니라 전 세계적으로 지배적인 인재상은 효용성-성과 유형의 인재상임을 알 수 있다. 이러한 유형에서는 공리주의적인 개인주의를 연원으로 하고 희소성의 선택 조건에서 효용 극대화를 목표로 하는, 신고전파 경제학의 자기이익을 합리적으로 추구하는 개인을 인재라고 간주한다. 이런 유형의 인재상은 편협하고 편향된 인간관을 토대로 삼는다는 점에서 비판받고 있다. 오늘날 경제학의 시조인 아담 스미스가 『국부론』에서 인간의 이기심에 기초한 시장의 효능을 주목하기 이전에 『도덕감정론』에서 인간이 지닌 공감 능력에 대해 강조한 것을 다시 환기하고자 하는 학자들이 늘어 가는 이유도, 바로 이러한 비판에 귀 기울일 만하기 때문일 것이다.

3. 인재 판별기준과 선발방식

이 절에서 제기하려는 문제는, 필요한 인재에 대한 공감대 형성이 쉽

32) 이런 점에서 "1명의 인재가 100만 명을 먹여 살린다."는 얘기가 현대판 신화로 성립한다고 믿는다.

지 않은데, 지금 인재양성정책에서 지배적인 인재상이 효용성-성과 유형의 인재상이라는 점이다. 한국사회 위기의 원천을 사회적 리더십 위기에서 찾은 마당에, 그 위기의 진원지를 바로 이 효용성-성과 유형의 인재상이 독점하는 사회체제라고 지목하는 것이다. 그러면 그 대안이 있는가를 살펴볼 필요가 있다.

이미 언급하였듯이 앞 절에서 논의한 4가지 유형의 인재상 가운데, 가장 바람직한 것은 공공성-수행 유형의 인재상이라고 할 수 있다. 이 전제 위에, 이 절에서는 바람직한 인재상의 실현 가능성을 점검하고자 한다. 먼저, 원론적인 수준에서 바람직한 인재상에 따른 인재 판별기준을 설정한 다음에, 바람직한 인재 선발방식을 제안하고자 한다.

1) 바람직한 인재상에 따른 인재 판별기준

바람직한 인재상을 수용하기 위해서는 인재에 대한 일반 인식의 오류를 지적하고 시작하는 것이 필요할 성싶다. 하나는 인재는 원래 희소하다는 고정관념이다. 다른 하나는 인재는 따로 없고 누구든지 인재라는 방임적인 주장이다. 이처럼 인재 판단 기준에 대한 두 가지 극단적 견해 모두 "무대책이 상책이다."라는 시사점을 준다는 의미에서 상호 유사한 발상이라고 볼 수 있다.

전자에 따르면, 인재는 원래 희소하기에 새롭게 양성하여 양적으로 늘어나게 되면 인재로서의 가치가 사라지고 마는 것이다. 그러니까 자질이 없는 사람을 억지로 인재로 키우는 것도 불가능할뿐더러, 인재를 인재답게 대우하기 위해서는 늘 희소한 상태로 두는 것이 좋다. 차라리 당장 유용한 인재를 두루 모집하는 것이 낫지, 나중에 필요할지 모른다고 미래의 인재를 지금부터 장기간 양성한다는 것은 어리석은 짓이다.

사실 오늘날 유수 기업체 가운데 글로벌 기업일수록 다른 나라로부터 인재를 확보하려는 경쟁에 나서고 있는 것이다. 하지만 이런 피상적인 관찰은, 주문식 맞춤형 인재양성을 위해 기업과 대학이 긴밀하게 협력하는 사례를 많이 놓치고 있다. 달리 말하면, 수요가 공급을 창출한다는 시장원리조차 외면하고 있다고 할 것이다.

후자의 경우에는 정반대로, 인재는 특별한 사람들이 아니고 누구든지 인재이기에 별도의 양성 정책을 만들 필요가 없다고 본다. 실제 어떤 사람들은 "자리가 사람을 만든다."고 말한다. 처음부터 모든 일을 잘하는 사람은 없고, 누구든지 특정한 사회적 지위를 갖게 되면 그에 걸맞은 역할을 잘 해낸다는 뜻이다. 이 말을 거꾸로 뒤집어 보면, 인재양성을 특별나게 할 이유가 없는 셈이다. 누구라도 한 자리에 오래 있다 보면 적응해서 맡은 역할을 기대에 크게 어긋나지 않게 해낼 것으로 믿기 때문이다. 그런데 이런 통속적인 말에는 결함이 있다. 현대사회의 많은 자리는 관료제적 성격을 띠고 있기 때문에, 일정한 수련과정과 자격을 갖춘 뒤에 그 경력과 경험이라는 준비상태를 평가받은 뒤에 기회를 엿볼 수 있는 것이다. 특히 효율성이 중시되는 경쟁체제에서는 준비되지 않은 사람을 자리에 앉혀 놓고 마냥 세월이 지나가기를 기다려 줄 수 없는 현실이다.

이와 같이 인재양성의 무용성과 불필요성을 암시하는 양극단의 견해에 귀 기울이지 않고, 여기에서는 바람직한 인재를 양성하기 위한 고민을 가치 있는 활동으로 간주하고자 한다. 현대사회에서 인재양성정책이야말로 학교교육의 실용적 목표라고 인정하는 것이다.

물론 지금까지 어느 사회이든지 인재는 희소성의 가치를 지닌 것으로 여기는 경향이 있다는 점을 부인할 수 없다. 실제로 이런 인식은 아무나 무슨 일이든지 잘하는 것은 아니라는 일상체험에서 우러나온 것이다. 그런 만큼 사회 전체의 발전과 존속에 필요한 역할을 잘 수행할 인재를 더 많이 확보하기 위하여, 작은 조직이든 국가처럼 큰 조직이든, 인재 선발과 양성과정에 지대한 관심을 갖고 세부 지원책을 마련하고 있는 것이 분명한 사실이다. 즉 유용한 인재는 수요에 비해서 늘 희소하기 때문에 그것을 해소하기 위한 양성정책을 시행하지 않을 수 없다는 역설이 성립한다.

반복해서 강조하자면, 예전부터 인재에 대한 일반적인 인식은 시대마다 사회적 기대에 따라 구체적인 범주는 다르지만, 모든 구성원이 인재라는 생각은 거의 없었다고 할 수 있다. 영웅, 위인, 천재, 영재, 엘리트, 스타, 탤런트, 위너 등의 명칭이 암시하듯이, 선별 또는 경쟁이라는 사회적 승인절차를 거치면서 특권을 독점한 소수의 인원에 해당하는 것이 인재였다. 개별 사회는 그 자체의 생존을 위하여 부족주의, 국가주의, 민족주의 등 집합적 전체주의라는 이념적 결속을 도모해 왔는데, 인재는 바로 이러한 사회적 수요와 역할기대를 충족시켜 주던 특별한 사람들이었다. 이러한 인재를 한자로 표기하면 '人才'이다. 그런데 이런 인재는 어떤 사람이 해당 역할을 남보다 훨씬 더 뛰어나게 수행할 것이라 예상하여 정책적·계획적으로 길러 낸 것이 아니다. 사전에 체계적으로 양성한 결과로 맞춤형 인재가 등장한 것이라기보다는 어떤 우연한 계기에 사회적으로 인정할 만한 공적이나 성과를 보여 줌으로써 인재가 발견된 것이다. 다시 말해서 이런 형태의 인재 출현 유형은 사회적 평가에 따른 사후적 승인으로서의 인재상에 해당하는 것이다. 이렇듯이 사후적으로 인재를 등록하는 것은 인류역사에서 오래된 일이다. 한마디로 인재人才는 우연적 발생과 사후적 인정을 특징으로 하고, 그래서 희소한 것으로 인식되어 왔다.

현대사회는 이런 인재상人才像의 연장선에서 효용성-성과 유형의 인재상이 독보적인 위치를 차지하고 있다. 왜냐하면 사회적 기능의 결과로 나타나는 쓸모(실용 practical/유용 useful/효용 utilitarian)의 정도에 따라, 특히 노동시장에서의 성패에 따라 인재 여부가 판가름 난다고 보기 때문이다. 실제로 세계화, 신자유주의, 포스트모더니즘의 영향권에서 벗어나기 어려운 현실이기에, 미래 학교교육에서 어느 인재상이 더 실존 가능성이 있는지를 예측해 보더라도, 지금 지배적인 형태인 효용성-성과 유형의 인재상이라고 결론 내릴 수 있을 것이다.

그런데 이 효용성-성과 유형의 인재상으로는 현대 한국사회의 위기, 특히 사회적 리더십의 위기를 극복하기 힘들어 보인다. 그렇다면 이를 대체할 수 있는 대안적인 인재상을 찾아야 할 터인데, 필자는 바람직한 인재상으로 공공성-수행 유형에 관심의 초점을 두고 싶은 것이다.

그래서 역발상적으로, 앞으로 학교교육에서 필요한 새로운 인재상의 정립은, 인간이라면 누구나 다 쓸모 있는 존재라는 관점에서 출발해 보는 것이다. 물론 이 관점에서 놓치지 말아야 할 전제는, 누구나 쓸모 있을 것이라는 잠재성을 주목하기 때문에 반드시 그 잠재성은 교육과정을 통하여 개발 가능하다고 보는 것이다. 이 역발상은 과거로부터 지금까지의 인재 기준을 특별한 희소성에 두었던 것과 정반대의 극단에서 찾아본 것인데, 여기서의 인재는 한자로 표기하면 '人材'가 된다. 현실적으로 선진국이든 후진국이든 어느 한 사회에서 대학교육까지 받은 사람은 누구나 다 나름대로의 쓸모 있는 인재人材이다(손종현 2014). 이들을 인재로 수용하지 않는 사회는, 정치적 정당성 위기뿐만 아니라 재정적 위기를 피하기 힘들다. 왜냐하면 많은 교육투자에도 불구하고 고학력 인력낭비가 심한 것은 고비용 저효율의 체제이기에 결코 장기간의 작동을 감당하기 어렵기 때문이다.

그러나 인간이면 누구나 다 쓸모 있다는 관점은 새로운 인재 판별기준으로는 여전히 부족하다. 곧 어디 무엇에 쓸모 있는지에 대한 답이 생략되어 있다. 아무래도 쓸모 있음을 누가 대신해서 정해 주는 것은 기능적 효용성이라는 수단적 가치를 낳기 쉽다. 그렇기에 자기 스스로 필요한 일에 대한 쓸모 있음을 우선시하는 것이 중요하다. 교육의 출발점에서의 목적을 자기에게 유용하다는 점에서 찾아야 바람직하다는 것이다. 미리 강조하자면, 자기에게 이로움을 얻기 위해 교육을 받는다는 것이 종착점까지의 목적은 아니다. 만일 그렇게 되면, 자기만족과 쾌락 증진을 위하여 타인의 불행까지 자신의 행복으로 삼을 수 있기 때문이다. 바로 이런 식의 잘못된 교육목적을 원천적으로 배제하는 데 필요한 것이 규범적 공공성의 가치인 것이다. 따라서 교육의 종착점에서의 목적은 자기의 이로움을 다른 사람과 나누고 심지어 더 나아가서는 자기 손해와 희생을 통해 타인의 안전과 행복을 증진하는 데 있다고 보는 것이다.

결론적으로 공공성-수행 유형의 인재상에 부합하는 바람직한 인재를 판가름하는 기준은, 비록 오래되었지만 여전히 새로운 기준인, '행복'이어야 한다고 본다. 오늘날 일반화된 의미에서의 행복의 어원은 희랍어로 'eudaimonia'이다. 이를 영어로 번역하면 'happiness'가 아니라 'flourishing'이라는 견해가 있다.[33] 후자에 대한 우리말 번역이 까다로운데, 필지의 소견으로는 '활약活躍'이라는 한자어를 잠정적으로 사용

33) DeNicola(2012)가 대표적인데, 어원적 의미에 대한 논의는 51-55쪽을 참조하였다. 이에 따르면 'eudaimonia'는 '좋은 운명', '훌륭한 삶'을 뜻한다.

할 수 있지 않나 싶다. 자신의 잠재적인 소양과 자질을 계발하여 적재적소에서 사회적으로 쓸모 있는 역할을 힘차게 수행하는 상태가 지속적으로 유지되는 것을 의미한다. 곧 활약하는 것이 행복인 것이다. 이러한 활약과 행복을 지향하는 인재상에 따르면, 누구나 다 각자의 처지에서 자신의 역량을 마음껏 펼치면서 맡은 바 역할을 당당히 수행하는 사람을 인재라고 판단하는 것이다.

사회학자 뒤르켐은, 현대사회질서 구축에 긴요한 유기적 연대는 구성원들의 사회적 역할 분담에 따른 직업분화 및 전문화를 통해 형성된다고 본다. 이 유기적 연대는 역할 수행을 위한 상호 경쟁보다는 신뢰와 집합의식에 기초한다. '쓸모 있음'에 대한 사회적 평가는 사회질서 형성에 대한 기능적 기여도인데, 이는 오늘날처럼 경쟁에 기초한 '기능적 효용성'을 의미한다기보다는 신뢰에 기초한 '규범적 공공성'을 의미하는 것이다. 기능적 효용성은 거대담론적 차원에서 위로부터의 선별·간택에 의한 소수의 인재人才를 의미하는 쪽에서 '쓸모 있음'을 중시하는 반면에, 규범적 공공성은 생활세계의 차원에서 아래로부터의 동의·공감에 의한 다수의 인재人材를 뜻하는 방향에서 '쓸모 있음'을 중시한다. 전자는 엘리트에 의한, 엘리트를 위한, 엘리트의 인재상人才像이고, 후자는 활약자活躍者, flourisher에 의한, 활약자를 위한, 활약자의 인재상人材像이다.

이제 남은 질문은 현실적으로 효용성-성과 유형의 인재상을 공공성-수행 유형의 인재상으로 대체할 수 있는가이다. 우리나라는 그동안 효용성-성과 유형의 인재상이 지배해 온 탓에, 대학교육뿐만 아니라 초·중등교육과정에서도 소수의 인재를 위한 엘리트 교육을 당연하게 받아들이는 경향이 강했다. 그런 만큼 대학교육마저 다수의 활약자를 위한

인재양성 교육에 주안점을 둔다는 것은 간단한 일이 아니다.[34)]

다행하게도 활약자 교육의 현실 가능성을 엿보게 하는 변화와 조짐이 나타나고 있다. 하나는 세계적으로 전개되는 변화이고 다른 하나는 우리나라 일부 집단에서 발견되는 조짐이다.

최근 제4차 산업혁명에 관한 관심이 치솟고 논의도 뜨겁다. 기존의 많은 일자리가 사물인터넷이나 인공지능기기 등에 의해 대체될 것이기에 진정 인간만이 수행 가능한 새로운 일자리를 찾아야 한다는 주장에 귀 기울이지 않을 수 없다(구본권 2015). 인간의 기억력이나 계산력, 심지어 분석력조차 인공지능의 빅데이터 처리능력에 비하면 보잘것없다. 그런 만큼 암기력에 의존한 시험 평가나 반복학습은 지양되어야 마땅하다. 비판적 성찰력과 도덕적 판단력은 여전히 우리 인간이 만물의 영장으로서 공공적 책무를 수행하는 데 고유하면서도 귀중한 자산이다. 이러한 자산을 활용하는 일자리를 만들고, 그에 적합한 자질을 갖춘 인재의 양성이 절실히 필요한 것이다(조벽 2011). 고역의 생산노동과 굴욕의 용역노동에서 벗어나서 기본적인 생활수준이 보장되는 복지국가체제에서는, 대다수 국민은 일상생활 가운데 타인의 행복을 방해하거나 제한하지 않는 범위 안에서 자신의 행복 신장을 추구하는 것이 가능한 사회이기를 기대한다. 다른 사람과 비교되지 않고 누구나 자신의 잠재력을 발양하는 것이 활약일진대, 교육을 통하여 이러한 활약을 일상화하는 나라가 바로 21세기형 선진국이라고 할 것이다.

---

34) 미래 세대의 교육을 담당할 교원 양성부터 변화가 필요하다. 그런데 사범대학과 교육대학교에서 양성하는 예비 교사들이 이미 엘리트 출신이고, 게다가 이 엘리트 학생들을 교육하는 대학교수들은 엘리트 중에 엘리트이다. 이처럼 소수의 엘리트 양성 패러다임의 주인공들의 반발과 저항 없이, 다수의 활약자 양성에 적합한 패러다임으로의 전환이 순조롭게 진행될 것으로 예상할 수 없다.

우리 국민은 그동안 속도 경쟁을 추구하면서 인생 방향을 놓치는 바람에, 삶의 질과 정신적 가치를 상실하는 뼈아픈 경험을 해 온 셈이다(이만열 2016). 그런데 최근 들어 젊은 층에서 예전에는 잘 볼 수 없었던 새로운 조짐이 나타나고 있다. 곧 신세대 학생들은 자신의 행복 추구를 위해, 입학성적에 맞춰 전공을 선택하기보다는 자기 소질과 취미를 살리는 전공을 선택하는 경향이 높아져 가는 추세이다. 또한 의사직을 포기한 의대졸업생, 대기업에서 자진사퇴한 직장인, 일정한 직업을 갖지 않은 활동가 등 과거엔 드물었던 사례가 점점 늘어가는 상황이다. 앞으로 이 개별적인 선택들을 집단적인 운동으로 승화하는 정책을 강구할 필요가 있다. 적어도 시민사회 영역에서는 새로운 교육운동의 방향으로 자리 잡아 가기를 기대한다.

앞서 지적한 대로, 지금까지 학교교육에서 효용성-성과 유형의 인재상에 의해 양성된 엘리트층에 대한 실망감과 배신감이 일반 국민들 사이에 확산되고 있다. 우리나라 사회적 리더십의 위기 진단에서 밝혔듯이, 국회 인사청문회와 언론 보도를 통해서 접한 사회적 리더들의 부적격성은 하나같이 공익보다는 사익을 우선시한 점에서 잘 드러난다. 이러한 공인公人으로서의 자격 미달과 함량 부족은, 기능적 효용성이 규범적 공공성을 압도하고 시장에서의 성과지상주의가 인생에서의 자기성취과정을 배제해 버린, 편향된 인재교육의 결과이다.

그러므로 우리 사회는 바람직한 인재상에 대한 발상의 전환이 절실히 요청되고 있다. 기능적 효용성과 성과 중심의 소수 인재가 인정받는 시대를 넘어서서, 앞으로는 공공성-수행 중심의 다수 인재가 활약하는 시대로 나아가야 희망을 말할 수 있다고 본다. 사익 추구를 우선시하는 인물보다는 공익 증진에 헌신하는 인물의 풀을 최대한 넓혀 가는 국가적 전략이 필요한 것이다. 한마디로 결론 짓자면, 사회적 리더십의 위기를 극복하고 희망찬 대한민국을 열어 가기 위하여 학교교육의 목표를 공공성-수행 유형의 인재상에다 두고 최대한 다수의 인재를 양성하는 정책을 강구하기를 기대한다.

2) 인재양성을 위한 바람직한 선발방식

우리나라 학부모의 '교육열'은 세계적으로 유명하다. 자식교육을 위해서는 해외이민도 마다하지 않고 가족이산도 기꺼이 받아들인다. 그런데 이 맹렬한 교육열을 분석해 보면 결국 더 좋은 학교, 그것도 명문대학 진학을 위한 것이다. 한국 안에서는 대부분 이른바 'SKY' 대학을 목표로 삼고 있으며, 심지어 한국에서도 알아주는 아이비리그 소속 대학을 포함한 적어도 세계 'TOP 20'에 속하는 유수 대학에 들어가려고 욕심을 낸다. 이 교육열의 긍정적인 효과를 부정할 수는 없지만, 그로 인해 인생살이에서 화상火傷을 입은 개인이나 가족이 적지 않다. 바로 효용성-성과 유형의 인재상을 신봉한 탓에, 언제나 기대에 미치지 못하는 경우가 생기기 마련이기 때문이다. 그리고 설령 기대에 어울리는 지위획득에 성공한 경우에도 고투자에 대한 고보상을 당연시 여기는 엘리트의식에 도취하여, 자기과시와 더불어 보상기대 심리로 인해 사익추구를 우선시하는 성향에서 벗어나기 힘들게 된다. 우리나라의 사회적 리더십 위기는 이처럼 잘못된 인재상 구현을 위한 빗나간 교육투자에서 초래된 것이라고 진단할 수 있다.

이제 처방전을 마련할 때이다. 필자는 공공성-수행 유형의 인재상을 가능한 대안으로 내세웠는데, 이에 걸맞은 인재양성을 위한 바람직한 정책을 찾는 일이 필요하다. 이 일을 찾는 과정에서 지켜야 할 원칙 세

가지는 첫째, 우리 국민들 어느 누구도 참여 기회가 원천 배제되어서는 곤란하다는 것이다. 둘째, 담론 형성에서 주도적인 책임의식은 아무래도 교육을 실제로 담당하는 이해 당사자에게 더 요구되어야 할 것 같다. 특히 정책 입안부터 집행에 이르는 과정에서의 실무적인 책임은 해당 전문가 집단이 더 관심 가져야 할 사항이다. 그리고 셋째, 정책 수용 및 시행 과정에서는 최종 선택을 위한 의사결정권이 학습의욕을 지닌 학생 당사자에게 맡겨져야 할 것이다.

이러한 세 가지 원칙을 앞세우면서, 아래에서는 인재양성을 위한 바람직한 정책 방향을 모색하려는 일종의 화두 성격에 준하는 논의를 제시한다. 곧 여태까지의 교육열은 기대치보다 한정된 교육기회로 인한 과도한 선발 경쟁에서 발생한 것이기에, 선발방식을 바꿔 패자부활의 기회를 열어 주면서 과열 경쟁을 완화하는 정책이 필요하다.

(1) '3불 정책' 기조 유지의 득실

우리나라는 일제 강점기부터 국민교육이 시작되었지만 모든 국민에게 교육기회를 골고루 제공하지는 못하였다. 상급학교 진학을 위한 입시열풍은 해방 이전에도 청소년들에게 고통을 안겨 주었다.[35] 그때나 지금이나 입시제도는 단계별 학교교육에서 인재 선발방식의 유일한 대안으로 자리 잡고 있다. 이른바 '입시지옥' 문제 해결을 위한 중학교 무시험 입학제도가 시행된 이후 초등학교 교육은 입시준비와는 거리를 두게 되었으나, 최근 들어 좋은 대학 진학을 위한 사교육 시장이 유아원

35) 일제 강점기인 1925년 입시낙방으로 고민하다가 자살한 학생의 보도가 나온 것을 보면 그 당시에도 청소년의 입시부담이 얼마나 컸는지 알 수 있다. '입시지옥'이라는 말이 생겨날 정도였다(전봉관 2008).

단계까지 확대일로인 만큼,[36] 대학입학제도가 인재양성에 미치는 영향은 이루 말할 수 없는 지경에 이르렀다. 대학입시 준비기관으로 전락한 고등학교 교육의 비정상화 문제는 이미 공교육의 정상화라는 명목으로 정부정책에 의해 대학 재정지원사업과 연계할 정도로 심각한 현실이다.

이런 까닭에 아래에서는 대학입학제도를 중심으로 인재 선발방식의 개선 방향을 모색하고자 한다.

지금 정부에서 대학입학 관련 정책에서 큰 기조로 삼고 있는 것이 이른바 '3불 정책'이다. 곧 본고사 금지, 고교등급제 금지, 기여입학제 금지이다. 본고사 금지의 사유는 이렇다. 대학별로 출제하는 문제들이 정상적인 고교학력수준을 상회하는 탓에, 학생들이 자신의 진학희망대학 맞춤형 학원수업을 더 열심히 받음으로써 사교육비 부담 상승과 더불어 학교수업을 소홀히 하는 공교육 왜곡 현상을 초래하였기 때문이다. 고교등급제 금지의 이유는 이렇다. 대학이 지원자의 개인 성적만 고려하지 않고 마치 연좌제처럼 출신고교별로 차등화하여 가산점을 부여하게 되면, 자동적으로 고등학교 서열화 현상이 나타날 것이고 이는 다시 중학교 서열화 현상까지 낳게 될 것이므로 기존의 고교평준화 정책에 정면으로 배치되는 결과를 초래하기 때문이다. 기여입학제 금지의 근거는 이렇다. 우리나라는 남북한 분단 상태라서 국민들이 자유 가치 못지않게 평등 가치 실현에 민감한 편이다. 돈이 없다는 이유로, 특히 부모 잘못 만난 탓으로 개인의 능력을 발휘할 기회를 박탈당한다는 것은 우

---

36) 영유아(0~5세의 취학 전 아동)의 사교육비 증가폭이 초·중·고생의 사교육비 증가폭보다 10배 더 크다는 보도가 나온 적이 있다. 국무총리실 육아정책연구소의 「영유아 교육보육비 추정 연구」 자료에 따르면 2014년 해당 규모가 3조 2289억 원으로 전년도(2013년)보다 22%나 늘어난 것으로 나타났다. 출처: http:/www.hani.co.kr/arti/society/schooling/687990.html.

리 사회에서 공분을 불러일으키는 일이다. 그리고 부유층에 대한 선망과 시기는 권력층에 대한 실망 및 원망과 함께 상승작용을 일으켜서 대학입학 기회 자체의 불평등 문제는 사회적 폭발력을 지닌 수준이다.[37] 흔히 하는 말로 돈만 있으면 좋은 대학 골라 들어갈 수 있는 것이 기여입학제인데, 이를 금지한 것은 우리 사회가 아직 '썩어 있지 않다'는 사실을 방증한다고 사람들이 믿기 때문이다.

인재양성을 위한 바람직한 선발방식을 고민하는 지점에서, 이 3불 정책을 먼저 거론한 것은 이 정책이 지닌 시대적 한계를 지적하고 이제는 생각을 바꿔야 할 시점이라고 보기 때문이다. 3불 정책이 지닌 한계를 살펴보면 다음과 같다.

본고사 금지로 얻는 효과가 기대만큼 크지 않다. 고교정상화도 시원찮고 사교육비 경감도 실감나지 않는다. 오히려 정반대로 문제가 악화된 측면이 드러나고 있다. 복잡한 전형방식으로 인하여 대입 전문 상담을 위한 사설 기관이 생겨날 정도로 공교육의 역할이 부정당하고 있으며, 대학수학능력시험(이하 '수능시험'으로 약칭)의 난이도가 사회적 이슈가 될 뿐만 아니라 시험과목 수 증가로 인한 사교육비 부담이 더 늘어난 실정이다.[38] 게다가 전국 공통 기준의 시험 성적 결과는 대학서열의 고착화라는 의도하지 않은 결과까지 빚어낸 셈이다. 이른바 '배치표'에 따라서 대학별로, 또 입학단위별(전공별)로 합격 가능성을 예측하고 있는데, 수험생을 위한 정보 제공이라는 구실로 언론까지 가세하여 대학서열화를 부

---

37) 최순실(서원) 사태의 발화 지점을 구태여 찾자면, 그녀의 딸 정유라(유연)와 관련된 대학입학에서의 불공정성 문제이다.

38) 수능시험의 난이도가 높고 시험과목 수가 늘어날수록 사교육을 받은 학생들이 유리하기 때문이다.

추기고 있다. 따지고 보면, 대학서열화 현상은 바람직한 인재양성을 위한 정책 수단을 강구하는 데 가장 걸림돌이 되는 교육문제이다.[39)]

한편 고교등급제는 부정적 측면이 있으나 긍정적 측면도 없지 않다. 사실 중요한 것은 등급화의 기준과 용도가 무엇이냐에 따라 달리 판단할 수 있는 사안이다. 우리나라의 경우, 고교별 교과목 성적은 학생들의 성취도를 반영하지만 절대평가가 아닌 상대평가 방식으로 인해 대학들은 고교 내신 성적을 불신한다. 그래서 특목고 출신자의 내신 성적이 일반고 출신자의 성적보다 낮더라도 많은 대학에서 더 나은 점수로 인정하는 경향이 있음을 부정할 수 없다. 그리고 수능시험 성적을 더 객관적인 평가 잣대로 간주하는 것도 사실이다. 이렇듯이 사실상 고교등급제가 큰 틀에서는 연좌제처럼 적용되는 현실인데도, 개별 고교의 전국 순위를 매기지 않는다는 선에서 눈감고 넘어가는 실정이다. 미국의 경우는 유수 대학 입학사정관들에 의해 고교등급제가 시행되는데, 저간의 시행착오와 더불어 입학 이후의 경험적 분석을 토대로 하여 고교등급제를 수용하고 있다. 주로 해당 고교의 진학상담교사의 신뢰도에 기반을 둔 고교등급화를 시행한다. 이 신뢰도는 해당 교사의 추천서 내용과 피추천 학생의 실제 입학 여부 및 그 이후의 성취도를 비교 검증하여 형성된 것이다.[40)]

대학 입학사정관과 담당 구역 진학상담교사 사이의 라포rapport 형성

---

39) 설령 본고사 금지를 해제한다고 해도, 학령인구 급감 때문에 본고사 시행을 통해 신입생을 선발할 수 있는 대학 수가 현실적으로 많지 않다. 따라서 본고사 시행을 허용하는 것은 본고사 실시 가능 대학과 그렇지 않은 대학으로 대학양극화를 고착하는 기제로 작용할 성싶다.

40) 명문 대학의 입학사정관과 담당 구역의 고교진학상담교사 사이의 인간적 신뢰감과 유대감은 서로 생일 축하 카드를 주고받을 정도이다. 이는 필자가 입학사정관제도 연구차 미국 아이비리그 소속 유명 사립대학교의 입학사정관 실장을 인터뷰하면서 얻은 정보이다.

과 그 이후 신뢰감 유지가 가능한 것은 미국에는 기여입학제도가 정착되어 있기 때문이다. 혹시 외부인의 시선으로 보았을 때 오해할 만한 소지가 있다면 공직수행 중에 사적 만남을 멀리할 수밖에 없다. 우리나라는 기여입학제를 금지하면서 입학사정관제를 도입·운영하기 때문에, 의혹을 살 만한 의사소통 방식을 처음부터 배제할 수밖에 없다. 그로 인해 대학으로서는 지원자의 해당 고등학교뿐만 아니라 그에 대한 객관적인 정보를 접하기가 힘들다. 확인하기 어렵기 때문에, 자기소개서나 수학계획서 등은 얼마든지 대필작성이 가능한 실태이다.[41] 그리고 사립대학의 경우에는 입학사정이 지원자 학부모의 재력상태나 사회적 지위를 고려해서 이루어진다는 의심을 산 대학도 없지 않다. 미국의 경우에는 기여입학제 덕분에 음성적인 밀실거래 형태의 입학이 아예 비집고 들어갈 틈이 없다. 공공연하게 그리고 당당하게 기부금을 희사하고 입학허가를 받기 때문이다.

또한 우리나라와는 다르게 미국 대학 입학지원서에는 부모를 포함한 직계 가족의 학력과 직업에 관한 정보까지 기입하도록 한다. 지원자가 자라난 환경은 대학교육에의 적응성과 적합성을 판정하는 중요한 정보이기 때문이다. 무엇보다도 기여입학제의 가장 큰 장점은 우리나라 국민들이 우려하는 불평등 심화 문제를 오히려 미연에 완화하는 기능이 있다는 점이다. 부유한 계층의 자녀들이 입학할 때 낸 대학 기부금을, 장학금이 필요한 저소득층 학생에게 우선 배당함으로써 경제적 이유로 교육기회를 잃을 수 있는 경우를 해소할 수 있기 때문이다. 돈이 많든 없든 간에 대학 입학은 허용되지만, 실력과 자격을 갖추지 못하면 결코

41) 실제로 이를 고가의 수수료를 받고 대행해 주는 사설 업자들이 존재한다.

졸업을 하지 못한다는 엄정성과 공평성을 대학이 지키고 있다는 사람들의 믿음이 이 기여입학제 유지의 관건이다.

(2) 자율과 책임에 근거한 선발방식

우리나라가 고수해 온 3불 정책을 포기하고 어떤 정책기조를 채택하는 것이 인재양성에 필요하고 또한 바람직한 선발방식으로 이어질까? 답은 간단하다. 자율과 책임의 가치를 부여하고 시행착오를 중시하는 것이다.[42] 조금 더 구체적으로 다음과 같은 정책 방향을 제시하고자 한다. 먼저 대학 차원의 노력 방향을 제안하고, 이어서 지원자 차원의 노력 방향을 검토한다.

① 대학의 인재상 설정과 '동료추천제' 시행 및 '기여입학제' 도입 검토

가장 먼저 취해야 할 것은 각 대학으로 하여금 주어진 여건과 특성에 맞게 교육목표를 설정하되 양성하고자 하는 인재상을 명시하고, 그다음에는 해당 인재상에 걸맞은 교육내용과 교육프로그램을 체계적으로 교육과정에 포함하는 일이 필요하다. 또한 비교과과정에서의 학생 지원 프로그램이나 동아리 활동까지 졸업이수자격 요건에 포함하되 이 역시 양성해 내고자 하는 인재 유형에 부합해야 할 것이다. 그리고 이런 인재 유형에 적합한 신입생을 선발하기 위하여 입학사정의 원칙은 물론 세부 기준 사항을 공개하는 것이 중요하다. 몇 년 시행한 후 재학생과 졸업생

---

42) 유감스럽지만 '인구절벽'에 의한 입학자원 감소로, 대학입학정원에 대한 자율적인 조정을 시행하기에는 시기상조이다. 나중에 시행할 때가 되더라도, 적어도 사립대학의 재정확충을 위한 수단에서 등록금 이외의 비중이 7할 이상을 차지할 경우에 그리고 재정 운영에 대한 투명성을 사회적으로 인정받을 경우에 한해서 대입정원 자율 조정을 기대할 수 있을 것 같다.

에 대해 조사하여 입학전형 유형별로 신입생 선발 기준의 신뢰도와 타당도를 점거하고 피드백을 통해 개선하는 것이다.

이런 시도를 정부정책으로 시행한다면, 우선 국공립대학부터 공공성-수행 유형의 인재상을 여건과 특성에 맞게 명시하는 작업이 요청된다. 국공립대학의 등록금은 가능하면 학생에게 부담이 없도록 하는 것이 바람직한데,[43] 그만큼 사회적 수혜집단으로서의 소명감 고취를 통한 공공성 의식 함양과 증진에 도움이 된다. 국립법인대학이라서 정확하게는 국립대학이 아니지만, 여전히 서울대학교는 명실공히 우리나라 최고 일류대학인지라 진학 희망자가 가장 우수한 집단에 속한다. 따라서 서울대학교의 신입생 선발 기준과 방식은 다른 대학기관들을 포함하여 우리나라 전체 학교교육에 미치는 영향이 지대하다. 그런데 서울대학교만큼은 국내의 입학자원이 아무리 부족해도 국외 자원 확보도 가능하기에 인구절벽에 대한 걱정을 전혀 하지 않는다. 오로지 최고의 자질을 지닌 지원자들 가운데 최상층 집단만을 선별하는 데 신경 쓰면 그만이다.

이런 까닭에 서울대학교부터 인재 선발방식을 바꾸어야 우리나라 다른 대학들이 암담한 상태에서 벗어날 길이 열린다.[44] 이런 관점에서 바람직한 인재 선발방식을 위한 발상의 전환을 상상 수준까지 동원하여 제시해 보기로 한다.

---

43) 지원자가 최근 3년간 주민등록 소재지나 출신학교 소재지가 포함된 광역자치단체에 위치한 국공립대학으로 진학할 경우는 적어도 미국의 in-state fees & tuitions처럼 등록금 부담을 대폭 경감시켜 주는 조치가 필요하다. 이는 현행 국가장학금제도를 개선하는 선에서 추가 재정부담 없이 얼마든지 시행 가능하다고 본다. 그리고 군복무 이행자와 자녀출산 경험자에 대한 장학금 특전부여도 군복무 시의 수당과 출산장려금 등을 활용하는 방안을 강구하면 대학입학 바우처(voucher) 제도 도입 등 가능한 방법을 찾을 수 있을 것이다.

44) 현실에 안주하는 대학 운영형태를 취하면서 사회적 책무 이행을 외면할 경우에 또 다시 '서울대 폐지론' 등 비판적 여론에 휩싸일 수 있다.

앞서 언급한 대로, 서울대학교 입학 희망자는 나이와 성별을 불문하고 차고 넘친다. 문제는 선발기준이 학업성적 위주라는 데 있다. 내신과 수능, 본고사 변형의 서면 또는 구술면접, 심지어 비교과활동 평가 역시 국제적 경시대회 입상 등 모두 개인의 지적능력 중심의 선발방식이다. 물론 최종적으로는 이러한 객관적 점수에 의해 당락이 결정되는 경우가 많겠지만, 학교교육의 방향을 공공성-수행 유형의 인재양성으로 전환하기 위하여 고교등급제와 동료추천제를 병행할 필요가 있다. 여기서 고교등급제는 최근 3년간 합격자를 배출한 고교별로 평균합격자 수의 1.2배를 추천할 수 있게 하되 어느 고교라도 최소 1명의 추천인원을 배정하는 것이다.[45]

그런데 고교별로 배당된 인원을 추천하는 방식은 해당 학교에서 동급생들이 서울대의 인재상에 가장 부합하는 동료학생을 추천하는 것이다. 이를 '동료추천제'라고 이름 지을 수 있다. 동료추천 방식은 우리나라 고등학생들의 주체적 판단능력을 신뢰할 뿐만 아니라 더욱 신장시키는 교육효과까지 기대하게 한다.[46] 사실 서울대에 지원 가능한 학생이 누구인지는 동료학생들이 가장 잘 알고 있을 것이다. 다만 이때 성적만을 고려하지 않고 동료애와 리더십 발휘 등 인성 요소를 함께 고려하여 판단해야 한다. 따라서 교사들의 역할은 대학이 요구하는 인재상을 잘 설명해 주고 추천과정을 민주적으로 관리하는 것이며, 이른바

---

45) 여기서 제시한 구체적 수치는 그냥 예시 차원이다. 따라서 조금이라도 연좌제 형태에서 벗어난다는 취지를 살린다면, 최근 3년간 합격자 배출 고교에 대하여 지난 3년 가운데 가장 많이 배출한 수의 1.2배를 지원 가능자의 기준으로 제시할 수도 있다.

46) 정치권에서 이미 담론이 형성된 선거권 부여 최소연령을 낮추는 것 못지않게, 논쟁은 더 뜨겁겠지만 고교생의 동료추천권 부여는 민주주의 토대 형성에 더 의미가 클 성싶다.

'김영란법'[47])을 무기로 삼아 학부모의 간섭을 방어하여 일절 배제하는 것이다.

서울대학교는 수시모집기간을 앞당겨 3학년 1학기 초인 3월 말에 추천을 마감할 필요가 있다. 추천된 지원자에 대한 집중 심사를 거쳐 전체 입학정원의 90%에 해당하는 수시모집 정원의 2배수인 1차 합격자를 6월 말까지 통보하며,[48]) 미리 공지된 모집단위별 수능최소기준을 적용하여 수능성적결과 발표 직후 최종합격자를 선정하고 신입생 등록을 12월 중순까지 마치는 것이다. 그리고 수시전형에서 미달된 입학정원은 전체 입학정원의 10%에 해당하는 정시모집인원에 합쳐서 1월 초순 정시전형에서 충원하는데, 이 정시에서는 고교별 추천인원과 상관없이 재수생을 포함해서 누구나 지원 가능하되 수능점수와 면접 위주로 선발하는 방식을 고려해 봄 직하다.

서울대가 이런 전형방식을 채택하면 다른 국공립대학에서도 유사한 방식을 취하되, 수시모집 시기를 적당히 조정할 것이다. 예컨대 지역거점 국립대는 6월 중순까지 지원을 받고 7월 말까지 1차 합격자를 발표하며, 나머지 국공립대는 8월 초순까지 지원을 받고 9월 말까지 1차 합격자를 발표하는 식이다. 그리고 정시모집 시기 역시 서울대보다 더 늦게 조정하여 시행하면 좋을 것이다.

---

47) '부정청탁 및 금품수수 금지법'의 통칭명이다. 이하 '김영란법'이라고 표기한다.

48) 마찬가지로 수시모집정원을 전체 정원의 90%로 정한 것도 임의성을 띠고 있지만, 그 취지는 동료추천제 전형 인원을 많이 하는 반면에 추천받지 못한 지원자를 원천 배제하는 것이 개인 선택권 침해에 해당하므로 전체 정원의 10% 정도를 남겨 둔다는 의미이다. 참고로 재수생은 추천받지 못한 후자에 해당하는데, 이제는 대학입학보다는 졸업이 더 중요하다는 의미에서 재수보다는 편입의 길을 열어 둘 필요가 있다. 그리고 국가유공자 관련 지원자나 외국인 지원자 등은 정원외 모집(전체 정원의 3% 이내)이 바람직하다고 본다.

이러한 신입생 선발방식이 의도하는 바는 고등학교 교육과정이 입시준비 과열로 파행적으로 운영되는 것을 막고자 하는 데 있다. 특히 개인별 성적 위주로 줄 세우기를 하는 분할지배divide and rule 형태에서 벗어나서, 급우를 배려하고 동료와의 팀워크 활동을 잘하는 인재상을 일상적인 수업현장에서 구현하는 것이 중요하다.[49] 예전에 실패로 마감한 수행평가와 학생 종합생활기록부를 근거로 한 대학입학전형제도는 고등학교 교사 집단뿐만 아니라 대학의 입학 관계자들에게 과중한 부담을 안긴다는 문제점이 있었다. 반면에 여기서 제안하는 방식은 동료학생들의 추천을 통하여 제한된 인원수에 대한 입학사정을 실시할 수 있기에 교사와 입학사정관의 부담을 줄여 줄 수 있다.

그러면 이제부터 사립대학의 경우는 어떤 방향으로 노력하는 것이 바람직할지를 잠시 검토하고자 한다. 사립대학 역시 설립취지와 교육목표에 적합한 인재상을 명확히 할 필요가 있다. 여건과 특성에 맞춰 구체적인 신입생 선발 계획과 방식을 설정하여 공개하는 것이다. 국공립대와 마찬가지로 인재상에 걸맞은 교육과정과 교육프로그램, 비교과활동을 갖추는 것도 중요하다.

특히 엄정하고 공평한 학사제도의 운영이 정착된 경우에 한해서 기여입학제를 허용하는 것을 제안할 만하다. 이는 사립대학으로 하여금 자발적이고 자율적인 혁신 노력을 통해 '대학다운 대학 만들기'를 유도하는 가장 매력적인 유인책일 수 있다. 다시 말해서, 입학은 경제적 여건으로 가능하지만 졸업은 일정한 기준선을 넘지 못하거나 자격이 미달

49) 동료추천제는 민주적인 의사결정의 수련과정일 뿐만 아니라 평소에 동료친구에 대한 배려를 우선시하게 하는 교육효과도 기대할 수 있다. 그리고 피추천자는 일정 수준 이상의 수학능력을 구비해야 실제 합격을 기대할 수 있다는 점에서 단순한 인기투표는 아니다.

될 경우에 불가능하다는 사회적 평판을 획득해야 하는 것이다.[50] 그러기 위해서는 기부금 운영 내역과 방식을 투명하게 공개하는 일도 필요할 줄 안다.

그런데 기여입학제가 허용된다고 해도, 문제는 이 제도 시행으로 실질적인 재정 도움을 받을 대학은 수도권 소재 일부 대학에 국한될 것이라는 점에 있다. 지원자 간 소득불평등에 기인한 교육기회 불평등 문제는 장학금 확충 지원으로 어느 정도 완화할 수 있다는 논리가 성립하지만, 그 대신에 기여입학제가 사립대학들 사이에 재정불평등 문제를 심화시킨다는 우려가 생길 수 있다. 이런 우려를 불식하기 위한 조치가 필요한데, 기여입학제를 시행하는 대학은 해당 인원수만큼 정원을 자율 감축함으로써 적어도 다른 대학의 지원자를 빼앗는다는 비판을 면할 수 있을 것이다.

아무튼 사립대에 한해서는, 당분간 국가균형발전과 지역사회의 대학 생태계 보호 차원에서 입학정원 자율화를 시행할 수 없겠지만, 그 이외 사항에 관해서는 기본적으로 무한한 자율성을 보장하는 것이 바람직하다.[51] 다만, 입시부정이나 졸업비리 등 고등교육기관으로서의 사회적 책무성을 심각하게 위반한 경우에는 상응하는 제재가 반드시 뒤따라야 할 것이다. 예컨대 입학에서든 졸업에서든 부정과 비리가 발생한 대학의 경우에 해당 학생 1인당 입학정원 1%씩 감축하는 식이다.

---

50) 이 부분에서 최근 문제로 드러난 승마 등 체육 특기생에 대한 부적절한 학사관리와, 그로 인한 부실졸업생 배출은 결코 반복·재연되지 말아야 할 일이다.

51) 자율성을 대폭 신장하더라도, '김영란법'을 활용하면 사립대학교 교직원의 사회적 책무성을 제고할 수 있다고 본다.

② 대학 지원자의 학습역량 제고와 학업태도 개선

지금부터 이러한 입시정책의 방향 전환에 대해 지원자들은 어떻게 준비해야 하는지를 살펴보고자 한다. 이는 미래 인재양성을 위해 대학에서 신입생 선발과 그 이후 교육 방향을 어떻게 하는 것이 바람직한지를 가늠하게 해 준다.[52]

대학 지원자는 어느 사회에서든 잠재적 인재군群에 속한다. 그런데 잠재적 능력이 제각기 다르므로 소질과 적성에 따른 인재양성이 중요하다. 개인의 소질과 적성을 살려 내는 인재양성은 장차 사회에서 쓸모 있는 역할을 잘 해낼 수 있는 인력풀을 커지게 할 뿐만 아니라 무엇보다도 인재 본인 스스로의 삶을 행복하게 해 준다.

이런 기본인식에 동의한다면 대학진학 그 자체는 인재양성에 별로 의미가 없다는 판단이 설 수 있다. 이제 중요한 점은 진학하려는 대학이 본인의 잠재력을 최대한 끌어내는 교육과정과 교수방법을 구비하고 있는지를 따져 보는 일이다. 특히 지금까지의 평판을 참조하되, 해당 대학의 인재상과 특성화 분야가 자신의 인생목표나 진로설계와 잘 어울리는지를 살펴보는 것도 중요하다.

그다음으로 점검해야 할 것은 해당 대학의 교육수준이 어느 정도인지를 가늠해 보는 것이다. 이를 지금 자신의 학습역량이나 학업태도에 비춰서 과연 기대하는 수준의 학점을 취득해 졸업이 가능할지를 따져 볼 필요가 있다. 여기서는 대략적인 기준을 제시하는데, 진학할 만한 대학 수준을 지원자 본인이 스스로 판단해 보기 바란다.

실제 대학 생활은 진정 할 일은 많고 시간은 늘 부족한 편이다. 아무

52) 앞으로 우리나라 대학구조개혁 평가에서 중점으로 점검해야 할 사항이라고 본다.

리 바쁘더라도 월요일에서 금요일까지는 하루 8시간은 학업에 정진할 필요가 있다. 그 외 교과목에 따라서는 팀별활동 시간과 보고서 작성 및 발표 준비 시간도 필요하다. 그리고 일과 시간 이후나 주말에는 여러 가지 개인적인 취미활동이나 학과(부) 및 동아리 모임에도 주도적으로 참여하는 것이 바람직하다.

보통 15주로 진행되는 한 학기 동안 학업 가능시간을 계산해 보면, 하루 8시간씩 일주일 40시간으로 한 학기 총 600시간이다. 이를 기준으로 교양교육과정의 학습분량working load을 정해 보면, 대학교양서적 수준의 독서량reading materials이 최상위권 대학의 경우에 3학점 1과목당 2,000쪽(1학점당 667쪽)으로, 18학점을 수강하면 총 12,000쪽이다. 글로벌 경쟁대학은 영문 서적을 포함하는 분량이다. 따라서 적어도 시간당 20쪽을 독파할 수 있는 독해력과 집중력이 필요하다.

중간층 대학 수준은 3학점 1과목당 1,500쪽(1학점당 500쪽), 한 학기에 18학점 수강 시 총 9,000쪽이다. 시간당 15쪽 이상 독파 가능한 이해력과 집중력이 필요하다. 그리고 하위권 대학의 경우에는 3학점 1과목당 1,000쪽(1학점당 334쪽), 18학점에 6,000쪽이다. 시간당 10쪽 안팎의 독파 능력과 집중력이 필요하다.

이를 바탕으로 자신의 역량에 맞는 수준의 대학을 선택하여 준비하는 것이 요령이다. 현재 자기 수준에 적합한 대학에 진학하여 실력이 향상되면, 그때 가서 상위권 대학으로 편입하는 것을 고려해 볼 만하다. 반면에 자기 수준으로는 따라가기 힘든 대학에 진학하여 학사경고나 학년 유급을 반복하게 되면, 그만큼 소중한 인생 시기를 허비하는 셈이다.[53)]

53) 학령인구 급감으로 인해 대학마다 신입생 충원문제로 위기의식을 갖고 있는데, 앞으로 학부

마지막으로 지원자 입장에서 대학입학을 위한 준비와 관련해서 고려해 볼 점을 제시할 수 있다. 자신의 소질과 적성을 정확하게 파악하고 인생목표와 진로설계를 구체화한 경우에는 대학에서 수학하려는 동기와 열정을 잘 보여 줄 수 있다고 본다. 대개 이런 상태에 놓인 지원자가 최상위권 대학으로 진학 가능한 수준에 있다고 판단해도 무방하다. 이 수준의 지원자는 자신에게 적합한 '맞춤형 교육과정'을 스스로 설정해 볼 만하다. 진학하려는 대학의 교육과정에 편성된 특정 교과목을 어떤 근거에서 자신의 교양 또는 전공 교과목에 포함시킬지를 고민해 보는 것이다. 자기소개서나 수학계획서의 내용은 이러한 자신의 고민과 결정 과정을 중심으로 구성되는 것이 바람직하다. 이제는 점수 몇 점을 더 받아 내신 등급을 올리기 위해서 참고서 구석진 곳의 문제까지 다 암기하는 노력보다는, 자신의 진로와 연관된 분야의 전문가를 검색하고 관련 학문을 전수받는 교과목을 선정하여 이를 종합적으로 졸업이수에 필요한 학점으로 엮어 내는 작업이야말로 대학진학 준비가 가장 잘된 인재가 하는 일이라고 평가해야 할 때인 것이다.

교육중심의 구조개혁을 추진함으로써 대학마다 학생눈높이에 맞춘 강의 수준을 유지하는 데 많은 노력을 경주할 것으로 예상된다. 특히 국공립대학은 정부예산지원으로 등록금을 낮추는 것에 비례해서, 재학생으로 하여금 수학능력에 맞춘 학력신장 방안을 강구하여 사회적 책무성 이행을 강화할 필요가 있다.

제7장

바람직한 대학 평가 정책을 위하여

앞 장에서 지적한 대로 우리나라에서 바람직한 인재양성을 위해서는 대학이 변하지 않을 수 없다. 학교교육을 통한 인재양성의 최종단계가 대학이고, 대학의 인재 선발방식이 하위교육기관에 미치는 영향이 막대하기 때문이다. 또한 대학교육은 세계적인 무대에서도 통할 수 있는 인재풀을 만드는 데 기여함으로써 국가적 인재양성을 위한 대학의 존재의의를 확인시켜 주기 때문이다.

이런 사회적 책임을 지닌 대학들이 스스로 혁신 노력을 경주한다면 더할 나위 없이 좋은 일이다. 하지만 안타깝게도 외부의 힘이 작용하지 않으면 현실에 안주하거나 변화를 외면하는 대학이 적지 않다. 그리고 다수의 변화 추진 중인 대학들도 주체적이고 지속적인 혁신 노력이라기보다는 정부 재정지원사업 선정·유치를 위한 제한된 범위 안에서 미봉적인 형태의 변화를 도모하는 실정이다. 이처럼 변화에 둔감하거나 자구책 마련에 인색한 것은 대학마다 사유와 사정이 다르겠지만, 한 가지 공통점을 찾자면 교육제도 자체가 지닌 본래의 속성이 보수적인 데 있다고 본다. 진리탐구의 일관성과 실험실습의 반복성 등은 한정된 공간에서 일정한 주기성과 지속성을 바탕으로 담보할 수 있는 속성이기 때문에, 섣부른 변화에 대해서는 거부감을 나타내고 일체의 변화에 대해 주저하기 쉽다. 대학의 '상아탑' 이미지는 이런 특성을 상징화한 것이고 대학인에 대한 '철밥통' 비난은 이를 직설적으로 표현한 말이다.

이처럼 스스로 변화하기를 망설이는 대학과 대학인을 채근할 필요가 있는데, 정부가 주도하는 대학 평가정책이 이에 해당한다. 먼저, 이 장에서는 대학의 바람직한 변화 방향을 점검해 보고자 한다. 대학의 미래를 예측하는 일은 앞으로 나아가야 할 인재양성의 좌표 설정에 도움이 될 것이다. 그다음으로는, 미래 인재양성의 바람직한 방향으로 나아가기 위해서, 오늘날 우리나라에 필요한 대학 혁신 노력을 조직적 차원과 인적 차원에서 검토해야 한다. 조직적 차원에서는 대학의 혁신 노력을 견인하는 수단으로서의 대학구조개혁 평가를 살펴보기로 하고, 인적 차원에서는 대학사회의 구성원 가운데 가장 영향력 있는 교수집단을 주체적인 변화 주역으로 탈바꿈하기 위한 방안을 모색해 보기로 한다. 이는 교수집단의 업적 평가 방안을 개선하는 일과 다르지 않다.

1. 대학교육 레짐의 변화와 대학의 미래[54)]

전 세계적으로 대학은 체질 변화를 진행 중이다. 학술적인 용어로 대학교육의 레짐이 바뀌고 있다. 지금은 대학교육 레짐의 전환기인 것이다.

---

54) 이 절은 필자의 「미래의 대학교육과 인재상」(2015)과 「미래의 대학과 교육정책」(2016b)에서 많이 발췌하여 보완·재정리한 것이다.

대의민주주의 정치체제에서는 특정 정당 중심으로 구성된 정권 자체의 정치이념적 성향이 현실 정치과정에서 나타나는 정책적 특성에 그대로 반영되기 힘들다. 그 이유는 각종 선거과정에 제시된 공약을 통하여, 그리고 그 선거에 의해 선출된 여야 의원들의 의제 선정과 법 제·개정 과정에서의 합의를 통하여, 하나의 정당 정책이라기보다는 그 당시 정부의 국가적 정책으로 변신하기 때문이다. 따라서 이러한 국가의 정책적 특성을 잡아내려는 학술적 용어가 레짐이다.[55]

대학교육 레짐 변화는 미래의 대학을 전망하는 일과 불가분의 관계가 있다. 그리고 미래의 대학을 전망하는 일은 우리나라 전체 대학의 미래뿐만 아니라 개별 대학의 미래를 엿보는 일이다. 왜냐하면 우리나라 대학의 미래는 전 세계적으로 진행되는 대학교육 레짐의 변화에 따른 미래의 대학 모습에서 벗어날 수 없기 때문이다. 그렇지만 이러한 거대한 구조변동에도 불구하고, 개별 대학의 미래는 여전히 해당 구성원들의 의지와 집단지성의 실천에 의해 구체적인 모습을 현실에 드러낼 것이다. 거대한 사회구조는 구성원의 주체적 행위가 운신할 수 있는 여지를 늘 남겨 두기 때문이다. 이런 까닭에 여기서는 특정 대학의 미래가 아니라 일반 대학의 미래를 논의 중심으로 삼고자 한다.

1) 대학교육 레짐의 전환

오늘날 대학교육 레짐은 세계화, 신자유주의, 포스트모더니즘이라는 시대적 흐름과 사조에 크게 영향받고 있다(Stromquist 2002). 이러

55) '레짐'을 '정체(政體)'로도 번역한다. 제1부에서 언급했듯이, 이 용어가 학술적으로 다시 조명받기 시작한 것은 복지국가 유형을 다룬 Esping-Andersen(1990)의 공헌이 크다.

한 영향이 없었던 시대의 대학교육 레짐은 '공공선 지식 레짐the public good knowledge regime' 또는 '자유교양학습 레짐the liberal learning regime'이라고 할 수 있다. 지식을 하나의 공공선으로 인식하고 대학교육은 공익을 위한 자유교양인을 길러 내는 데 목표를 두는 정책이 지배적이었던 것이다. 그러다가 21세기 초에 접어들면서부터 '학술자본주의 지식/학습 레짐the academic capitalist knowledge/learning regime'이 부상하여, 지식을 공공재가 아닌 영리추구의 주요한 수단으로 인식하고, 대학교육은 자본증식과 재정확충을 위한 투자대상으로 간주되기에 이르렀다(Slaughter and Rhoades 2004). 이러한 조짐은 인터넷에 의한 현대판 세계화, 곧 세계화 버전 3.0 시대[56]가 전개된 1990년대 중반부터 나타났다고 볼 수 있다. 예컨대, Soley(1995)는 이런 현상을 고등교육의 기업화corporatization of higher education라고 간파하였으며, Etzkowitz, Healey and Webster(1998)는 국가, 대학, 시장의 3자 결속에 의한 지식의 자본화를 언급하였고, 이에 따라 Clark & Pergamon(2001)은 기업 대학들entrepreneurial universities이 출현하였다고 보았다. 표현을 달리한 Bok(2003)에 따르면 고등교육기관의 상업화commercialization of higher education가 등장하기에 이른 것이다. 심지어 디지털 기술이 대학교육프로그램 자체를 상품화함과 더불어 더 이상 전통적인 상아탑 형태의 대학이 존속하기 어려운 전망을 낳은 것이다(Noble 2003).

이제 대학은 지적 재산권 보호에 따른 특허 출원이 주요한 재정확충의 수단으로 대두함에 따라서 연구 영역에서뿐만 아니라 교육 영역에서

56) Friedman(2006)에 따르면, 1990년대부터 평평한 세계가 전개되었는데, 이 세계화 시대에는 개인이 국가나 기업보다 더 중요한 행위주체로 주목받는다.

도 e-learning 활성화와 원격교육프로그램 개발을 강조하고 있다. 교육은 더 이상 공공재가 아니고, 시장 영역에 속한 투자 대상이 된 것이다(Bok 2003; Slaughter and Rhoades 2004). 이러한 대학교육 레짐의 변화는 자연발생적이거나 진화의 과정에서 비롯된 것이 아니다. 21세기에 들어와서 대학교육체제가 기업적 가치에 의해 장악되어 가는 현실은 기업 부문으로부터의 명백한 압력이 발단이 되었고, 점차 재정위기에 직면한 자본주의 국가의 적극적인 개입으로 자리 잡았으며, 세계화의 선봉 역할을 수행하는 IMF와 세계은행 등 신자유주의를 확산하는 국제기구의 의도적인 압박으로 인하여 전 세계적으로 확산일로의 길을 걷게 된 것이다(Stromquist 2002).

그런데 대학의 상업화와 상품화가 대학재정확충에 보탬이 된 사례는 극소수에 불과하고 대부분의 대학에서는 기대한 성과는커녕 시설비 등 과잉투자로 인한 적자발생으로 대부 원리금을 상환하지 못하고 있는 실정이다(Bok 2003). 다행하게도 대학이 스스로 '학술자본주의 지식/학습 레짐'을 선호한 점을 지적하는 자성이 없지 않다. 그러나 유감스런 일은 예전의 대학교육 레짐으로 되돌아갈 수는 없는 상황이라는 것이다(Slaughter and Rhoades 2004). 결국 앞으로 어떠한 대학교육 레짐으로 전환해 갈 것인가, 한 걸음 더 나아가 아예 새로운 대학교육 레짐을 만들어 갈 것인가 하는 일은 대학인의 몫으로 남겨진 실정이다.

사회구성체적 수준의 분석관점에서 보면, 우리 사회는 세계시장 의존적인 경제현실을 하부구조로 하고, 학벌사회라는 문화적 정체성이 상부구조의 중요한 축을 이룬다고 할 수 있다. 그런데 우리나라 대학 구성원들이 이러한 상하부 구조를 근원적으로 개혁하는 것이 거의 불가능하다고 생각하게 된 것은 '학술자본주의 지식/학습 레짐'의 헤게모니 영향력에 기인한 것 같다. 그렇지만 이러한 구조적 제약에 의해 대학인들 스스로 순치되어 가는 경향을 운명으로 받아들일 수도 있겠으나, 그에 대하여 문제의식을 갖고 새로운 대안을 모색하는 노력을 사회체제에 '재진입'시킬 수 있다.

대학교육은 고차적 사고력에 근거한 의도성의 결집체, 곧 집단지성의 결실이라는 점에서, 그리고 인류역사의 진로에 관여해 왔고 또 앞으로도 그렇게 할 수 있다는 점에서, 지배적인 헤게모니에 항거하는 교육자가 얼마나 되느냐에 따라 미래의 대학교육 레짐과 인재상이 달려 있다고 본다. 지금처럼 취업률 제고에 목매달게 하는 대학교육은 잘못된 인재상에 기인한다. 이 잘못된 인재상은 세계화의 미명 아래 신자유주의적 경제 패러다임이 대학교육 레짐에 침투한 결과이기도 하지만, 대학 구성원들이 타의 반 자의 반 수용한 측면도 없지 않다. 대학 간 경쟁에서 우위를 차지해야 한다는 명분에 더하여, 대학교육의 주체들의 출신 성향과 배경이 엘리트적이기 때문에 큰 저항 없이 효용성-성과 유형의 인재상이 다른 유형의 인재상을 압도해 버렸다는 반성이 가능하다.

바라건대, 대학교육 레짐은 교육자의 성찰적 의지와 연대적 노력 여하에 따라 바꿀 수 있다. 적어도 해당 교육기관 단위에서 양성하려는 인재상을 새롭게 설정할 수 있다. 기실 바람직한 인재상 정립은 대학의 정체성 확립과 불가분의 연관성을 갖는 일이다. 올바른 대학을 세우고 지키는 일은 대학 구성원들 가운데 교육을 책임진 교수의 몫이 가장 크다. 특히 대학교수는 자신이 소속한 대학에서 인재양성에 몰입하는 존재이기 때문이다. 인재양성에의 몰입은 다름 아닌 교육에 대한 헌신이다.[57]

57) 몰입과 헌신 모두 영어로는 'commitment'이다.

오늘날 우리 현실을 진단해 보면, 사익추구와 효용성 증명을 위한 몰입이 아니라, 공익과 공공선을 위한 헌신이 더 요구되는 시대적 상황이다. 이에 부응하는 대학의 역사적 책무는 공익과 공공선을 위해 헌신하는 인재양성의 대학교육 레짐으로 전환시키는 일이라고 본다. 이 책무 수행은 결국 대학교육 주체들의 헌신에서 시작할 터이다. 헌신은 자기 희생인바, 이것이야말로 대학교육에서 규범적 공공성과 수행 과정에 몰입하는 인재양성을 위한 토대라고 할 것이다.

2) 대학의 위기와 대학교육 레짐의 대안 모색

세계화 시대에서 학술자본주의 지식/학습 레짐의 확산으로 인하여, 결국 전 세계의 대학을 일정한 잣대로 등급을 매기고 종합순위까지 공표하여 서열을 확정 짓는 대학평가 형태를 당연하게 받아들이는 상황에 이르렀다. 따지고 보면, 이러한 대학평가순위 발표가 개별 대학의 위기의식을 낳은 셈이다. 하지만 개별 대학의 위기보다는 현 시대에 대학의 일반적인 위기 자체가 무엇인가라는 주제가 더 중요하고 흥미롭다고 본다.

(1) 우리나라 대학의 위기 진단

오늘날 대학의 위기는 대학서열화를 당연시하는 대학평가의 항목 선정과 지표 설정이 기술연구중심일 뿐만 아니라 서구의 언어와 문화전통을 암묵적으로 중시하는 것과 무관하지 않다. 상업적 이윤을 배제하지 않는 평가기관들의 속성 때문에, 자본주의 선진국의 대학들이 유리하고 한 국가 안에서는 국공립대학보다는 재정압박이 덜한 명문 사립대학의 홍보 비중이 적지 않게 반영되고 있다는 사실도 숨길 수 없는 불편한 진실이다. 그리고 개별 평가기준의 타당도와 신뢰도에 대한 철저한 학술적 검정 과정을 소홀히 한 채, 일단 결과가 발표되면 그 대학별 순위에 따라 대학 인식마저 정해지는 일종의 제도적 폭력을 경험하지 않을 수 없는 현실이다.

문제의 심각성은, 이러한 반문명적인 대학평가체제가 신자유주의적 패러다임 안에서 구축되고 기업경영방식의 프레임에 따라 대학들이 분할 지배당함으로써, 대학교육의 공공선 지식 레짐이 질식 상태에 있다는 사실을 사회적으로 이슈화하는 일은 점점 더 일반인의 지지는커녕 관심조차 얻지 못한다는 데 있다. 더군다나 오늘날 대학의 지성적 사조의 주류는 포스트모더니즘의 영향 아래 놓여 있기 때문에, 자신이 속한 대학의 문제 인식에서 어떤 형태로든지 의견일치와 집단행동에 대하여 망설임과 불편함을 드러내는 형편이다. 과거에는 무슨 일이든지 기득권의 관점에서 '오로지 이 문제뿐the one and only problem'이라고 강요해서 탈이 많았던 반면에, 지금은 아무리 사회적으로 중요성이 큰 문제라도 '여러 문제들 중 하나에 지나지 않는 문제just one of them'라는 인식이 대학가에 만연한 것이다. 왜냐하면 포스트모더니즘은 역사에 대하여 부차적인 의미를 부여하고 인류 진보의 가능성에 회의적인 특징을 지니는 바, 이는 인간존재가 더 나은 공동생활의 비전을 목표로 삼기에는 행위 선택의 무한정성으로 인해 불안정하다는 의미를 내포함으로써, 결국 세계화와 신자유주의에 의해 야기된 구체적 문제를 다루기 위한 일체의 정치적 행위를 단념하도록 유도하기 때문이다(Stromquist 2002).

이런 상황에서 대학교육이 세계화, 신자유주의, 포스트모더니즘의 영향력에서 벗어나기 위해서 필요한 것은 새로운 대학교육 레짐을 모색하는 일이다. 이는 대학 자체의 존속 문제와 연관된 대학의 미래를 찾는 일과 다름없다. 그리고 대학의 미래는 지금까지의 인재상과는 차별화되는 새로운 인재상 설정에 달려 있다고 할 것이다. 왜냐하면 기존의 지배적인 인재상에 매달릴수록 대학의 사회적 기능에 대한 의문과 도전이 꼬리에 꼬리를 물 수밖에 없기 때문이다. 사실, 졸업생의 취업률 제고 등 기능적 효용성을 중시하는 성과 중심주의는 대학 간 경쟁을 심화시킬 뿐만 아니라, MOOC 등과 같이 전통적인 대학 형태와는 전혀 다른 방식의 '교육전문'기관들이 등장 가능한 틈새시장a niche market을 제공하고 있다. 마치 가족의 전통적인 여러 사회적 기능들이 점차 다른 기관들에 의해 대체됨으로써 그 소멸 가능성이 지적되어 왔던 것처럼, 근대 이후 대학의 전통적인 사회적 기능들 가운데 소수의 인재人才 육성 기능은 취업/창업전문기관 등에 의해 벌써 보완되어 왔지만 언젠가는 대체되고 말 것이라는 예상이 가능하다.[58]

이 절에서는 우리나라 대학이 처한 위기상황을 중심으로 대안을 찾아보고자 한다. 물론 각 대학이 처한 위기는 해당 대학이 자초한 부분을 제외하고 진단할 수는 없지만, 여기서는 우리나라 대학 일반이 처한 위기에 대한 진단을 초점으로 삼는다. 따라서 여태까지의 정책적 처방이 문제해결에서 일정한 한계를 배태하고 있었다는 인식에서 논의를 시작

---

58) 온라인 강의가 대중화되면 대학조직체와 캠퍼스가 무용지물이 될지 모른다는 견해와 더불어 앞으로 대학캠퍼스 자체가 대면교류의 장소 또는 대규모 행사를 위한 일종의 사교 공간으로 탈바꿈할 수 있다는 예측도 나온 적이 있다. 하지만 필자는 오늘날 계층별로 나누어진 가족처럼 부유한 계층은 전통적 형태의 결혼과 가족구성을 유지하는 편이고 가난한 계층은 가족해체 또는 가구해체의 길로 접어드는 경향이 있듯이, 대학 역시 위계서열화하여 중상위층 그룹은 큰 어려움 없이 존속하겠지만, 하위층 그룹의 대학들은 차별화된 특성화교육전략으로 생존을 도모하든지, 아니면 지역사회의 산학협력관, 창업보육센터, 직무(기술) 재교육원, 평생교육원, 레저스포츠센터, 동·식물원, 주거단지, 쇼핑몰, 전시관 등 다양한 형태로 전환될 가능성이 있을 것으로 전망한다.

하고자 한다.

지금까지 우리나라는 숱한 고등교육정책을 시행해 왔다. 개별 정책에 대한 평가는 논외로 할 수밖에 없지만, 전반적인 특성을 짚어 낼 수 있다. 크게 추진방식상의 특징과 정책기조상의 특성으로 나누어 본다. 이러한 특성을 파악해 내는 일은 그 한계점을 극복하고 새로운 정책기조를 찾아내어 개선방안을 제시하는 데 도움이 될 터이다.

먼저 우리나라 교육정책은 추진방식상의 특징으로, 첫째 톱다운 방식을 들 수 있다. 몇몇 전문가 위주의 정책 아이디어를 중심축에 두고 추진하는데, 이는 외국사례를 준용하려는 사대주의적 발상을 아직도 탈피하지 못하고 있음을 드러낸다. 주로 미국의 경험과 일본의 관련 법률에 의존하는 경향을 엿볼 수 있다. 관련분야 연구의 일천함이나 학문적 후진성으로 인해서 선진제도를 모방하는 그 자체를 탓할 수는 없으나, 역사적 배경이나 문화적 환경을 고려하지 않고 그대로 옮길 적에 생기는 부작용 때문에 하나의 정책시행이 또 다른 사회문제를 낳고 마는 악순환의 고리가 형성되는 것이다. 현장에 답에 있다는 말처럼, 일선 교육현장의 문제는 그 관련 당사자들이 가장 잘 알기에 이들을 해결주체로 인정해 주면서 필요한 지원을 해 주면 얼마간 시행착오가 있더라도 해결책을 찾게 될 줄 안다. 그만큼 아래로부터의 개혁이 가능하도록 중앙의 권한과 자원을 일선 현장으로 위임하는 제도 개선이 요청된다.

교육정책 추진방식에서 드러나는 두 번째 특징은 실험성격의 단기적인 성과 위주 방식이라는 것이다. 겉으로 보기에 그럴싸한 정책을 신속하게 그리고 전국에 일괄적으로 시행하려고 한다. 대통령이나 심지어 자주 교체되는 장관의 임기 중에 성과를 거두려는 급박함이 배어 있다.

결국 한꺼번에 소기의 정책효과를 내기 위한 성급함으로 인해 시행착오를 겪을 수밖에 없었기 때문에, 특히 의도하지 않은 결과들이 야기되곤 하였기에, 교육정책에 대한 국민의 신뢰감을 얻지 못하고 오히려 불신감을 조장하기에 이르렀다. 이는 정치권으로부터의 책임추궁, 언론으로부터의 질타, 관련 사회집단으로부터의 항의 등 여론의 뭇매를 피하기 힘들게 하여, 결국 정책의 일관성을 유지하지 못하는 경향을 낳고 만다. 이러한 문제를 완화하기 위하여 이른바 '정책실명제' 도입, 정권교체와 무관한 '고등교육위원회' 설치 등을 고려해 봄 직하다. 이 지점에서 강조하고 싶은 점은 제도의 명칭이나 내용도 중요하지만, 해당 정책이 제도로 정착하여 안정화되기까지 책임지고 운영하도록 하여 의도하지 않은 결과를 최소화하는 노력과, 정책시행 이후에 그 효력이 발생하는 시점부터 반드시 평가를 실시하고 그에 상응하는 개선 조치가 필요하다는 것이다. 마치 교육정책이 인기몰이용 실험수단으로 간주되어서,[59] '아니면 말고' 식으로 교육정책에 접근하는 것을 원천적으로 차단해야 할 시점이다.

다음으로 정책기조상의 특징을 보면, 우리나라 고등교육의 정책기조는 하나의 패러다임에 몰입해 있는 속성을 지닌다. 물론 정책의 일관성 측면에서 하나의 패러다임 안에서 움직이는 것이 올바른 방향일 수 있다. 그러나 현실은 부처 간 업무분장과 기관 간 역할 분담으로 인하여 하나의 패러다임 안에서 움직이지만 마치 모자이크를 만드는 식으로 접

59) 잘 알다시피, 교육정책의 성과는 시기상 언제부터 측정 가능한지가 매우 불분명하기 때문에, 정치적 입장에서는 책임을 회피하면서 선전효과는 곧장 누릴 수 있는 사안이다. 예를 들어, 수행평가와 종합생활기록부, 입학사정관제, 자유학기제, 국립대 법인화, 총장직선제 폐지 등 국민적 관심을 끌 수 있는 정책을 미리 시점을 정해 두고 이해 당사자들의 의견수렴을 공청회 한두 번으로 끝내고는 밀어붙이듯이 추진하고 만 것이 저간의 실태였다.

근하기에, 세부 정책들 사이에 부조화를 이루고 상충·모순되는 점들이 적지 않다. 비근한 예를 들면, 학령인구 감소로 대학입학정원 축소가 필요하다면서, 교육부는 부실대학퇴출을 위해 힘을 쏟는 반면에 타 부처에서는 해당 전문인력 양성을 위한 새로운 고등교육기관을 설립하려는 형태이다. 이러한 형태는 신자유주의적 시장경쟁체제의 패러다임 안에서 가능한 일이다.[60]

우리나라는 여태까지의 고등교육 정책기조에서 탈피하지 않으면 많은 대학들이 지속 가능성을 보장받기 힘들다고 본다. 왜냐하면 그동안 신자유주의적 세계화 담론이 확산되면서 우리나라 고등교육정책을 지배해 온 것은 '중앙집권식 대학분할경쟁체제'(약칭 '분할경쟁 레짐')라고 이름 붙일 수 있는 것인데, 이는 대학 간 무한경쟁을 불러일으켜 인적·물적 자원의 과다투입에 의해 고비용 저효율의 교육성과를 낳았기 때문이다. 이것과는 대조되는 것으로, 그러면서 대학 전체뿐만 아니라 각 대학의 바람직한 미래를 견인해 내고 질적 향상과 지속성을 담보할 수 있는 것을 '지역분권형 대학공유협력체제'(약칭 '공유협력 레짐')라고 부를 수 있다. 한마디로 이 글의 입장은 후자의 공유협력 레짐을 앞으로의 고등교육정책의 기본방향으로 삼도록 사회적 합의를 도출해 내는 일이야말로 우리 대학인들의 시대적 과제라고 보는 것이다. 다음 [표 6]은 두 가지 대조되는 레짐의 고등교육정책 특성을 비교해서 정리한 것이다.

60) 교육부가 최근에 내놓은 고등교육정책 가운데 평생교육단과대학 신설은 이미 존재하는 원격교육 기반의 디지털대학교로 하여금 유사한 교육 수요 집단을 대상으로 새로운 경쟁을 불러일으키는 정책이다. 그리고 고용노동부 산하의 한국폴리텍대학에서 학사학위과정을 확대하는 시도는 교육부의 대학입학정원 감축 노력과 상치되는 면이 있다.

[표 6] 양대 고등교육정책 레짐 비교

<table>
<tr><th>고등교육정책 특성</th><th colspan="2">중앙집권식 대학분할경쟁체제
(분할경쟁 레짐)</th><th colspan="2">지역분권형 대학공유협력체제
(공유협력 레짐)</th></tr>
<tr><td>정책 주요가치</td><td>경쟁과 효율,
선택과 집중</td><td colspan="2">자율과 책임</td><td>공존과 공생,
연대와 협력</td></tr>
<tr><td>정책 지향목표</td><td colspan="2">대학경쟁력 제고 및
국가경쟁력 확보</td><td colspan="2">질적 향상과 지속 가능성 확보</td></tr>
<tr><td>정책 추진주체</td><td colspan="2">중앙부처(교육부)</td><td colspan="2">광역권 단위 지역소재 대학</td></tr>
<tr><td>정책 시행방법</td><td colspan="2">톱다운 식의
반강제적·획일적 추진</td><td colspan="2">이해 당사자 중심의 거버넌스 구축</td></tr>
<tr><td>정책 평가보상</td><td colspan="2">선별적·차등적 재정지원</td><td colspan="2">공정성과 공평성 중시</td></tr>
<tr><td>정책 대표사례</td><td colspan="2">일본의 국립대 법인화,
교육부의 각종 재정지원사업</td><td colspan="2">일본의 대학 컨소시엄 교토,
미국의 연합대학체제
(캘리포니아 주 등)</td></tr>
</table>

신자유주의적 세계화의 영향으로 시장 원리와 시장에서 중시되는 가치가 거의 모든 제도에 침투해 왔는데, 대학정책도 예외가 아니다. 앞서 언급했듯이 경비절감과 수익창출을 위해 선진국 대학들이 학술자본주의 체제를 적극 수용하면서, 경쟁과 효율의 가치를 구조조정이나 제도 개선의 기준점으로 삼았다. 우리나라는 정책실현에 동원되는 권한과 자원을 중앙으로 집중시키고, 그 배분을 정부가 세운 계획에 따라 집행하는 중앙집권식 체제이다. 게다가 한정된 자원의 효율성 증대를 위하여 선택과 집중이라는 가치를 자원배분의 주요 가치기준으로 내세웠다. 그리하여 소기의 성과를 단기간에 달성하는 정책적 효과를 거두기도 하였으나, 부작용도 적지 않았다. 앞면이 선택과 집중인 동전을 뒤집어 보면 뒷면에는 특혜와 배제가 나온다. 자원을 배분받은 경우에 대해서는 특혜 시비를 낳았고, 받지 못한 경우는 배제에 대한 원망과 소외감을 갖게

된 것이다. 이런 상황이 장기화하면 특혜집단은 경쟁자 없는 독주자처럼 안주하게 되고, 배제집단은 선의의 경쟁을 부정하고 참여 자체를 포기하게 된다. 그 결과, 원래의 정책목표와는 다르게 도리어 경쟁력 제고는 공염불이 되고 만다.

오늘날 우리 사회를 분노사회, 절망사회, 혐오사회, '헬조선' 등으로 지칭하는 것은 시장적 가치가 빚어 낸 사회갈등의 비생산성이 사회 곳곳에 뿌리내린 증좌라고 할 것이다. 실제로 분할경쟁 레짐은 권위주의, 경쟁지상주의, 결과중심주의, 이기적 개인주의 등과 친화성이 높다. 그 까닭은 정책수혜대상을 분할 지배하여 선별·선정하는 과정에서 이른바 '갑질'이 작동할 여지가 있기 때문이다. 따라서 이 분할경쟁 레짐의 교육성과는 명시적인 성적향상을 중시하고 상대적으로 비가시적인 인성함양은 경시되기 마련이다. 그런 만큼, 이 레짐에 의해 길러진 승자로서의 인재들은 남을 배려하거나 남과 협력하는 삶을 영위하는 것에 관심 갖지 않을 가능성이 높다. 이런 기득권 집단의 삶의 양식을 모아 놓으면 결국 승자독식사회로 탈바꿈하고 마는 것이다.

이제는 고등교육정책 레짐이 바뀌어야 할 시점이다. 분할경쟁 레짐으로 계속 밀고 나가서는 오늘날 우리나라 대학의 위기를 해소하기는커녕 사회문제를 더 악화시킬 공산이 크다. 무엇보다도 정부가 의도한 정책목표를 달성하기 힘들고 원성만 살 것이다. 지금까지 정책의 사업형태와 추진방식으로는 대학경쟁력 제고에 무리와 한계가 있으므로, 결국 국가경쟁력 확보도 구호로만 그칠 가능성이 크다.

(2) 대안을 위한 새로운 레짐 구축

지금까지 정책의 다른 대안 찾기로서, 밝은 미래의 대학은 공유협력 레짐으로 구성해 갈 수 있다고 본다. 대학의 존재이유나 설립목적 등과 같은 교육철학적인 의제 프레임 설정에서부터 이전 레짐과 차별화할 필요가 있을지 모르지만, 여기서는 대학 그 자체에 대한 담론보다는 고등교육정책을 중심으로 다루고자 한다. 그 까닭은 한편으로는, 바람직한 대학의 미래 이상형은 추상성이 강한 주제이므로 구체적 현실로부터 휘발성이 강하여 짧은 논의 안에 가두기 어렵기 때문이다. 다른 한편으로는, 고등교육정책의 기본방향과 추진방식에 따라서 현실에 존재하는 구체적인 대학의 미래상이 달라질 수밖에 없기 때문이다.[61] 요컨대 시대적 흐름에 따라 전체 대학이 걸어가야 할 방향은 정해지겠지만, 해당 대학의 구체적인 미래는 그 이해 당사자들의 의지와 열정, 그리고 합의를 바탕으로 구성된다는 것이 이 글의 입장이다.

---

61) 현장감 있게 미래의 대학 모습을 상상하는 일은 아카데믹한 작업의 산물이라기보다는 저널리즘의 소산인 경우가 많다. 그만큼 대중의 호기심을 자극할 수 있는 주제이기 때문이다. 하지만 이 자리에서 잠시 이 주제에 대해 언급하고자 한다. 즉 대학의 존재양태가 미래사회에서 어떻게 전개될 것인지를 대학의 사회적 기능변화라는 측면에서 다루어 본다. 전통적으로 대학은 교육, 연구, 봉사 기능을 수행했는데, 시차를 두고 순서대로 추가적으로 중시되어 왔다. 그런데 세계화의 영향으로 이러한 기능을 대학별로 특화하는 것을 대학특성화의 한 유형으로 간주하려는 움직임이 나타났다. 이른바 교육중심대학, 연구중심대학, 산학협력중심대학으로 기능을 분화할 것을 제시한다. 이런 분류 접근은 나름대로 일리가 있겠지만, 분할경쟁 레짐으로는 실현되기 어려울 뿐만 아니라 실현되더라도 바람직하지 않다고 본다. 공유협력 레짐의 관점에서 보면, 이런 식으로 특화된 대학들이 상호 부족한 면을 채워 주는 연대협력 관계가 구축되지 않으면 비효율성이 크게 발생할 것이기 때문이다. 비유적으로, 가족제도와 대학제도의 유사점을 들 수 있다. 사회양극화가 심해진 오늘날 자본주의 사회에서 가족의 존재양태가 다양해졌는데, 결국 전통적 형태의 가족이 수행하던 많은 기능들이 다른 기관들로 이행되면서 가족만의 사회적 기능이 상실된 것처럼 보인다. 그래서 부유한 상류계층은 전통적인 가족형태가 유지되는 경향이 높지만, 중하층으로 내려갈수록 가족해체 현상이 많이 나타나고 있다. 대신에 단독가구와 비혈연가족이 증가한다. 마찬가지로, 대학들이 기능별로 분화해 가면, 분할경쟁 레짐에서 상위대학은 존속할 수 있겠지만, 저평가 대학들은 점차 경쟁력을 상실해서 존속 자체가 위태로울 것이다. 결국 퇴출대학은 대학의 전통적인 기능 이외의 새로운 기능을 수행하는 기관으로 전환할 수밖에 없을 것 같다. 이렇게 기능전환이 이루어진 기관을 대학이라고 계속 부를 수 있을지는 의문이다.

공유협력 레짐에서 중시하는 정책가치는 공존과 공생, 연대와 협력, 그리고 자율과 책임이다.[62] 물론 개인의 자유와 개별적 소유권을 존중하고, 경쟁과 효율의 필요성도 인정하지만, 그 자체가 지고선이 될 수 없고 또한 전체 사회의 공동체적 가치 요소를 억압하는 정도로 강력해서는 곤란하다는 것이다. 막다른 경쟁 골목에서 내가 살기 위해 네가 죽어야 된다는 상황까지 가서는 안 되고, 그러한 상황이 생기지 않도록 상생하는 길을 함께 찾아 가자는 취지이다. 각자의 잠재력을 최대한 끌어내고 고유한 특성을 살려 내는 것이 전체적으로 삶의 질을 향상시킬 뿐만 아니라 개별 주체의 지속 가능성을 확보하는 것이기에, 대학들 역시 설립목적과 교육목표에 따라서 특화하고, 상호 필요하지만 한정된 자원은 서로 공유하는 것이 해결방안이자 공존하는 방식이 된다. 무엇을 어떻게 특화할 것인지, 어느 기관과 협력할 것인지, 어느 자원을 어떻게 공유할 것인지 등은 중앙부처에서 일률적으로 제시할 수 없으므로, 해당 대학들이 소재한 지역의 광역권 단위에서 이해 당사자들이 주축이 되어 추진주체로 나서는 것이 실현 가능성을 높여 준다. 그리고 정책시행 결과를 평가할 때도 하나의 '줄 세우기'에 따른 차등적 보상을 당연

62) 새삼 강조할 것 없이, 자율과 책임은 분할경쟁 레짐의 지지자들 가운데 자유시장원리와 시민윤리를 강조하는 경우에도 소중한 가치 요소이다. 다만 신자유주의의 득세로 인해서 학교 선택의 다양화와 자율화라는 미명 아래 학교교육을 사적 영역으로 위임하거나 위탁하는 형태의 민영화 또는 시장화 기제를 도입하고, 정부의 교육재정을 축소하려는 움직임과 같은 과격한 사사화(privatization) 과정, 곧 공공부문과 공적영역의 책무성을 해체하고, 그 대신 모든 책임을 선택 기회를 가진 개인 당사자에게만 지게 하는 것이 문제이다(Whitty 2002). 그러나 개인의 선택권을 인정하고 그 결과를 존중한다는 점에서 자율과 책임의 가치는 양대 고등교육정책 레짐의 공통분모라고 볼 수 있다. 따라서 이를 매개로 하여 양대 레짐 지지자들 사이에, 분할경쟁 레짐에서 공유협력 레짐으로의 이행을 연착륙시키는 허브공항처럼, 소통·교류의 장을 마련할 수 있을는지 모른다. 한 가지 가능성은, 중앙에서부터 지방으로 권한과 자원을 대폭 이양시키되, 해당 지방의 자율적인 정책수행에 대한 책무성을 반드시 중앙이 평가하여 그 결과를 차기 단계의 자원 배분에 반영하는 식이다.

시하기보다는 투입 대비 산출의 가성비, 규모의 경제성, 수요변동 등을 종합적으로 고려하여 공정성과 공평성을 기하는 것이 중요하다고 본다.

공유협력 레짐에 준거해서 좀 더 구체적인 정책을 제안해 보면, 먼저 대학의 위기 돌파를 위한 지역 연합대학 구축안을 들 수 있다.[63] 이 안은 저출산에 의한 학령인구 감소와 대학재정압박 등 대학의 어려움을 타개하기 위하여 여러 대학들이 캠퍼스 시설과 인력 등을 공동으로 이용하자는 내용이다. 특히 미래 도시와 지역사회의 비전을 설정하는 데 지금까지는 정부에 권한이 집중되어 지역사회의 집단지성과 시민사회는 누락되었음을 지적하고, 앞으로는 해당 지역 집단지성의 허브인 국립대가 중심이 된 지역 연합대학이 지역발전의 구심적 역할을 수행해야 한다고 본다. 이를 실현하기 위해서 지역 단위의 연합대학 준비위원회를 만들어 서로 연합이 가능한 분야부터 조기 시행을 위한 양해각서를 대학들이 체결하고, 도서관·정보전산원·기숙사 등의 기본시설 공동 이용과 신규 사업 공동 발굴 등 낮은 차원의 협력부터 시작해서 의사결정구조까지 갖는 높은 차원의 연합국립대학으로 간다는 구상이다.[64), 65)] 실제

63) 2016년 9월 7일 국공립대 총장 토론회에서 전호환 부산대 총장이 제안한 바 있다. 출처: http://www.hani.co.kr/arti/PRINT/760335.html.

64) 보도된 내용에 따르면 오해를 낳을 소지가 있는 부분이 "의사결정구조까지 갖는 높은 차원의 연합국립대학"이라는 표현이다. 두 개 대학 이상이 행·재정통합을 이루고 예산, 인사, 조직, 법규에 관한 단일한 의사결정구조를 갖게 되면 이것은 대학통합을 의미한다. 반면에, 대학연합은 독자적인 의사결정구조를 갖고 독립적인 행·재정체계를 유지하면서 사안별로 사업과 제도의 효율적 운영을 위해 기획 및 집행 과정에서 정보·자원을 공유하고 그 활용을 극대화하려고 상호 협력하는 것이다. 따라서 대학연합에서의 의사결정은 개별대학의 단일구조를 배제하는 것이 아니라, 다양한 이해 당사자들의 대의기구 형태인 이른바 '거버넌스'에 가까운 형태라고 할 수 있다.

65) 부산 지역의 사립대인 경성대와 동서대가 시설·강의·교직원 등 대학의 인적·물적 자원을 상당히 공유하는 시도를 이미 시작했다는 보도가 나왔다(출처: http://www.hani.co.kr/arti/PRINT/760502.html). 두 대학 학생들은 주요 교육시설을 함께 사용할 수 있을 뿐만 아니라

모델로서 미국의 캘리포니아 주립대학체제를 참조할 수 있기에 현실성 있는 대안 제시라고 볼 수 있다. 관건은 역시 현재의 분할경쟁 레짐을 고수해서는 여전히 한계점을 지닌다는 점이고, 전반적인 고등교육정책에서 공유협력 레짐으로의 전환이 우선이라는 점을 강조하고 싶다.

필자는 공유협력 레짐의 획기적인 고등교육정책으로 '대학평준화' 정책을 이 자리에서 제안하고자 한다.[66] 흔히 평준화라고 하면 우리 사회에서는 질적 하락을 연상시킨다. 그래서 미리 강조하자면 대학의 질을 제고하는 상향표준화가 여기서 제안하는 대학평준화의 의미이다. 쉬운 예로, 학점당 학습분량을 늘려서 적어도 주요 선진국 대학의 평균 수준 이상으로 설정하는 식이다. 당연히 학생 1인당 공교육비 수준도 그에 준하도록 상향조정해야 한다.[67] 특히 현행 대학입시제도가 대학서열화의 온상이기 때문에, 이 입시제도의 혁신적인 개편작업은 대학평준화를 앞당기는 수단이 된다.

하지만 우리나라 대학교육의 질적 향상을 위해서는 대학구조개혁이

두 대학의 스타 교수가 양쪽을 오가면서 강의하고, 고가의 영상 촬영장비를 공동구매하여 사용하기로 하는 등, 공유협력 레짐의 실현 가능성을 높여 주는 사례이다. 최근 서울지역의 32개 대학이 2017년 2학기부터, 단순한 학점교류를 넘어서서 연합프로그램과 온라인 강좌 등을 공동 개발하고 운영하는 이른바 '공유대학' 실행계획을 발표하였다(출처: http://www.dhnews.co.kr/news/articleView.html?idxno=68671).

66) 우리나라 교육정책 가운데 사회적 합의를 통해 오랫동안 국민적 지지를 받은 것이 고교평준화 정책이었다. 질적 하향평준화라는 비판이 득세하면서 특목고, 자율고 등의 설립 허용과 더불어 근간이 무너지고 말았지만, 여전히 그 정책의 사회적 효과라는 순기능을 긍정적으로 평가하는 이들이 더 많다. 사실 고교평준화 정책이 대학의 평준화 없이는 불가능하다는 것은 이미 예측된 바이기도 하다.

67) 참고로, 2012년 기준 우리나라 대학생 1인당 공교육비는 OECD 평균의 65.6% 수준이다. 국내총생산 대비 실질 고등교육예산도 0.8% 수준이라서 OECD 평균인 1.2%에 비해 크게 낮은 편이다(2013년도 기준으로는 각각 0.9%와 1.1%로, 우리나라 사정이 개선되고 있는 것 같다). 아무튼 학령인구가 감소한다고 해서 교육예산까지 줄인다면, 교육경쟁력 제고는 언감생심의 일이 될 것이다.

가장 먼저 선행되어야 할 선결요건이다. 우리나라 어떤 대학을 가더라도 교양과정을 포함하여 자신이 선택한 전공단위의 교육과정이 글로벌 스탠다드에 부합해야 비로소 입학전형방법을 추첨식으로 해도 결과를 받아들일 것이다. 또한 언제든지 자신의 수준에 적합한 전공단위가 소속된 대학으로의 편입을 허용하는 제도를 갖추면 입학 당시의 대학 서열에 집착하지 않을 것이다.[68] 더군다나 인력, 시설, 장비 등을 공유하는 대학들이 많아지면 해당 지역의 어느 대학에 진학하더라도 불이익을 받을 소지는 사라지는 셈이다. 실제로 대학진학희망자가 대학입학정원보다 적어지면, 고교시절의 학업성적보다는 전공적성과 수학능력 중심으로 대학을 선택하는 것이 더 가능해질 성싶다.[69]

정리하자면, 우리나라는 앞으로 공유협력 레짐을 구축하여 대학교육의 공공성을 강화하고 책무성을 중시하지 않을 수 없다. 현재 대학 간 등록금 차이와 지역 간 생활비 차이 못지않게, 기존의 대학서열과 평판도에 관련된 기득권집단의 이해관계를 극복하기 위해서는 국민적 공감대와 사회적 합의 도출을 위한 노력이 시급한데, 이를 위한 합당한 논거는 대학의 공공성과 책무성에서 찾을 수 있기 때문이다. 적어도 정부의 재정지원을 받은 대학들에게 이러한 공공성과 책무성을 적용하는 것이

---

68) 자신의 수학능력보다 더 높은 수준의 강의가 진행되는 대학을 계속 다니기보다는 제대로 이해하고 학점을 받을 수 있는 강의를 찾아 대학 편입을 시도하는 경우가 많을수록, 또한 일정한 수준에 도달하지 못하면 탈락하여 대학졸업 자체가 허용되지 않는 경우가 많을수록 우리나라의 대학경쟁력이 전반적으로 향상되었다고 볼 수 있다. 따라서 개별 대학뿐만 아니라 해당 교수 개인이 담당한 교과목에서의 엄정한 학사관리의 중요성은 아무리 강조해도 지나침이 없을 줄 안다. 이 점은 대학구조개혁 평가에서 부실한 학사관리를 용납하지 않는 제도 개선을 포함해야 하는 이유이기도 하다.

69) 최상위권 대학을 제외한 나머지 대다수 대학들은 입학생 충원 문제 못지않게 재학생 유지 문제에 대해서도 점점 더 고민해야 할 것이기 때문이다.

당연지사인데, 이를 거부하는 대학들은 정부재정지원 적용대상에서 제외하는 것이 바람직하다고 본다. 거꾸로 말하면, 재정지원이 절실한 대학들은 공유협력 레짐에 준거한 정책들을 적극 수용할 가능성이 높다. 기대하건대, 현 정부가 주도하는 대학구조개혁 평가 사업은 앞으로 이러한 방향으로 노력하는 대학, 안주하는 대학, 외면하는 대학을 나누어서 재정지원 등급을 정할 수 있을 터이다. 현행 각종 대학평가를 통한 다양한 재정 지원 사업들을 유형별로 묶고, 이를 대학구조개혁 평가 결과와 연계하여 활용방안을 모색하는 것이 필요한 실정이다.

2. 대학 관련 평가의 바람직한 정책 방향

한 나라의 고등교육정책과 그것과 관련된 각종 평가 및 지원 사업은 대학제도의 사회적 기능을 좌우한다. 왜냐하면 개별 대학의 운영 영역(학사구조, 교육과정, 장학지원 등)뿐만 아니라 그 구성원의 가치관 및 세계관 형성에 미치는 영향이 매우 크기 때문이다. 심지어 강의실 안의 교육내용과 교수방법까지 변화시킬 수 있는 힘으로 작용하는 것이 현실이기 때문이다.

여러 정부정책들 가운데 교육정책은 경로 의존성이 강한 편이다. 기존의 교육내용과 교육방법을 바꾸는 일은 이전의 교육체제에서 양성된 인력의 전문성과 역량을 바탕으로 새롭게 형성해 가야 하는 일이기 때문이다. 자신이 익숙한 레짐을 해체하고 정반대 방향의 레짐을 따른다는 것은 결코 용이한 일이 아니다. 그럼에도 불구하고, 자율성과 창의성을 중시하는 대학교수집단은 자신이 속한 대학의 지속 가능성을 위해서 새로운 대안체제 구축을 위한 레짐 형성에 기여할 수 있다. 실로 이러한 사회적 책무성을 적극 수용하지 않으면 대학의 미래가 어둡기 때문이다. 미래의 대학을 바람직한 사회적 기능을 수행하는 고등교육기관으로 자리매김하는 공정工程에서, 대학의 핵심구성원인 교수집단이 면제될 수 없거니와 자신의 희망적인 미래를 위해서라도 면제되어서는 안 될 줄 안다.

이 절에서는 현재 시행되는 대학 관련 평가 가운데 대학구조개혁 평가와 대학교수업적 평가를 개선하기 위한 방향 정립을 공유협력 레짐의 관점에서 제안해 보고자 한다. 자세한 평가항목이나 평가지표 개발을 의도하는 것이 아니라, 해당 의제를 공유하고 담론을 형성하기 위해 범국민적인 협력이 필요하다는 취지에서 화두적 성격의 논의를 시도하는 것이다.

1) 대학구조개혁 평가 방향

대학구조개혁은 시대적 요청이다. 대체로 우리나라의 경우는 크게 세 가지 근거에서 이 시대적 요청을 수용하는 편이다. 첫째는 대학평가의 세계화로 인해서 드러난 우리 국내 대학들의 국제적 위상에 대한 염려의 반작용으로, 대학 경쟁력 제고에 대한 여망이 국민들 사이에 증대하고 있다. 대다수 국민은 이제 선진국에서는 대학이 국가 경쟁력의 보루로서 연구개발 및 인재양성의 핵심 인프라로 자리 잡고 있다고 인식하기 때문이다. 둘째로 제4차 산업혁명 시대의 도래와 더불어, 기존의 인력수급의 양적 불균형 확대와 질적 불일치 심화로 인해 대졸자의 청년 실업 현상이 사회문제로 대두하고 있다. 그런즉, 대학교육의 질 향상과 인력수급 조절을 위한 정책적 개입이 불가피한 상황에 이르렀다. 마지막으로는 이런 상황에서, 특히 우리나라의 경우는 하필 대학진학 학령인구의 급감으로 대학입학정원 확보가 어려울 시점이 곧 다가오고 있다. 그래서 대학입학정원을 대폭 축소하면서도, 교육의 질을 높여 대학

경쟁력을 강화하기 위해서 대학구조개혁이 필요하다는 공감대가 형성되기에 이른 것이다.

그런데 누가 어떻게 대학구조개혁을 해야 하는가에 대해서는 의견이 일치하지 않는다. 아니, 일치할 수 없거니와 더군다나 모든 대학을 하나의 잣대로 일치시켜서는 아니 될 일이다. 특히 대학구조개혁을 정부가 주도할 필요가 있는가에 대한 의견은 첨예하게 갈릴 수 있는 사안이다. 정부 주도의 대학구조개혁이 필요하지 않다는 쪽에서는 주로 대학의 기본가치인 자율성과 다양성을 해치는 결과를 초래한다고 주장한다. 백번 양보해서 대학구조개혁을 정부가 추진하더라도 해당 대학에게 맡겨두고 필요한 것만 지원하는 것이 정부의 역할이라는 주장도 있다. 이의 극단적 관점은 대학입학정원 조정에 관한 한 자율적이고 경쟁적인 시장원리에 맡기는 것이 최선이기에 어떠한 정책적 개입도 불신하거나 거부하는 입장이다. 다른 한편으로, 정부 주도의 강력한 대학구조개혁이 필요하다는 견해가 있는데, 주로 산업체의 입장으로, 현 상태의 우리나라 대학교육 실정에서는 제4차 산업혁명의 대비가 미흡하다는 주장이다. 또한 시장경쟁원리에 내맡겨지면 비수도권 지역의 소규모 대학들부터 폐교의 위기를 겪을 테고 이는 해당 지역경제의 위기로 이어진다는 주장도 있다. 이의 극단적 관점은 고등교육 시장의 실패와 왜곡을 시정하는 것이 정부의 기본 역할이기에 우수대학 육성이나 부실대학 퇴출 등 강력한 조치가 필요하다는 입장이다.

이처럼 대학구조개혁 주체와 방식에 대한 입장은 다양한 스펙트럼을 형성하고 있는 것이 우리 현실이다. 그렇기에 섣부르게 하나의 입장을 내세워서는 동의를 얻기 어려울 줄 안다. 왜냐하면 대학 구성원들은 명분만이라도 다양성과 자율성의 가치를 중시하는 것이 대학정신이라고 동의하기 때문이다.

그럼에도 불구하고, 여기서는 이러한 소중한 대학정신을 앞으로 최대한 살려 내기 위한 정지작업으로서 대학구조개혁 평가라는 대학진단이 필요하다는 입장을 취하고자 한다. 다시 말해서, 오늘날 우리나라 대학들은 다양성과 자율성의 가치를 스스로 확인해 가는 노력과 절차를 소홀히 해 온 점을 반성하고 성찰할 때라는 것이다. 현상적인 관찰을 통해 나타난 우리 대학현실은 '잘 가르치는 대학'을 지향하기보다는 '연구실적 높은 대학' 아니면 '취업률 높은 대학'으로 나아가려는 모습을 하고 있다. 실제로 "논문편수는 많으나 연구는 별로다."라느니, "취업률은 높으나 취업만족도는 낮다."느니 하는 말이 회자된다. 심지어 "학점은 좋은데 배운 것은 없다."느니 "스펙은 좋은데 실력은 없다."는 말도 들을 수 있다. 물론 과장된 표현일 수 있으나 이런 말들이 나돈다는 세태로부터, 대학이 다양성과 자율성에 대한 책무를 외면하지 않았던가 하는 점을 인정할 수밖에 없다. 우리 사회에서 제기된 이러한 비판 수용에 인색하더라도, 교수 중심의 잘 가르치는 대학에서 학생 중심의 잘 배우고 많이 학습하는 대학으로 전환하는 것이 요청되는 시대라고 동의함이 바람직하다고 본다.

대학이 사회적 책무를 스스로 이행하는 것이 가장 좋겠지만 그러지 않을 경우, 차선책이지만 정부 등 외부로부터의 자극이 필요하다. 그리고 그 수단으로서의 대학구조개혁 평가를 동원하는 데 수긍하게 된다. 사실 대학 생태계 변화에 적극적인 대응 시도로서, 「대학구조개혁 추진계획」(2014. 1.)은 새로운 평가체계를 통하여 대학교육의 질을 제고하려는 정부 주도의 선제적이고 적극적인 시도라고 할 수 있다. 시행착오를 통한 개선책 강구가 필요함에도 불구하고, 2016년 8월 1주기 대학구조개혁 평가 결과 발표 직후에는 정부 주도의 대학구조개혁 추진에 대한 우려가 높았다.[70] 그러나 D등급과 E등급 대학에 대한 컨설팅 진행 이후부터는 긍정적인 견해가 더 우세한 것으로 나타났다. 대학구조개혁의 진정한 목적이 단순히 입학정원감축에 있지 않고, 대학교육의 질적 제고에 있다는 이해와 더불어 대학의 위기 국면에 대한 공감이 확산된 것으로 판단할 수 있다.

긍정적인 태도를 넘어서서 우호적이고 적극적인 참여를 유도하기 위해서, 대학구조개혁 평가의 기본목표와 방향에 대한 공론화가 필요하다고 본다. 그리하여 대학구조개혁을 각 대학이 자발적으로 그리고 지속적으로 추진하는 단계로 나아가야 우리나라 대학의 밝은 미래를 기약할 수 있을 것이다.

가장 먼저 강조할 수 있는 사항은 앞 절에서 제시했던 공유협력 레짐의 프레임을 준수하는 일이다. 구체적으로 대학구조개혁의 평가목표에 대한 곡해와 평가결과 활용에 대한 오해를 불식할 필요가 있다. 예컨대 평가목표가 모든 대학의 입학정원을 감축하는 데 있다는 것은 곡해이고,[71] 평가결과를 근거로 등급판정과 정부 재정지원 차등화는 또 다른 형태의 대학서열화를 초래한다는 것은 오해이다. 이러한 곡해와 오해가 유발된 탓은 분할경쟁 레짐을 기반으로 대학구조개혁 평가 사업이 진행된 데 있다고 본다. 다시 말해서 경쟁과 효율, 선택과 집중, 그리고 선

---

70) 대체적으로 대학의 자율성 침해, 다양성 훼손, 우수대학 부담 과중, 부실대학 연명, 소규모대학과 지방대학 차별, 전문대학 배려 부족, 또 다른 형태의 대학서열화 부작용 등을 지적한 것으로 정리할 수 있는데, 이런 지적은 1주기 대학구조개혁 평가 사업의 의도하지 않은 결과이므로 개선 시에 참고할 내용이다.

71) 심지어 우수대학의 입학정원을 많이 줄이도록 하여서 오히려 퇴출 가능 대학의 연명을 조장한다는 비판도 있다.

별적·차등적 지원의 정책기조는 승자독식체제를 낳을 가능성이 높다고 보기 때문이다.

공유협력 레짐의 정책 프레임 구축은 많은 시일을 요하지만, 당장 우선은 현실적으로 자율성과 책무성이라는 가치의 조화를 중시하면서 '고등교육의 질'과 '대학의 지속 가능성'을 준거점으로 삼아, 자기성찰과 생존을 위해 '노력하는 대학', '안주하는 대학', 그리고 '외면하는 대학'을 분별하기 위하여 진단하는 과정이 대학구조개혁 평가라는 인식의 확산이 무엇보다도 중요하다. 자율적인 혁신을 위해 '노력하는 대학'에 대해서는 입학정원조정을 포함하여 학사관리, 교육과정, 학생지원 등 대학운영의 자율성을 최대한 허용하는 것이 필요하다. 반면에 책무 이행수준이 낮음에도 불구하고 현실에 만족하여 '안주하는 대학'에 대해서는 정부가 재정지원을 제한하고 입학정원조정 등 대학운영의 개선을 위한 여러 가지 수단을 강구하는 것이 바람직하다. 그리고 일체의 사회적 책무를 아예 '외면하는 대학'에 대해서는 정부가 재정지원제한 조치뿐만 아니라 다양한 정책수단을 동원하여 통폐합을 포함한 기능전환을 모색하게 하는 것이 필요하다. 궁극적으로는 이러한 '대학답지 못한 대학'의 퇴출을 법제화함으로써, 우리나라 모든 대학들이 일괄적으로 정원감축이나 재정긴축의 고통을 분담하게 하는 형태를 지양하는 것이다.

이른바 '좋은 대학'은 학생교육의 질적 향상을 위해 지속적으로 노력하는 '자율개선대학'이다. 자율개선대학은 대학의 설립목적, 특장점, 대학소재 지역의 특성 등을 고려한 평가체제를 자율적으로 구축하는 역량을 보여 주는 참으로 '대학다운 대학'이다. 왜냐하면, 대학의 설립이념과 교육목표에 따라 학생을 선발하고, 좋은 교육을 위한 여건을 충분히 갖추어서 질 높은 교육을 제공하여, 개인과 국가·사회 발전에 기여하며, 타 대학과 차별화되는 특장점을 발전시키는 대학이 '좋은 대학상'에 부합하기 때문이다.

기존의 대학 평가는 투입과 산출 요소 위주의 정량적 평가에 치중한 경향이 짙었다. 교수 1인당 학생 비율, 학생 1인당 교육비, 교수 1인당 연구실적, 교사 확보율, 전임교원 확보율, 전임교원 강의분담률, 졸업생 취업률 등이 대표적인 정량지표에 해당한다. 사실 이러한 정량지표는 일정한 값에 이르면 투입 대비 성과의 가성비가 급격히 낮아지는 측면이 없지 않다. 그렇기 때문에, 대학 간 무한경쟁을 유발하지 않으려면 일정한 절댓값을 제시하거나 아니면 가능한 한 지역범위 안에서 서로 자원을 공유하고 협력 운영하는 것이 국가 전체적으로 유익하고 효율적이다. 이러한 공유협력 네트워크 구축은 분할경쟁 레짐에서는 상상하기 힘든 일이다. 더군다나 진정한 대학구조개혁은 학생 스스로 학습역량을 생산하는 데 그 성과가 있다고 본다면, 정량적인 평가지표보다는 정성적인 평가지표가 교육의 질적 측면과 관련성이 깊은 '과정(전환)' 요소에 대한 측정을 가능하게 해 준다.

그런데 정성평가는 평가의 객관성과 신뢰성을 획득하기 어렵다는 데 문제가 있다. 이 문제의 해결은 우리나라 대학인들의 집단지성 수준 향상에 달려 있기도 하다. 해당 항목 평가와 관련된 전문성을 인정하는 방법 이외에는 별다른 길이 없을 듯하다.[72] 물론 객관성을 담보하기 위하여 정성평가지표를 증거기반 평가evidence-based evaluation가 가능하도록

72) 예컨대, 대학 특화 전략에 관한 평가는 대학본부 업무 중 기획부문을 책임져 본 기획처장직을 역임한 교수를, 교육과정이나 학사관리 관련 평가는 교무처장직을 역임한 교수를, 취·창업이나 장학 등 학생지원 관련 평가는 학생처장직을 역임한 교수를 평가위원으로 위촉할 수 있을 것이다.

세밀하게 구성하는 일도 필요하다. 그리고 이러한 정성평가 자료를 준비하는 데 도움을 주기 위해서 평가표를 공개하는 것도 평가절차의 투명성 신장을 통해 신뢰성을 확보하는 방법이 될 성싶다.

그런데 교육의 질을 정성평가로 접근하려고 할 때 발생하는 또 다른 문제는, 측정하고 평가하려는 교육의 질이 무엇인가 하는 점이다. 이는 앞서 언급한 교육의 질을 어떻게 측정할 수 있는가 하는 방법적 측면보다도 더 심각한 이론적 측면에 관련된다.

교육의 '질quality'에 관한 개념은 5가지 유형으로 구분할 수 있다(Harvey & Green 1993). 첫 번째 유형은, 예외적 현상으로서의 질을 가리킨다. 일반인이 접근하기 어려운 수준의 수월성을 의미하며 엘리트에 한정된 속성으로 간주하고, 이 속성은 일련의 요구조건을 충족시키기 위한 과학적 통제의 결과라고 인식한다. 그래서 평가기준을 높게 잡을수록 교육의 질이 향상된다고 가정하는 편이다. 두 번째 유형은, 완전성 및 완성도로서의 질을 의미한다. 일정한 절차준수와 자격요건을 완벽하게 충족한 상태로 인식하는데, 이는 특수한 자질을 갖춘 사람들에게 한정된 것이 아니고 일반인들도 설정된 기준에 부합하면 취득한 것으로 간주한다. 그래서 누구든지 해당 구성원 각자에게 질적 책임을 부과할 수 있다. 세 번째 유형은, 목표 적합성으로서의 질을 말한다. 수요만족에 적합한 생산품이나 서비스가 된다면 질이 보장된 것으로 간주하는데, 충족시켜 주려는 수요를 만족시키지 못한다면 아무리 완전한 생산품이라도 쓸모없다는 인식이다. 이는 수요자가 궁극적인 목표 설정자라고 보는 것이다. 네 번째 유형은, 비용 대비 효과, 곧 효율성으로서의 질을 의미한다. 소요 비용에 대한 책무성을 강조하여 수행결과 지표로써 질을 평가하려는 인식이다. 그렇기에 국가 또는 국민 등 재정부담자나 출원자의 기대에 부응하는 것이 중요하다고 본다. 마지막 유형은, 혁신적 변환으로서의 질을 가리킨다. 질적 차원의 변동을 강조하는 개념으로서, 소비자의 역량을 개발할 뿐만 아니라 소비자로 하여금 스스로 변화에 영향을 미치게 하는 것이 중요하다는 인식이다. 학생에게 지식이나 기술 증진 등의 부가가치를 제공할 뿐만 아니라, 자신감이나 비판적 사유능력 등 본인의 잠재력개발 능력까지 증진시키는 것이 양질의 교육이라고 간주하는 것이다.[73)]

조금 더 집약하여 고등교육에서의 질 개념을 아래의 [표 7]과 같이 3가지 유형으로 다시 정리할 수 있다(Bertolin 2015). 이는 고등교육정책 관련 이해집단에 따라 서로 주목하는 가치가 상이한 관점들을 제시하고 있다. 여기서 경제론적 관점은 고등교육의 질을 분할경쟁 레짐과 친화성이 높은 방향에서 이해하고 정책적 접근을 시행하고자 하는 것임을 알 수 있다. 이에 비하면 다원론적 관점과 평등론적 관점은 공유협력 레짐에서 지향하는 고등교육의 질 개념을 주목하는 것으로 판단할 수 있

[표 7] 3가지 유형의 고등교육의 질 개념

질에 관한 관점	관련 용어	이해집단	고등교육의 목표
① **경제론적 관점**	응용력, 효용성	민간영역, 정부	경제성장과 경쟁력 제고 강조
② **다원론적 관점**	다양성, 적합성	Unesco, EU, 교육부문	지역특수성 출현을 강조하면서 다양한 측면 고려
③ **평등론적 관점**	평등	Unesco, 교육부문	사회적 통합과 결속력 기여 측면 강조

73) 대학마다 여건과 특성이 다른 만큼, 정리된 5가지 개념 유형 가운데 적절히 선택 또는 조합하여 각 대학이 지향하는 바대로 교육의 질을 구성해 가면 좋을 것이다.

다. 이것은 교육부문의 이해 당사자들이 선호하는 접근이라고 볼 수 있다. 구태여 선택하자면 절충적인 관점이지만, 앞으로 우리나라에서 고등교육의 정책기조는 지역특수성을 인정하고 사회적 결속과 통합을 지향하는 것이 바람직하다고 본다. 이러한 절충적인 관점은 전체 대학 교육의 수월성을 담보한 상향평준화를 위해서 필요하다. 아울러 개별 대학기관의 지속 가능성을 신장시키고 우리나라 고등교육의 질적 수월성을 진작시키기 위하여, 일종의 '코리안 스탠더드'를 설정하고 이를 현실화하는 일이야말로 대학의 세계적 경쟁력을 확보하는 길이라고 할 것이다.

공유협력 레짐을 바탕으로 한 대학구조개혁 평가는, 개별 대학이 다른 대학들과 전략적으로 차별화하는 활동의 지속 가능성과 수월성을 살펴보는 데 주안점을 둔다고 할 수 있다. 자구책을 마련하는 대학에 대하여 인센티브를 제공하는 것이 정부의 재정 지원일 수 있다. 반면에 최소한의 대학책무성마저 회생이 불가능한 대학은 가칭 '한계대학'으로 판별하여 퇴출 등 기능전환을 유도할 필요가 있다.[74] 따라서 대학구조

74) '한계대학'을 규범적으로 정의해 보면, 대학으로서의 최소한의 기준에 미달하거나 고등교육의 책무성 이행정도가 미흡하여, 조직으로서의 지속 가능성이 미약한 대학이다. 실제 현장평가를 해 보면, 현실적으로 교육 기본여건이 많이 부족하고 질이 낮으며, 이를 해소할 수 없는 만성적인 재정적 문제를 안고 있는 대학이 이에 해당한다. 다시 말해서, '한계대학'의 실체적 특성은 ① 심각한 학원비리 등 '대학'으로서의 정상적인 기능이 제대로 작동하지 않는 대학인 동시에, ② 심각한 재정난으로 인하여 정상적인 경영이 지속 가능하지 않은 대학이다. 그리고 '한계대학'의 현상적 특성은 ① 정부의 재정지원제한에서 계속 빠져나오지 못하고, ② 입학생 충원율과 재학생 충원율이 정상적 학사운영을 기대하기 어려울 정도로 낮으면서 계속 하락하고 있으며, ③ 교직원의 임금을 체불하여 해당 건으로 소송 진행 중이거나 또는 교직원의 평균임금을 삭감해 가는 경우이다. 대개 이러한 문제가 외부로 알려지는 사례는 주로 심각한 학원비리가 발생하여 법적 소송 등 내부 갈등과 분규로 인하여 제3자의 개입 없이는 대학운영의 정상화가 어려운 경우이다. '한계대학'의 명칭은 한계기업에서 힌트를 얻은 것이다. 한계기업은 재무구조가 열악하여 정상적인 영업활동을 통해 벌어들인 이익이 이자(금융비용)조차 감당하지 못하여 시장경쟁력을 상실함으로써 더 이상 성장을 기대하기 어려운 기업인데, 이자보상배율(영업이익/이자비용)이 3년 연속 1 미만인 기업이다. 따라서 '한계대학'은 일반

개혁 평가의 기본방향은 학습자의 자기주도적인 배움의 역량을 생산하는 일을 일상화하려고 전개하는 대학자체 혁신 노력의 선도성, 자율성, 적합성, 지속성을 주목할 필요가 있다. 구체적인 평가대상 항목은 대학 설립 이념에 걸맞은 대학특화 비전 설정, 인재상 정립과 신입생 선발방식, 중장기발전계획(자원배분의 타당성과 추진실적 포함), 교육과정개편 등 관련 자료일 터인데, 이에 대한 평가 주안점은 혁신 노력의 네 가지 측면에다 두는 것이다. 다시 말해서, 평가항목이나 평가요소 각각에 대하여 혁신 노력의 선도성은 고등교육 생태계 변화에 빠르게 대응하고 있는지를 살펴보는 것이며, 혁신 노력의 자율성은 환경대응을 스스로 얼마나 잘하고 있는지를, 혁신 노력의 적합성은 자기조직의 현실과 특장에 맞게 제대로 하고 있는지를, 그리고 혁신 노력의 지속성은 얼마나 꾸준하게 변화 적응력을 갖추고 있는지를 점검하는 것이다.

반복해서 강조하자면, 분할경쟁 레짐에 기초한 기존의 개별 대학들

기업체들 가운데 한계기업의 속성을 지닌 대학기관을 지칭하는 용어이다. '한계대학'과 유사한 용어로는 부실대학, 비리대학, 잉여대학, 퇴출(대상)대학, 좀비대학 등이 있다. 부실대학은 '한계대학'의 개념보다 더 포괄적인 용어인데, 재무구조뿐만 아니라 교육환경이나 연구환경 등에서도 정상적인 활동이 이루어지기 어려운 여건이 지속되는 대학이다. 비리대학은 재무구조나 교육·연구 인프라 등에서 대학설립기준을 충족하고 있지만, 그 실제적 운영이 편법적으로 심하게는 불법적으로 이루어지는 것을 관행화하여, 고소·고발을 포함한 법적 다툼 등 구성원 간의 갈등이 상존하는 대학이다. 잉여대학이란 대학설립기준을 충족하고 정상적인 운영이 가능한데, 지역적 특성이나 여건으로 인하여 학생충원이 갈수록 어려운 상황에 처해 있으나 지역사회에 기여하는 정도에 비례하여 배려와 지원이 필요한 대학을 말한다. 퇴출(대상)대학은 총체적인 부실 운영으로 인하여 더 이상 대학조직체의 기능을 수행하기 어려울 뿐만 아니라, 심지어 비리 관행이 일상화하여 고등교육기관으로서의 존재가치를 상실 또는 훼손하여 지역사회 여론이 퇴출되어야 마땅하다고 여기는 대학으로, 세칭 '좀비대학'이 이에 해당한다. 끝으로, '좀비대학'은 부실·비리대학을 비하해서 지칭하는 용어인데, 이는 대학존립의 자생력을 담보하지 못하고 오히려 주변 대학들에게 입학생 유치경쟁 등 해악을 끼친다는 부정적 의미까지 내포하고 있다. 따라서 '좀비대학'은 퇴출 대상이 되는 대학에 해당하는 특이한 형태의 '한계대학'이다. 참고로, '한계대학'은 기능전환대학, 통폐합대학, 퇴출대상대학으로 구분할 수 있을 것이다.

간의 비교평가 방식은 그 결과에 따라 대학들을 등급 매기고 서열화해서 선택과 집중으로 자원의 효율적 배분을 도모하려는 것인데, 이는 오히려 대학들로 하여금 불필요한 과잉투자 경쟁을 유발하여 장기적으로 투입자원을 활용하지 못하는 경우에 고비용 저효율의 문제를 악화시킬 수 있다. 그러므로 입학자원이 급감하는 상황에서, 한정된 자원과 유사한 특성, 지리적 근접성을 기반으로 관련 대학들이 서로 자율적으로 연합하여 인적·물적 가용 자산을 공유하고 협력하는 방식으로 유도하는 정책이 필요하다. 곧 공유협력 레짐을 구축함으로써, 최근 3D와 증강현실AR의 확산, 드론 및 사물인터넷 기술의 상업화, 자율주행차의 등장, 인공지능AI 기반의 기술혁신 등에 의해 도래한 제4차 산업혁명의 시대를 준비하는 데 우리나라 전체 대학의 가용 자원을 최대한 결집하여 활용하는 정책적 시도를 전개하기를 기대한다. 대학은 이제 서로 '도토리 키 재기' 식의 경쟁에서 벗어나서 미래 직업구조와 삶의 방식 등 사회변화가 상상을 초월하는 단계에 접어들고 있음을 직시하고, 자발적 성찰을 통해서 새로운 문명의 길을 열어 가는 데 앞장서야 할 것이다.

이런 관점에서 보면 대학구조개혁 평가의 최종 지향점은, 대학입학 희망자의 입장에서 전국 어느 대학에 진학하더라도 학부교육에서 세계적 수준에 도달하는 양질의 고등교육을 받는 기회가 보장되도록 하는 데 두는 것이 바람직하다. 그리하여 궁극적으로는 우리나라 전체 고등교육기관의 질적 향상을 통한 대학평준화가 이루어짐으로써, 대학서열체계에 기생하는 '출신대학'이라는 성분을 부여하는 것보다는 제4차 산업혁명 시대에 걸맞은 '전문역량'을 제공하는 것이 현실적으로 융·복합적이고 창의적인 인재양성에 가까이 다가가는 길이 될 줄 안다.

그리고 공유협력 레짐의 고등교육정책은 사회적·경제적 불평등 문제

해소에 기여하는 요소를 가미하는 것이 바람직하다. 일반적으로 질적 수월성 성취 방식은 개별적인 이해관계를 바탕으로 인력수급시장에서의 경쟁 원리를 활용할 때 비교적 높은 효율성과 큰 효과성을 기대할 수 있으나, 때로는 개별적 경쟁 가치의 존중이 시장왜곡을 야기하여 사회적 약자층에게 고등교육의 선택 기회를 배제하는 원천이 되므로 소득수준별, 출신지역별, 전공분야별로 이를 보정補正하기 위한 정책적 개입이 요청된다. 이러한 보정의 관점에서 입학정원조정과 재정지원 시에 국공립대학, 전문대학, 비수도권대학, 소규모대학, 특수목적 계열의 대학에 대한 배려가 필요하다고 본다.

마지막으로 고려할 사항은, 제2부에서 사회변동의 추이 가운데 가장 먼저 주목한 우리나라 인구구조의 변화에 대응하는 일이다. 공유협력 레짐은 우리나라 저출산·고령화 문제나 단독가구 비중확대와 관련하여 고등교육정책이 기여할 수 있는 부분을 배태하고 있다고 본다. 예를 들면 저출산 문제는 만혼과 비혼으로 인한 부분이 크므로, 젊은 층 인구집단에게 결혼을 선택하는 것이 삶의 질 향상과 행복증진에 더 유리하다는 정책 메시지를 확산하는 것이 요청된다. 가령 우리나라 대학들이 외국 대학들처럼 기혼자 학생을 위한 아파트형 숙소를 구비하고서 기혼자에게 대학원 진학 시에 장학수혜의 우선권과 더불어 숙소입주권을 부여하게 되면, 마치 1970년대에 대학생에게 교련수업에 상응하여 군복무기간을 단축해 줌으로써 대학진학의 열망을 키운 것처럼, 대학원 진학 희망자들의 결혼 의욕을 자극할 수 있을 것으로 기대한다.[75]

---

75) 관공서와 기업체가 도입할 만한 것은 신규직원 채용과정에서 기혼자와 출산경험여성에게도 군필자에 대한 가산점을 똑같이 부여하는 일이다. 2006년부터 10년 동안 80조 원의 정부예산을 저출산 대책에 투입하였으나 효력은 나타나지 않고 오히려 경제활동인구가 줄기 시작

또한 자녀출산과 양육 부담 역시 저출산 문제를 낳은 원인이다. 저출산 관련 정부예산 가운데 일부를 대학 캠퍼스 내의 보육시설 운영과 기혼자 숙소 건립 등으로 용도 변경하면 정책효과가 클 것으로 예상된다. 구태여 어느 지역의 한 대학교에 집중 지원하기보다는 한 지역 단위 안에 미분양된 아파트 동을 정부나 지자체가 출산장려예산이나 청년기본수당예산 등을 활용해서 구입하고, 시세보다 낮은 임대료로 지역대학들에게 각자 수요에 맞게 나누어 주면 될 터이다. 이러한 공유협력 레짐의 사업을 지역사회 내의 대학들 간 및 대학과 지자체 간의 협약체결로 진행하면 상생의 문이 열릴 것 같다. 그리고 각 대학은 학생건강보험 수혜대상자의 범위를 넓혀서 학생의 배우자와 자녀를 포함시키고, 심지어 출산 관련 비용도 지급 가능하도록 하는 것이 필요하다. 덧붙이면 출산장려와 양육을 사회책임화하는 하나의 방안으로서, 대학(원) 입학 전형에서 미혼모에 대한 가산점 부여도 검토할 만하다.

공유협력 레짐의 관점에서 보면, 최종적으로 퇴출대상이 되는 '한계대학' 지정은 최소한에 그치고, 가능하면 미래의 대학에게 기대되는 새로운 사회적 역할을 수행하도록 기능전환을 유도하는 것이 바람직하다고 본다. 고령화 문제와 연결 지어 생각해 보면, 학령인구 감소로 신입생 충원이 어려운 대학의 경우는 고령자 대상의 교육프로그램뿐만 아니라 양로원, 요양원, 요양병원 등과 같은 기능수행을 하는 시설로 캠퍼스를 개·보수함과 더불어 운영체계를 전환하고, 해당 예산은 역시 추가로 마련하기 어렵다면 정부 관계부처와의 협조를 통해 기존 예산 중 관련 사업과 연

했으며 신생아 수가 급감하여 30만 명대로 줄어들 시점이 눈앞에 닥쳤기 때문에, 본 서에서 제안하는 내용보다 더 과감한 발상전환과 신속한 조치가 절실히 필요하다고 본다.

결하여 지원 가능할 줄 안다. 그리고 한계대학 소재지역의 지방자치단체는 일자리창출과 인구유입의 기회로 활용하는 방안을 강구하여, 한계대학의 기능전환에 적극 대응하는 것이 필요하다.[76] 하지만 여전히 아쉬운 대목인데, 정치논리에 갇혀 이러한 기능전환이 순조롭게 이루어지도록 법적 뒷받침을 신속하게 제공받지 못하고 있는 것이 우리 실정이다.

2) 대학교수업적 평가 방향

대학교수는 자신의 전문분야에서 인정받기를 원한다. 교수 개인에 대한 사회적 인정은 주로 자신이 속한 대학에 대한 사회적 평판과 깊은 연관을 지닌다. 그런데 교수 대부분은 소속 대학조직체의 발전이 곧바로 자신에 대한 평판과 직결된다고 인식하는 데 인색한 편이다. 대학전체의 발전 도모는 본부 보직자나 직원의 몫으로 돌리는 셈이다. 대학평가 순위가 올라가거나 내려가는 데 자신은 책임이 없는 양 생각하는 경향이 짙다. 그 대신에 개인 학문 성취에 대해서는 자신이 속한 학회나 연구단체로부터 인정을 받고 교육역량에 대해서는 주로 수강생을 비롯한 제자들의 존경을 통해 인정받는다고 여긴다. 즉 교수 자신의 명예와 평판은 학문집단으로부터의 인정과 교육대상으로부터의 존경에 기반을 둔 것이라 믿는다.

이처럼 조직체보다는 개인 중심의 인정방식이 대학교수업적 평가에

76) '한계대학'의 기능전환 가능 형태의 예를 들자면, 공익법인, 사회복지법인, 직업능력개발훈련법인, 평생교육시설운영법인 등이 있다. 우리나라보다 더 일찍 저출산·고령화 문제를 경험한 일본에서는 최근 들어 사립대들이 공립으로 전환하는 사례가 늘고 있다. 2017년 2월 5일『아사히신문』에 따르면, 지난 2009년 이후 현재까지 7개 사립대가 공립으로 전환하였으며 새로이 6개 사립대가 공립 전환을 추진 중에 있다고 보도하였다. 출처: http://v.media.daum.net/v/20170205131137511.

서도 주축을 형성하는 실정이다. 그래서 교수 개인의 역할을 교육, 연구, 봉사 영역으로 나누어서 다른 교수들과의 상대비교를 통하여 우열등급에 따라 개별 성과급 형태의 보상을 받아들이고 있다. 그런데 우리 사회에 영향력이 큰 대학일수록, 교수들의 교육역량이나 봉사 영역에 대한 평가지표 설정은 상호 차등적인 결과를 얻기가 만만치 않다. 게다가 대학평가기관에서 주목하는 것이 해당 대학의 연구역량이고, 이 연구역량에 대한 평가지표는 계량화하여 상호 격차를 가늠할 수 있는 편이라서 실제 평가결과의 차이를 내는 것은 연구 영역의 실적이 차지하고 마는 것이다.[77] 자연히 교수 개인 입장에서는 교육이나 봉사보다는 연구에 치중하는 합리적 선택 행위를 하지 않을 수 없는 실정이다.

대학교수업적 평가 기준과 내용이 개인별 연구 중심으로 가닥을 잡게 된 데에는 기능적 효용성-성과 유형의 인재상을 이상형으로 삼아 온 저간의 교육 효과일 수 있다. 그리고 분할경쟁 레짐을 바탕으로 한 고등교육정책의 영향 때문인 것으로 볼 수 있다. 다시 말해서 한편으로는, 대학교수가 지성인으로서의 사회적 책무성을 외면하게 하는 장치이고 또한 자신의 학문연마를 오랜 기간의 숙성된 과정으로 접근하기보다는 1년 단위의 단기성과에 매달리게 만드는 장치인 개인별 성과급 보상체계를 수용하고 있는 것이다. 다른 한편으로, 제한된 예산과 한정된 시설을 두고 최대한 공유하고 협력하기보다는, 평가에서 유리한 입장에 서기 위해서 캠퍼스 간, 단과대학 간, 학과 간, 전공교수 간 서로 먼저 수혜를 받으려고 상호 견제하고 경쟁하는 처지를 바꾸려는 노력이 드문

---

77) 신입생 충원이 어려운 대학의 경우에는 모집학생 인원수와 졸업생 취업실적 등을 중시하는 실정이다. 이렇게 편향된 교수업적 평가방식은 대학의 생존전략이라는 조직체 단위를 중심에 둔 것이지만, 그 바탕에는 분할경쟁 레짐의 고등교육정책기조가 자리 잡고 있다고 본다.

실태이다.

이러한 풍토를 바꾸기 위한 바람직한 교수업적 평가 방향은 규범적 공공성-수행 유형의 인재상을 주춧돌로 삼고서 공유협력 레짐의 건축물을 세우는 데에서 찾을 수 있다고 본다. 대학교수가 바뀌어야 대학이 변할 수 있는데, 대학교수를 변하게 하려면 평가보상체계를 바꾸어야 한다.[78] 사실 대학의 경쟁력은 그 조직체의 핵심적인 기능인 교육과 연구에서의 교수 역량과 직결되어 있다(이현청 2001). 그런 만큼, 교수의 업적을 분석하고 그 평가 모형을 개발하는 일은 대학경쟁력 제고의 지름길이다(박남기 2007).

그런데 우리나라 교수업적 평가 제도는 미국 대학들의 것을 준거로 삼았다고 해도 과언이 아니다. 미국은 서구의 합리주의를 실제 현장에 잘 적용하는 실용주의적 사고가 성숙한 나라이다. 또한 자율과 경쟁, 그리고 효율이라는 시장적 가치를 중시하고, 심지어 조직관리의 지배적인 원리마저 집단 전체나 팀 단위보다는 개별 구성원인 개인 단위를 중심으로 작동하는 사회이다. 철저하게 개인이 사회구성의 기본단위라는 인식이 팽배해 있다. 반면에 우리나라를 비롯한 중화문화권 사회에서는 개인보다는 집단이 경제적으로나 사회적으로 더 큰 의미와 영향을 행사한다(손병해 외 2006). 개인보다는 소속집단을 우위에 두는 문화권에서는, 이윤추구의 목적을 지닌 기업체에서도 개인별 보상체계보다는 팀별 보상체계가 더 일찍 발달하였는데, 그 대표적인 사례가 도요타자동차의 경영원리이다. 한 번 고용되면 은퇴 시까지 평생고용을 보장하고, 팀별 성과급제를 통한 생산성 향상이 그 구체적인 내용에 해당한다. 이러한

78) 이하의 내용은 김규원(2013)을 손질한 것이다.

도요타식 팀별 보상체계를 우리 대학교수의 평가방식으로 변환해 본다면, 전공단위별 실적 평가제도의 실마리를 제공해 준다.

우리나라 일부 대학들에서 대학구조개혁 평가의 영향으로 학과(부)별 평가를 시행하는데, 신입생모집이나 졸업생취업 등과 관련하여 학과(부) 간 서열을 매기는 잣대로 삼는 경우가 대부분이고 학과(부)통폐합을 추진하는 방편으로 삼는 경우도 있다. 그렇지만 이러한 전공단위 조직별 평가를 소속 교수집단을 하나로 삼아 성과급 연봉제 책정과 연계하는 경우는 드물다. 따라서 학과(부)의 전공단위별로 성과목표치를 정한 다음에 그 달성정도를 기준으로 해당 단위의 소속 교수들에 대한 공동의 보상제도를 도입할 필요가 있다고 본다. 예컨대 어느 정도의 기본급은 개인별 경력과 호봉 등을 참고해서 정하되, 이른바 '성과급'적인 인센티브로서의 보상 몫은 전공단위 전체 교수에게 1/n로 지급하는 방안을 고려해 봄 직하다.[79]

그 공동보상의 논거는 이렇다. 한 대학기관에서 형성된 교수집단 역시 하나의 사회단위를 구성하기 때문에, 그 해당 조직체의 존속유지에 필요한 사회적 기능을 각 구성원이 분담해서 수행하지 않을 수 없다. 다시 말해 교수 개인이 소속한 최소 사회조직단위가 학과(부)이기 때문에, 이 조직체를 살아 움직이게 하는 제반활동의 수행에 각자 일정한 역할이 있다. 아무리 개인적 자율성을 중시한다고 하더라도, 그리고 대학 전체나 단과대학의 일에 대해서 무관심한 것을 좋게 인정한다고 할지라

79) 사실 1/n 분배방식은 공정하지도 공평하지도 않다. 가장 바람직한 것은 구성원들의 민주적인 의사결정과정을 통해 합의하에 몫을 정하는 일이다. 경우에 따라서는 가장 기여도가 낮은 성원에게 가장 많은 배당을 줌으로써 다음 평가 시까지 더 많은 노력을 기울이도록 하고 그런 뒤에도 별다른 성과를 내지 못할 경우에는 그만큼 몫을 제하는 것도 전체 조직 발전역량을 키우는 데 하나의 방안이 될지 모른다.

도, 적어도 학과(부)의 일에 대해서 나 몰라라 하는 태도는 너무 이기적일 뿐만 아니라 다른 구성원들에게 피해를 주는 것이다. 이와 같은 조직의 무임승차자free-riders를 막기 위해서는, 개별 교수업적 평가 시에 그 소속집단의 조직 생존 및 성장에 기여한 역할 수행의 충실도 여부를 함께 고려할 필요가 있다. 이렇게 보면, 비록 개인적으로 아주 탁월한 연구를 하고 있다 하더라도, 소속 조직체의 생존에 오히려 해악을 끼친다면 좋은 평가를 받아서는 곤란하다. 특히 소속 조직체에 대한 공동체의식이나 사명감이 부족한 경우에는 조직 전체에 부담을 주는 결과를 빚을지도 모를 일이다.[80)]

대학에서 하나의 전공단위 조직체가 생존하려면, 동기부여가 된 신입생을 충원하고, 내실 있는 학습 지도가 가능한 교육과정을 운영하며, 배출된 인력이 노동시장에서 환대받아야 할 줄 안다. 바꿔 말하면, 선발-지도-졸업이라는 일련의 교육과정에서 교수집단에게 요구되는 역할기대가 바로 전공단위 조직체의 주요 기능이라 볼 수 있다. 이 선발-지도-졸업의 기능 수행을 위한 역할 분담을 통해서 비로소 해당 전공의 소속 교수집단이 조직 발전에 기여할 수 있는 것이다.

이러한 입장에서 보면, 개별 교수가 조직 발전에 기여하는 활동 분야를 [표 8]과 같이 범주화해서 예시할 수 있다. 관련 역할을 총망라하여 제시한 것은 아니며, 또한 한 교수가 하나 이상의 역할 수행이 가능하다는 점은 새삼 강조할 필요가 없을 줄 안다.

80) 비수도권지역에 소재한 대학의 입장에서 보면, 소속 조직체에 대한 기여도는 미약한 채로 교수 개인의 연구실적이 탁월한 경우는 얼마 지나지 않아 수도권 대학으로의 이동에 유리한 요소로 작용할 수 있기 때문에 득보다 실이 더 큰 현실이다. 실제로 수도권 소재 대학들에서 각종 대학원육성 정부재정지원 사업 신청을 위하여 연구실적이 우수한 교수를 스카우트한 사례가 적지 않다.

[표 8] 교수집단의 역할 분담 예시

업무영역	역할 분담의 예
선발	▪ 세부 전공분야에서 연구의 탁월성을 성취함 ▪ 일반 대중에게 전공을 알리는 저술 활동을 잘함 ▪ 언론방송 기고 및 출연을 통하여 전공 유용성을 알림
지도	▪ 학생 눈높이에 맞춘 명강의를 열정적으로 진행함 ▪ 대형 연구프로젝트 수주를 통하여 학생들에게 연구 참여기회를 제공함 ▪ 대학 내 활동을 통하여 타 전공분야와의 교류 및 협력을 추진함
졸업	▪ 학생들의 애로청취 및 진로상담 등 멘토로서의 역할을 수행함 ▪ 졸업생과의 연대감 형성 등을 통해 학과(부)에 대한 자부심과 소속감 확산에 기여함 ▪ 산학협력 활동 등 인맥망 구축을 활용하여 취업률 제고에 보탬이 됨

첫째, 선발에 기여하는 교수의 역할이 있다. 예컨대, 자기 세부전공분야에서의 연구가 탁월하여 세계적으로나 전국적으로 명성을 얻은 교수, 기존 연구를 통괄하여 일반(학생)이 이해할 수 있게 대중적으로 저술 활동을 잘하는 교수, 또는 언론방송 기고 및 출연을 통하여 전공의 실용성과 더불어 학과(부) 홍보 및 선전에 기여하는 교수가 해당된다고 할 것이다. 이런 교수들의 활동은 해당 학문에 대한 대중적인 인식 제고와 함께 해당 전공의 사회적 기여와 장래성을 담보하게 해 줌으로써, 학부 및 대학원의 신입생 모집에 큰 도움이 된다.

둘째, 재학생 학습 지도에 기여하는 교수의 역할이 중요하다. 예로써, 기존 연구를 현실 생활경험에 적용하여 학생수준에 맞춰 강의와 지도를 잘하는 교수, 연구 프로젝트를 용역 수행하는 수완을 발휘하여 대학원생과 학과에 재정적으로 보탬을 주는 교수, 학교행정업무에 능통하여 대학 내의 타 전공분야 교수들과의 연대활동경험을 통해 학과(부)의 조직 위상을 제고하는 교수,[81] 그리고 조직 자체의 살림살이를 알뜰히 하며 구성원 간의 인화에 신경을 쓰고 민주적인 리더십을 발휘하는 교수를 들 수 있다.

셋째, 졸업에 기여하는 교수의 역할을 강조할 수 있다. 예를 들면, 학생들의 유행과 습성을 포용하고 신상의 애로사항에 귀 기울이며 멘토로서 인생진로를 상담하는 교수, 나아가서는 제자의 결혼식 주례를 맡는 등 사적인 인연을 이어 가면서 동문활동에 대한 애착을 통하여 재학생뿐만 아니라 졸업생들로 하여금 학과(부)에 대한 자부심과 소속감을 갖게 하는 교수,[82] 아울러 산학협력을 통해 각종 기관과 산업체와 인맥을 형성하여 취업률을 높이는 교수가 해당된다고 할 것이다.

이처럼 대충 어림잡아도 하나의 학과(부)라는 조직체가 생존하고 발전하는 데 필요한 역할은 다종다양하다. 그런데 이 모든 역할을 한 개인이 모두 다 잘 수행하기란 역부족일 뿐만 아니라 능력이 있어도 시간이 턱없이 부족한 현실이다. 사실상 교수 한 사람은 원더우먼도 아니고 슈퍼맨도 아니다.[83] 그러므로 학과(부) 소속 교수들 사이에 일정한 역할 분담이 필요하다.

역할 분담이 잘 되지 않는 경우는 대개 한 사람에게 너무 많은 역할이 배정된다거나, 아니면 아무런 역할을 맡지 않은 무임승차자가 있다거나, 또는 취향에 맞지 않는 역할을 억지로 떠맡게 할 때이다. 이런 경

81) 이런 역할 수행은 학생들에게 전공에 대한 자부심을 지니게 할 뿐만 아니라 부전공, 복수전공, 연계전공, 학과간 협동과정 등 각종 교육과정 관련 기회를 확대해 주는 역할까지 기대할 수 있다.

82) 학과(부)의 동창회 장학기금을 조성하여 재학생에게 장학 혜택을 주는 역할을 포함한다.

83) 이성호(1995)에 따르면, 교육을 잘하는 것(교육효율성)과 연구를 잘하는 것(연구생산성)은 서로 독립적이어서 한 교수가 연구를 잘한다고 해서 반드시 교육도 잘하는 것은 아니다.

우는 역할 수행이 지속되기 어려운 상황이다. 따라서 교수 각자의 취향을 고려하여 역할 수행 부담이 공평하게 안배되는 것이 바람직하다. 최선책은 역할 분담이 교수집단 사이에 자발성을 기초로 하여 눈치껏 자연스럽게 이루어지는 경우이고, 차선책은 민주적인 의사결정과정을 거쳐 인위적인 배분방식으로 이루어지는 경우이다. 눈치껏 또는 민주적으로 역할 분담이 이루어지고 그에 대한 성과급이 공정하게 책정된 경우라야, 전체적으로 학과(부)의 발전과 더불어 구성원들 사이에 조화로운 인간관계가 형성될 가능성이 높다고 할 것이다.

이처럼 교수업적 평가는 대학이라는 조직체의 필수기능을 수행하는 데 기대되는, 조직 차원의 역할 분담을 고려하여 이루어질 필요가 있다고 본다.[84] 그럼에도 불구하고 우리나라 현존의 교수업적 평가방식은 주로 개인 차원에서 수행하는 교육, 연구, 봉사 활동을 중심으로 이루어지고 있다. 이렇게 개인 활동 중심의 평가로 인한 부작용이 지적 분절 현상이고 나아가서는 하나의 공동체로서의 연대성을 상실해 가는 문제이다. 진지한 지적 대화와 지적 만남의 기회가 줄어들고 각자의 연구실에서 홀로 지내려는 경향이 농후한 현실이다. 한마디로, '도덕적 소명으로서의 대학교육'과 '지식공동체로서의 대학문화'를 복원시키는 일이 대학개혁의 성공을 위한 선결과제라 할 수 있다(박세일 외 2인 2004).

그러면 우리나라의 대학교수업적 평가방식이 개인 차원의 활동만을 주요 근거로 해서 이루어지는 이유가 궁금하며, 그리고 앞으로 조직 차원의 활동을 가미한 교수업적 평가를 시행하기 위해서 어떤 변화가 필

84) 새삼 강조할 필요 없이, 가장 바람직한 대학교수업적 평가방식은 조직적 차원과 개인적 차원을 함께 고려하여 나타난 성과 위주로 이루어지는 것이라고 본다.

요한지 알고 싶다.

먼저 교수업적 평가가 개인 차원의 활동을 주된 근거로 삼는 까닭에 대한 설명이다. 잘 알다시피, 직업으로서의 교수는 전문자유 직종에 속한다. 의사, 변호사, 예술가, 문학인 등도 대표적인 전문자유 직업인들이다. 교수와 다르게 이들은 개인적으로 개업이 가능하다는 점에서 교수보다 조금 더 자유롭다고 볼 수 있다.[85] 아무튼 이 전문자유직 종사자들이 누리는 전문성이라는 권위는 업무수행의 자율성뿐만 아니라 발상의 창의성에서 주어지는 셈이다. 곧 개인의 자유로움에 바탕을 둔 개인적 차원의 활동만이 사회적 평판의 대상이 되는 것이다. 그러다 보니 평가의 대상 영역을 해당 개인의 역량에만 국한해도 아무런 탈이 없다고 생각할 수 있다.

그런데 교수는 반드시 조직체의 한 구성원으로서 직무를 수행하고 있다. 대학이라는 조직체에 속하지 않으면 교수라는 직업인으로서의 사회적 지위는 사라지고 만다. 겸임교수, 초빙교수 등 여러 가지 변종적인 교수직이 생겨났지만, 우리나라의 모든 교수는 자신의 정식 직업명인 교수라는 직함을 획득하려면 대학이라는 조직체의 소속 구성원이라는 자격을 유지하지 않을 수 없다.[86] 그런 만큼, 교수는 개인의 역량이나 자격에 우선해서 대학이라는 조직체의 일원이 됨으로써 비로소 '대학교수'가 되는 것이다.

이처럼 대학교수는 대학이라는 조직체, 그것도 관료조직체로서의 대학기관에 속해 있다. 이 대학기관은 관료조직체가 지니는 일반적인 특

85) 최근 들어 의사와 변호사 집단에서도 개인보다는 하나의 조직체(종합병원, 법률회사 등)를 구성하여 시장경쟁체제에서 생존하려는 노력이 점증해 가는 추세이다.

86) 은퇴한 교수들이 '명예교수'라는 직함이 필요한 이유도 이런 이치와 무관하지 않다고 본다.

성에서 자유롭지 않다. 관료제의 특성 가운데 대학교수가 무척 수용하기 힘든 것이 각종 간섭과 규제이다. 사실 관료제 형태의 간섭과 규제는 대학교수의 주요 역할기대인 창의적인 성과물을 생산해 내는 데 가장 큰 걸림돌이다. 행정의 효율성과 연구의 창의성은 물과 불처럼 상극적인 가치성향이기 때문이다.

한마디로 대학교수는 대학조직인으로서의 정체성을 갖는 한편, 교수라는 자유인으로서의 정체성을 동시에 지니고 있다. 이 양자의 정체성은 서로 상충하는 일상생활세계를 구성하는 결과를 낳는다. 그래서 대학본부의 운영진과 일반 교수 사이에는 늘 반목과 불신이 감도는 긴장관계를 형성하기 십상이다. 아래 [표 9]는 이러한 긴장관계의 원천을 정리해 본 것이다.

[표 9] 대학조직과 교수집단의 가치지향 대조

	조직사회(대학조직)의 특성	교수집단의 취향
지향목표 및 존재의의	조직 목표의 달성	개인 목표의 달성
통제방식	공식 규칙/강제적 순응	자기 규율/자발적 동의
직무평가기준	성과 중심	성취 중심
일처리 방식	관행적/일괄적	창의적/개별적
보상원칙	보편성/획일성	고유성/특이성
유인기제	경제적 유인	상징적 유인/심미적 유인
직무공간	공적 영역이 압도적임	사적 영역의 비중이 큼
인간관계	위계서열/수직적 관계	직급구분/수평적 관계

일반적으로 관료조직체의 최우선적인 존재의의는 조직 자체의 목표달성에 있는 것과 대조적으로, 개별 교수는 대체적으로 개인의 목표를 달성하는 데 더 높은 우선순위를 두고 있다. 자연히 조직체는 공식 규칙

을 통하여 강제적으로라도 구성원들의 행동양식을 규제하려는 경향을 띠며, 교수는 남들 눈치보다는 자기 나름대로의 규율을 통하여 업무수행하기를 선호한다. 조직체는 일시에 드러난 성과 중심으로 직무수행능력을 평가하고자 한다면, 교수는 상대적으로 꾸준한 성취 중심으로 업적을 평가받기 원하는 편이다. 일처리 방식을 보면, 조직체는 관행적이고 일괄적인 형태를 바람직한 것으로 받아들이지만, 교수는 좀 더 창의적이고 개별적인 사안을 다루는 데 익숙하다. 그런 만큼 조직체는 업무수행에 대한 보상의 원칙으로 보편성과 획일성을 내세우는 반면에, 교수집단은 전공의 고유성과 특이성을 더 강조하는 경향이 매우 강하다. 조직체는 구성원의 노력을 독려하기 위해서 주로 금전적인 혜택을 제시함으로써 경제적 유인기제에 의존하고 있지만, 교수는 자존심과 자아 확장에 기여하는 상징적 유인을 소중하게 여기며, 적어도 기분과 취향을 맞춰 주는 사물 및 활동을 제공하는 심미적 유인에 이끌리는 성향을 지니고 있다. 조직체는 구성원에게 할애된 직무공간을 공적 영역으로 간주하는 반면에, 교수는 자신에게 배정된 연구실이나 실험실, 기자재 등을 사적 영역의 확장으로 인식하는 경향이 짙다. 그리고 조직체는 업무성격이나 성과등급에 따라 구성원 간의 인간관계를 위계서열적·수직적인 관계로 제도화하고 있으나, 교수들은 대체로 직급구분은 용인하지만 상호 간의 인간관계를 수평적인 것으로 간주하는 편이다.[87)]

요컨대 교수집단은 자기주도적인 삶의 영위 방식에 익숙하기 때문에, 대학조직 자체의 안정성과 역동성을 위해서 동원되는 규제를 감내하거

87) 개별 학과(부) 단위에서 교수집단 내의 갈등 상황이 쉽게 해소되지 못하는 이유 중 하나는, 교수 간에는 상하주종관계는 자리 잡을 수 없고 각자가 개별적인 의사결정단위라고 생각하는 점에서 찾을 수 있다.

나 규범을 준수하기가 매우 어려운 성향을 지닌 것으로 볼 수 있다. 그러므로 자율성을 훼손하지 않으면서 창의성을 신장하는 교수업적 평가방식을 도입하고 시행하는 것이 필요한데, 이를 대학본부를 비롯한 상위 조직체가 일방적으로 할 수 있는 방안이 바로 교수집단을 분할 지배하는 방식인 개인별 교수업적 평가제도라고 할 것이다. 하지만 앞서 지적하였듯이, 이러한 개인별 업적평가방식은 장기적인 측면에서는 긍정적인 효과보다는 부작용을 낳기 십상이다.

그렇다면 진정 교수집단의 자율성과 창의성을 담보하는 업적평가방식은 어떤 것인지, 그리고 이를 시행할 수 있는 조치는 무엇인지가 풀어야 할 문제이다. 다시 말해서 조직 차원의 활동을 감안하는 교수업적 평가방식을 찾는 것이 남은 과제이다.

간단히 말하면, 교수집단에게 스스로를 평가하는 방법을 스스로 찾게 하여 시행하는 것이 교수의 자율성과 창의성을 담보하는 거의 유일한 방안이라고 본다. 교수집단을 조직체 차원에서 평가하는 범위를 학과(부) 단위로 할지 아니면 단과대학 단위로 할지 결정하는 문제 역시 해당 구성원들이 정하게 하는 것이 무난할 줄 안다. 기본적으로는 학과(부) 단위로 하는 것이 바람직하다고 볼 수 있는데, 하나의 전공단위로 구성되었거나 아니면 전체 인원수가 20명 내외의 단과대학은 하나의 평가단위 조직체로 간주할 수 있다고 본다. 아무튼 하나의 집단회의체 구성단위로서, 통상적인 전공 교과운영이나 학사관리 등의 의제에 관한 의사결정을 하는 조직체가 적절한 하나의 교수업적 평가 단위라고 할 것이다. 그 이유는 소속 교수들 간에 일상적인 만남이 이루어지고 공동의 조직목표 달성을 위한 각자의 역할 분담에 대한 명확한 이해와 인식이 가능한 집단 규모이기 때문이다.

결국 소속 교수들은 서로의 역할 수행과 그 성과에 대한 분명한 인지를 바탕으로 상호 평가를 시행하는 것이다. 이를 '동료평가제'라고 부를 수 있다. 구체적 절차는, 모든 교수들이 자신에 대한 업적평가를 원천 배제하되 다만 소명자료를 작성하게 하는 것이다. 그리고 소속 교수들의 소명자료를 참고하되 함께 지내면서 습득한 인식과 인지를 중심으로, 동료교수 전원에 대한 업적평가를 정성지표에 따라 점수를 매기게 하는 것이다. 특정 교수를 대상으로 산정된 점수들 가운데 최고점과 최하점을 제외한 나머지 점수가 그 교수의 최종 업적평가 점수가 된다. 이렇게 모든 교수의 해당 점수가 산정되면 그 순위나 등급에 따라 성과급 차등비율을 정하는 것이다.

그런데 이런 절차 진행은 공개적으로 하는 것보다는 비공개적으로 하는 것이 바람직하다. 개별 교수에게는 결과만 최종 통지하는 것이 좋으므로 이러한 전 과정을 잘 처리하는 일은 바로 학과(부)장이라는 조직 리더의 역할이다. 새삼 강조할 필요 없이, 리더는 모든 절차의 공정성과 투명성을 민주적인 의사소통방식을 통하여 미리 정한 다음에,[88] 그 정해진 대로 업무를 수행하는 것을 주 임무로 한다. 이렇게 보면, 지금 대부분의 학과(부)에서는 학과(부)장을 해당 조직 구성원인 교수들이 순차적으로 맡는 식이라서, 학과(부)장이 교수업적 평가에서 주도적인 역할을 할 수 없는 현실이다.

따라서 공유협력 레짐대로 대학교수업적 평가제도를 동료평가제 중심으로 구축하기 위해서는 소속단위의 장인 학과(부)장이나 단과대학

88) 리더의 역할은 해당 평가단위에서 적용할 평가표 및 정성지표 산정 등 업적평가 관련 모든 사항을 구성원들의 합의를 바탕으로 결정하는 일까지 포함한다.

장 임용방식을 바꿀 필요가 있다. 곧 학과(부)장이나 단과대학장 선정을 해당 소속 단위 교수집단의 자율적인 선출방식으로 전환하는 것이 선결과제이다. 바라건대, 이러한 리더를 선출하는 기준은 규범적 공공성-수행 유형의 인재상에 부합하는지이다.

지금 우리나라 대다수 대학의 사정은 대학보직을 구성원들이 '차례로 돌아가면서' 맡는 방식으로 운영하는 편이다. 특히 학과(부)장은 소속 교수들이 순번을 정해 놓고 누구나 다 해야 한다고 인식하고 있다. 이런 관행과 인식이 자리 잡게 된 원인은, 외부인의 시각처럼 교수집단이 보직을 마치 권력을 누리는 자리로 탐해서 서로 차지하려고 애쓰기 때문이 아니고,[89] 연구중심의 교수업적 평가를 개인 단위로 시행하기 때문이다. 실제로 일 년 넘게 보직을 수행하는 경우에 최신 연구흐름을 놓치기 쉽고 또 연구비 확보도 곤란해지며 게다가 이공계열의 경우에는 실험실 운영과 대학원생 지도에 막대한 지장을 초래한다. 현재의 교수업적 평가 제도 아래에서는 이러한 개인적인 희생을 감내하면서까지 장기간 보직을 수행할 만한 적임자를 찾기가 어려운 현실이다.

이런 까닭에 대학조직 전체의 발전과 존속을 위해 필수적인 직무수행에 대한 보상을 해당 개인의 봉사 영역에서의 일부 점수로 인정해 주기보다는, 집단적 차원에서 봉사 영역 하나만으로도 상응하는 보상을 해당 교수에게 제공하는 방식이 필요하다고 본다. 예를 들면, 미국의 대부분 대학들에서 볼 수 있듯이, 이른바 '보직' 수행자의 경우에 그 봉사 기능을

89) 과거와는 다르게 지금 보직 수행자는 각종 평가 준비와 정부 지원사업 수행(관리 감독 포함) 등으로 일과 중에 처리해야 할 일이 상당히 많고, 그 과정에서 직간접적으로 이해관계가 걸린 구성원들을 대상으로 조정과 중재 등 지난한 업무로 인해 스트레스를 받기 쉬운 처지이다. 심지어 특정 보직에 대해서는 '3D 업종'이라는 별칭을 붙일 정도이다.

잘 수행하게 되면 계속해서 점점 더 큰 조직단위에서의 보직으로 이어져서 그 자체가 하나의 독립적인 경력이 되게 하는 것이다. 한 학과(부)의 특정 위원회 활동에서 부여된 역할을 잘 수행하면 그다음에 해당 위원회의 위원장이 되고, 그 역할을 잘하면 학과(부)장이 되고, 학과(부)장의 역할을 잘하면 학장이나 원장 또는 처장이 되고, 학(원, 처)장Dean의 역할을 잘하면 교무부총장 또는 대외협력부총장이 되고,[90] 부총장Provost직을 잘 수행하면 소규모 대학의 총장President으로 지원하고, 소규모 대학교의 총장직을 잘 수행한 다음에는 규모가 큰 대학교의 총장 또는 연합대학교의 총장Chancellor, 나중에는 저명한 명문대학교의 총장이 되는 경력을 쌓아 가는 식이다.

결론적으로 '학과(부)장 책임제'를 근간으로 하여 보직교수의 역할을 새롭게 규정해야 할 시점에 이른 것으로 진단한다. 각 리더의 역할 안에 권한과 책임을 명확하게 하고, 해당 조직단위의 소속 교수들 간에 민주적인 의사결정을 통하여 자율적으로 리더를 선출하는 것이 바람직하다. 앞 장에서 진단한 바대로 우리나라 전체의 위기는 사회적 리더십의 위기와 다르지 않듯이, 대학의 위기 역시 대학 리더십의 위기와 불가분의 관계에 있다. 이 대학 리더십의 위기 문제를 궁극적으로 해결해야 할 주체는 대학교수집단이다. 그리고 대학교수의 역할을 제대로 수행하게 하는 제도적 장치는 개인별 평가방식에 그쳐서는 안 되고, 소속집단별 교수업적 평가방식을 포함해야 완성된다. 이 후자는 분할경쟁 레짐에서 공유협력 레짐으로 건너가는 징검다리이자 지름길이다.

---

90) 물론 수직상향이동만 이루어지는 것이 아니다. 특히 학(원)장의 경우에는 수평이동이 흔한 사례에 속한다. 예컨대, A대학교에서 특정 단과대학장직을 수년간 잘 수행한 경우에 그보다 더 좋은 조건을 제시하는 B대학교의 해당 단과대학장으로 스카우트되는 경우가 적지 않다.

에필로그

인간에게 교육은 만능이 아니지만 교육만큼 중요한 것도 드물다. 그래서 교육문제는 중요한 사회문제이다. 어떤 나라이든지 교육문제 없는 나라는 이 세상에 없다. 한마디로 인간사회에서 교육체계는 역설과 딜레마, 그리고 모순에 시달리고 있다. 그런 만큼 교육문제는 풀기 어려운 난제이고, 이 고질병을 치유하려는 어떤 교육정책도 만병통치약일 수 없다. 그렇다고 해서 학교교육이 문제투성이라면서 학교교육 자체를 불신하거나 용도 폐기하려는 것은, 마치 목욕물이 더럽다고 해서 목욕시키는 애까지 함께 버리는 우를 범하는 짓이다.

언제나, 학교교육은 상반된 이념적 목표를 지닌다. 한편으로 학교교육은 자아 계발의 기회를 제공하여 엘리트 지위로의 이동을 촉진한다. 다른 한편으로는 동일한 학교교육이 개성 개발을 억누르고 방해하거나 불허하기도 한다. 학교교육을 통해, 어떤 사람들은 기존 질서를 자연스럽고 당연한 것으로 받아들이게 되지만, 또 다른 사람들은 현존 질서의 기반에 의문을 갖고 도전하도록 배운다. 학교는 계급구조의 재생산에 기여할 뿐만 아니라, 그 변화에도 기여하고 있다(Robinson 1981).

본 서는 제1부에서 오늘날 한국사회의 교육문제를 이해하기 위한 이론적·역사적 접근을 시도하였다. 기본적으로 교육문제를 사회문제의 하나로 인식하였다. 불평등 문제를 사회문제의 주요한 잣대로 삼고, 이를 바탕으로 전 세계적인 현상인 학력상승이나 학교교육 제도 자체가 사회불평등 문제의 해소책이 아니라는 점을 부각하였다. 이에 덧붙여 우리나라의 역사적 경험과 문화적 맥락을 사회구성체 수준에서 접근하여 시기별 교육정책의 특성을 짚어 내면서 누적되어 온 교육문제를 찾아보고자 하였다. 이처럼 보편성과 특수성을 고려하여, 우리 사회에 지속적인 교육문제를 크게 여섯 가지 형태의 증상으로 진단하였다. 곧 교육이념과 교육자치의 미실현, 정부 교육재정의 부족, 교원의 양성과 평가 결함, 국민 고학력화와 만성 실업, 교육 수요의 미충족 및 불일치, 그리고 교육정책 수행의 불신이다. 비유컨대, 항생제 남용으로 내성이 생기듯이 섣부른 교육정책 시행에 대한 국민적 내성이 생겨났기에, 한두 군데를 수술해서는 치유는커녕 도리어 병세를 악화시킬 수 있는 상태라고 볼 수 있다.

제2부에서는 우리 사회가 직면한 새로운 사회변화로 인하여 교육 패러다임이 변하지 않을 수 없는 점을 다루어 보고자 하였다. 즉 새로운 교육 패러다임의 전개에 따라 요청되는 교육정책을 밝혀 보려는 취지였다. 주목을 끄는 사회변동은 크게 세 가지 추이인데, 저출산·고령화로 인한 학령인구 급감 및 인구절벽 현상, 제4차 산업혁명 시대로의 진입, 그리고 사회불평등에 의한 양극화 고착 문제가 그것이다. 특히 우리 사회의 불평등 문제는 학교교육에 미치는 영향이 점점 커 가는 추세이다. 이는 앞서 진단한 여섯 가지 형태의 학교교육 관련 증상을 우리나라 '공교육의 위기'로 집약할 수 있는바, 교육정책을 통한 공교육의 질적 향상을 도모하지 못하고 학교의 위계서열만 강화시키는 문제를 낳았다. 경

제발전과 더불어 사교육에 대한 의존도를 심화시키고 만 것이다.[1)]

이와 같이 사교육의 신장이 공교육의 위기와 맞물려 있는 것으로 진단한다고 해서, 그 해결을 위한 처방이 당장의 '사교육 철폐'는 아닐 성싶다. 비유컨대, 공교육이 매일 섭취하는 음식이라면 사교육은 영양보충제 또는 감기약에 해당한다. 잘못된 식습관과 편식에 따른 공교육의 만성질환을 고치지 않은 채 사교육이라는 약의 복용을 한꺼번에 끊어서는 곤란한 이치와 같다. 그럼에도 불구하고 건강유지를 위해 음식인 공교육보다 약품인 사교육에 더 의존하는 습성은, 새로운 교육 패러다임에 따른 교육정책을 추진하는 데 큰 걸림돌로 작용하는 것이 우리 현실이다. 특히 기존의 교육제도를 혁신하기 위해서는, 이런 잘못된 습성과 인식에 젖어 있는 기성체제의 기득권 집단으로부터 동의와 협력을 이끌어 내는 것이 선결과제이자 성공의 열쇠라고 해도 과언이 아니다. 이러한 방향의 노력을 전개할 수 있는 출발점으로서 교육 패러다임 전환에 대한 이해가 필요하다고 보았다.

마지막 제3부는 공교육의 위기를 극복하는 방안을 예시적 차원에서 제안해 보려는 시도로 구성하였다. 비록 몇 가지 세부적인 제안들은 설익은 형태이지만, 바람직한 교육정책 방향을 모색하는 데 논의의 주안점을 두었다. 크게 나누면 두 가지 정책 방안인데, 하나는 바람직한 인

---

1) 예년과 마찬가지로, 2016년에도 가구의 월평균 소득수준이 높을수록 사교육비 지출과 사교육 참여율이 높은 것으로 나타났다. 월평균 소득 700만 원 이상 가구의 학생 1인당 월평균 사교육비는 44만 3천 원으로 가장 높을 뿐만 아니라 사교육 참여율도 81.9%로 가장 높았다. 대조적으로 월평균 소득 100만 원 미만인 가구의 경우는 각각 5만 원과 30.0%로 조사되었다. 2016년 우리나라 초·중·고 사교육비 총액은 약 18조 1천억 원으로 전년도에 비해 1.3% 증가하였는데, 학교별로 나눠 보면 초등학교는 2.9% 상승, 중학교는 8.2% 감소, 고등학교는 8.7% 상승한 것으로 나타났다(통계청 2017). 중학교의 경우에 감소한 이유를 짐작하건대 해당 학령인구의 급감뿐만 아니라 자유학기제 시행의 긍정적인 영향 때문일 수 있다고 본다.

재 육성정책에 관한 접근이고 다른 하나는 바람직한 대학 평가정책에 관한 것이다.

오늘날 학교교육을 통해 길러 내는 인재들이 주로 신자유주의적 시장 가치에 기반을 둔 인간관에서 형성되고 있다고 진단하였다. 그렇다면, 우리 사회에 더 필요한 인재는 합리적 사익추구 못지않게 사회적 공공성과 공익 실현에 헌신하는 사람이라고 볼 수 있다.[2] 향후 교육정책은 학교교육이 기능적 효용성이나 성과 자체를 강조하기보다는 규범적 공공성과 수행 자체를 중시함으로써 이른바 '활약'의 일상화를 통한 행복교육을 구현하기를 기대한다.[3] 상급학교로의 진학을 위한 입시중심 교육에서 벗어나려면, 기존의 입학사정관제도의 안정적 정착을 위하여 '3불 정책' 기조를 바꾸고 동료학생들의 추천 방식을 활용한 대학입학전형의 개선이 필요하다고 제안하였다. 해당 학교별 세부 실행 방법에 대한 논의는 국민적 공감대 형성 과정에서 자연스럽게 진행될 줄 안다.

이러한 새로운 제도가 정착되기 위해서는 대학에 대한 평가 체제의 변화가 동반될 때 시너지 효과를 거둘 수 있다. 학술자본주의 체제 아래에서 확산되어 온 '중앙집중식' 분할경쟁 레짐은 대학의 위계서열화를

---

2) 학교교육을 통한 사회적 공공성 실현은 단순히 인간들 사이의 관계에만 국한되어 있지 않다. 이미 인간의 사회에는 가상현실이 포함될 뿐만 아니라, 인간의 지능과 기술로부터 영향을 받는 지구 위의 생명체와 기계장치가 존재하기 때문이다. 예를 들면, 야생동물의 생존권 보호, 반려동물의 복지권 인정, 복제인간 및 장기이식에 관련된 생명윤리, 로봇기계와 인공지능 훈련 및 통제에서 발생하는 인간과의 관계 설정 등 공공성과 공익의 범위가 확장된 것이다. 공감, 공생, 공유, 공존 등의 가치 추구가 중요한 이유를 이러한 확장된 사회 개념에서 찾을 수 있다.

3) Dore(1971)에 따르면, 자본주의 사회에서 자격증 취득의 의미만 갖는 학교교육의 병폐를 고발하면서, 그 원인을 탐욕적 성취(acquisitive achievement)를 추구하도록 한 데에서 찾고, 그 대안으로 유교적 학풍인 생산적 자기완성(productive self-fulfillment)의 교육이 필요하다고 진단한 바가 있다. 이 진단은 상당히 오래전에 나온 것이지만 여전히 유효한 견해라고 할 것이다.

필연적으로 수반하는 정책을 낳아 왔다. 대학서열화는 입시경쟁을 과열시키고 사교육을 만연케 한 주범으로 간주되는 셈이다. 그렇다고 해서 교육부가 이런 정책결과를 초래한 죄인인 양 '교육부 폐지론'을 주장하고, 심지어 서울대학교가 이 체제의 부당한 수혜자인 양 '서울대 폐지론'을 들먹이는 것은 겉으로 드러난 환부만 수술하는 것이라서, 이는 문제의 원인을 근원적으로 제거하기보다는 임시방편적으로 봉합하는 일이라고 할 수 있다. 우리 사회에서 바람직한 대학 평가 정책은 '지역분권형' 공유협력 레짐에 기초하는 것이라고 본다.[4] 그리고 대학의 미래를 대학인 스스로 구상하고 성찰하게 하는 것이 기본원칙이라고 보았다. 그래서 성찰의 대표적인 주체를 교수집단이라고 상정하고 이들의 혁신적인 노력을 집단지성의 차원으로 견인하기 위한 방안으로 동료평가제 시행을 제안하였다. 교수업적 평가 방식을 개인 실적에 치중하기보다는 소속집단에 대한 기여도를 중시하기 위해서이다.

이와 같은 정책 방향 제안은 필자가 참여한 2주기 대학구조개혁 평가사업을 위한 개선노력의 활동 경험과 무관하지 않다. 우리나라 대학구조개혁 평가 사업에서 지향하는 목표는 거시적·미시적 차원에서 요약 가능하다고 본다. 거시적 차원에서의 목표는, 고등교육 기회를 원하는 국민이라면 누구나 자신의 수학능력에 맞게 선택한 우리나라의 어떤 대학으로부터도 양질의 교육을 받을 수 있게 하는 것이다. 또한 미시적 차원에서의 목표는, 강의실과 실험실 등 학습현장에서 배우는 것이 학생

4) 이러한 지역분권형 공유협력 레짐의 틀에서 하나의 예를 들면, 지역거점 국립대학교와 지역 내 다른 국립대학교를 연계하는 '연합국립대학교(안)' 또는 전국의 지역거점 국립대학교 모두를 하나로 통합하는 '통합 국립대학교(안)' 등에 관한 구체적인 논의를 진행할 필요가 있다고 본다.

본인에게 유익할 뿐만 아니라 향후 사회에서 본인이 원하는 역할을 마음껏 수행할 때 실용화 가능한 내용과 방식이 되게 하는 일이다.

마지막으로 한 번만 더 비유를 들면, 지금까지 본 서에서 우리나라 교육문제를 진단하고 바람직한 교육정책 방향까지 처방하였는데, 국민들이 여기서 제시한 처방약을 일상생활 가운데 복용하는 일이 저절로 생기지 않는다고 해서 누가 강요할 사항은 아니다. 실제 의료 활동에서도 의사 선생님 한 명의 일방적인 진단이나 처방을 무조건 신뢰하는 환자는 드물다. 다른 전문의 여러 명에게 조언을 두루 구하는 것이 현명하다고 한다. 물론 곧 다가올 미래사회에서는 인공지능으로 빅데이터를 활용하여 진단하고 처방하는 경우가 오진율이 더 낮을 것이라는 견해도 있을 수 있다. 교육기법이나 교육내용 전달에도 인공지능을 활용한 로봇이 등장했다. 그러나 교육문제 진단과 처방에서 아직 인공지능의 활약에 대한 믿음이 없다는 것은 다행이다. 교육문제와 교육정책은 과거에도 그랬고 현재도 그렇듯이 미래에도 인간 집단 스스로 진단하고 처방해야 하는 일로 남기를 바란다. 이는 사회학적 상상력으로써 교육문제와 교육정책을 다룰 때 가능할 것이다. 왜냐하면 우리 인간 사회는 하나의 공동운명체인 유기체로서의 특성을 지니도록 진화하였고, 그 과정에서 새로운 외부침입자나 환경변화에 대처할 수 있는 사회적 문화인자로서의 DNA를 갖추었기 때문이다(Luckett and Casey 2016). 그러므로 이제는 우리 사회 자체의 생체항성성homeostasis의 치유능력을 신뢰하고 발휘할 때이다.

참고문헌

국내 문헌

교육부(2014), 「대학 교육의 질 제고 및 학령인구 급감 대비를 위한 대학 구조개혁 추진계획」(2014. 1. 28.).

______(2015), 「2015년 대학구조개혁평가 기본계획(안)」(2015. 3.).

교육부·한국교육개발원(2015a), 「2015년 대학 구조개혁 평가 대학 담당자 설명회 자료집: 일반대학」(2015. 2.).

____________________(2015b), 「2015년 대학 구조개혁 평가 대학 담당자 설명회 자료집: 전문대학」(2015. 2.).

교육혁신위원회(2007), 「학습사회 실현을 위한 미래교육 비전과 전략」, 대통령자문교육혁신위원회.

구본권(2015), 『로봇시대, 인간의 일』, 어크로스.

김구(1997), 「선현의 향기: 백범김구선생의 글—나의 소원」, 『겨레얼』, 겨레얼찾아가꾸기모임, 61-74쪽.

김규원(1990), 「자본주의사회 학교교육의 불평등 재생산론과 그 실천적 함의」, 『우보 류시중박사 정년기념논총』, 233-247쪽.

______(2001), 「21세기 사회변동 전망과 바람직한 인간상」, 『현대사회와 국가: 효종 한남제교수 정년기념논문집』, 611-629쪽.

______(2005), 「지식정보사회의 교육혁신」, 『21세기 한국 사회의 구조적 변동』, 김성국 외 지음, 정보통신정책연구원 편, 민음사, 192-233쪽.

______(2013), 「조직사회에서 교수의 역할과 인간관계: 교수업적 평가에 대한 시사점」, 『사회과학 담론과 정책』 6(2), 45-60쪽.

______(2014a), 「전통적 교육패러다임과 창의성 함양의 역설」, 『한국학논집』

54, 201-220쪽.

______(2014b), 「한국의 청년실업과 대학교육 과정의 파행」, 『한국학연구』 50, 5-33쪽.

______(2015), 「미래의 대학교육과 인재상: 인재교육 레짐을 위한 담론」, 『사회사상과 문화』 18(2), 287-323쪽.

______(2016a), 「노장사상의 관점에서 본 시대진단: 평가사회의 도래와 공동체의 위기」, 『한국학논집』 63, 7-47쪽.

______(2016b), 「미래의 대학과 교육정책」, 경북대학교 개교 70주년 기념 학술대회(교수회 주관) 제출 논문.

김규원 외 6인(2016), 「2주기 대학 구조개혁에 대비한 평가 개선방안 연구: 미래 경쟁력 확보를 위한 대학 체질 개선」, 교육부 정책연구보고서.

김동익(2009), 『대학교수: 그 허상과 실상』, 나남.

김동훈(1999), 『대학이 망해야 나라가 산다』, 바다출판사.

김성일·윤미선·소연희(2008), 「한국 학생의 학업에 대한 흥미: 실태, 진단 및 처방」, 『한국심리학회지』 14(1), 187-221쪽.

김안나(2011), 『고등교육사회학』, 학지사.

김영철·임천순·반상진·오헌석·신준섭(2004), 『정보지식사회에 따른 학제 다양화 방안』, 한국교육개발원.

김왕준·윤홍주·나민주(2012), 「국립대학교수업적평가 관계규정 비교분석」, 『한국교원교육연구』 29(1), 143-165쪽.

김정민 외 5인(2015), 「대학평가 개선을 위한 고등교육 데이터 분석 연구」, 한국교육개발원 연구보고서.

김주아(2011), 「기초, 심화과정 등 고교 교육력 제고 정책 실행 상에 나타난 교육과정 쟁점 분석」, 『교육과정연구』 29(2), 1-22쪽.

김진숙(2017), 「미래교육 글로벌 트렌드 분석」, 『서울미래교육의 상상과 모색』, 서울특별시교육청 서울미래교육준비협의체 기초연구보고서, 178-188쪽.

김진숙·정제영·임규연·정광훈·계보경(2016), 『지능정보사회대비 미래교육 Big Picture 연구』, 한국교육학술정보원.

김태완(2016), 「미래사회의 전망과 교육 구상」, 『KEDI 창립 44주년 기념 학술 세미나 제95차 KEDI 교육정책포럼자료집』, 한국교육개발원.
김태일(2016), 「미래 사회·경제 변화와 교육」, 『미래사회와 교육혁신』, 정책 환경 변화에 따른 교육의 질 제고를 위한 학회 간 연합 세미나(제2차)(2016. 9. 30.) 발표문 1.
박남기(2007), 「대학별 교수업적 현황분석 및 교수업적평가 모형개발」, 『대학교육』 148, 126-131쪽.
박세일·이주호·우천식 편(2004), 「자율과 책무의 대학개혁: 제2단계의 개혁」, 한국개발연구원·교육개혁포럼 공동연구, 한국개발연구원·한국직업능력개발원 공동발간.
박윤창(2016), 「지역대학 상생 발전 전략 마련을 위한 제언」, 『대학구조개혁: 추진 현황과 향후 전망』, 교육부 주최·한국교육개발원 주관 세미나(2016. 10. 20.) 주제발표문 1.
박주호 외 7인(2014), 「대학경쟁력 강화를 위한 평가체제 개선방안 연구」, 교육부 2013년 정책연구개발사업보고서.
배상훈 외 3인(2014), 「대학구조개혁 추진방안 연구」, 교육부정책연구보고서.
백성기 외 15인(2014), 「대학 구조개혁을 위한 평가지표 개발」, 교육부 정책연구보고서.
서울특별시교육청 서울미래교육준비협의체(2017), 「서울미래교육의 상상과 모색」, 서울미래교육준비협의체 기초연구 보고서(2017. 1.).
손병해 외 6인(2006), 『유교문화와 동아시아 경제』, 경북대학교출판부.
손종현(2014), 「대학 교양교육의 재개념화: 人材교육적 관점에서」, 『열린교육연구』 22(2), 1-23쪽.
송병준·주범(2011), 「미래사회에 대응하는 학교건축 계획 방향에 대한 기초연구: 초중고등학교 시설을 중심으로」, 『한국실내디자인협회 논문집』 20(1), 190-198쪽.
신정철(2016), 「대학구조개혁과 대학평가」, 『제3회 대학구조개혁법 토론회 자료집: 대학구조개혁법, 어떻게 할 것인가?』, 3-20쪽.

안주엽(2015), 「원하청구조와 근로조건 격차」, 『노동리뷰』 125, 67-83쪽.
안호상(1996), 『한뫼 안호상 20세기 회고록』, 민족문화출판사.
오대영(2011), 「일본 대학의 구조조정 역사와 사립대 현황」, 『해외고등교육동향』 11, 12 합본호, 70-76쪽.
유승호(2015), 「자본주의 불평등에 맞서는 공적 인간의 복원: 리처드 세넷의 비판사회학」, 『사회사상과 문화』 18(1), 119-149쪽.
유종일(2016), 「한국의 소득불평등 문제와 정책대응 방향」, 『현안과 정책』 제152호, 사단법인 좋은나라 연구원(2016. 11. 14.).
윤은주(2015), 『2016 핀란드 국가 핵심 교육과정 개편: 학습의 기쁨(joy of learning)을 향한 끝없는 여정』, 한국교육개발원.
윤종록(2016), 『4차 산업혁명, 소프트파워』, KBS 명견만리(2016. 2. 25.).
이만열(임마뉴엘 패스트라이쉬)(2016), 『인생은 속도가 아니라 방향이다: 하버드 박사의 한국 표류기』, 노마드북스.
이성호(1995), 『세계의 대학교수: 그들은 누구인가, 무엇을 하는 사람들인가?』, 문이당.
이연수(2009), 「미래형 생활패턴에 대응하는 학교건축」, 『건축』 53(7), 15-18쪽.
이이(1574), 「만언봉사(萬言封事)」, 『율곡전서(栗谷全書)』 권5.
이정우(2016), 『불평등의 경제학』, 후마니타스.
이주호(2016a), 「제4차 산업혁명에 대응한 교육개혁」, 『Hansun Brief』 40.
______(2016b), 「제4차 산업혁명에 대응한 대학 개혁」, 『4차 산업혁명 대비 대학교육 혁신방안』, 교육정책자문위원회 대학교육개혁분과, 한국대학교육협의회, 한국전문대학교육협의회, 박경미 국회의원 공동주최 세미나(2016. 10. 27.) 주제강연 1.
이현청(2001), 『대학교수업적 평가론』, 학지사.
전병유(2016), 「한국의 자산불평등」, 『월간 복지동향』 216, 18-27쪽.
전봉관(2008), 「'유전입학 무전낙제' … 입시지옥의 탄생」, 『신동아』 2008년 6월호.
정제영(2016), 「지능정보사회에 대비한 학교교육 시스템 재설계 연구」, 『교육행정학연구』 34(4), 49-71쪽.

조벽(2011), 『인재혁명』, 해냄.

주형미·최정순·유창완·김종윤(2016), 「미래사회 대비 교육과정, 교수학습, 교육평가 비전 연구(I): 초중등 교과 교육의 방향」, 한국교육과정평가원.

차두원(2016), 「제4차 산업혁명과 21세기 학생의 역량」, 한국과학기술기획평가원.

최재원(2016), 「대학구조개혁법과 지방대학 육성간 연계방안」, 『제3회 대학구조개혁법 토론회 자료집: 대학구조개혁법, 어떻게 할 것인가?』, 23-30쪽.

통계청(2017), 「2016년 초·중·고 사교육비조사 결과 보도자료」(2017. 3. 13.).

한국대학학회·학술단체협의회(2016), 「지구화 시대, 대학의 위상과 역할: 한국대학의 선 자리 갈 길」, 2016 학술단체협의회 연합심포지움 자료집(2016. 5.).

한국교육학술정보원(2016), 「글로벌 교육동향」, 한국교육학술정보원.

홍승표(2012), 「문명의 현 시점에서 마음공부의 함의」, 『원불교사상과 종교문화』 54, 197-219쪽.

국외 문헌

Ackerlof, George(1976), "The Economics of Caste, and of the Rat Race and Other Woeful Tales", *Quarterly Journal of Economics* 90(4), pp. 599-617.

Apple, Michael W.(1986), *Teachers and Texts*, New York: Routledge & Kegan Paul.

________(1996), *Cultural Politics and Education*, New York: Routledge & Kegan Paul.

________(2004), *Ideology and Curriculum*, 3rd ed., New York: Routledge & Kegan Paul.

Arendt, Hannah(1958), *The Human Condition*, Chicago: University of Chicago Press.

Aronowitz, Stanley(1992), *The Politics of Identity*, New York: Routledge

& Kegan Paul.

Aronowitz, Stanley and Henry A. Giroux(1985), *Education Under Siege: The Conservative, Liberal and Radical Debate over Schooling*, South Hadley, MA: Bergin & Garvey Publishers.

Arrow, Kenneth(1973), "The Theory of Discrimination", pp. 3-33, In *Discrimination in Labor Market*, Edited by O. Ashenfelter and A. Rees, Princeton University Press.

Attewell, Paul(2010), "Education and Inequality in a Global Context", pp. 3-32, In *Growing Gaps: Educational Inequality around the World*, Edited by P. Attewell and K. S. Newman, Oxford University Press.

Attewell, Paul and Katherine S. Newman(Eds.)(2010), *Growing Gaps: Educational Inequality around the World*, Oxford University Press.

Barr, Robert B. and John Tagg(2004), "From Teaching to Learning: A New Paradigm for Undergraduate Education", originally appeared in the November/December 1995 edition of *Change*. (http://critical.tamucc.edu/blalock/readings/tch21earn.htm.)

Becker, Gary S.(1967), *Human Capital and the Personal Distribution of Income*, Ann Arbor: University of Michigan Press.

____________(1971), *The Economics of Discrimination*, Chicago: Chicago University Press.

____________(1975), *Human Capital: A Theoretical and Empirical Analysis, with Special Reference to Education*, New York: National Bureau of Economic Research.

Bernstein, Basil(1971), *Class, Codes and Control*, London: Routledge & Kegan Paul.

____________(2000), *Pedagogy, Symbolic Control and Identity: Theory, Research, Critique*, Revised edition, Lanahm, MD: Rowman & Littlefield.

Bertolin, Julio C. G.(2015), "Quality in Higher Education: From the Diversity of Conceptions to the Relentless Conceptual Subjectivity", *Creative Education* 6, pp. 2410-2421.

Bok, Derek(2003), *Universities in the Marketplace: The Commercialization of Higher Education*, Princeton: Princeton University Press.

Bourdieu, Pierre(1966), "The School as a Conservative Force: Scholastic and Cultural Inequalities", Reprinted in *Contemporary Research in the Sociology of Education*, Edited by J. Eggleton, London: Methuen.

______________(1984), *Distinction: A Social Critique of the Judgement of Taste*, Harvard University Press.

Bourdieu, Pierre and Jean Claude Passeron(1977), *Reproduction in Education, Culture and Society*, Translated by Richard Nice, Los Angeles: Sage Publications.

Bowls, Samuel and Herbert Gintis(1976), *Schooling in Capitalist America: Educational Reform and the Contradictions of Economic Life*, New York: Basic Books.

Card, David and John E. DiNardo(2002), "Skill-Based Technological Change and Rising Wage Inequality: Some Problems and Puzzles", *Journal of Labor Economics* 20(4), pp. 733-783.

Carnoy, Martin(1974), *Education as Cultural Imperialism*, New York: David McKay Company.

______________(Ed.)(1975), *Schooling in a Corporate Society*, New York: David McKay Company.

Clark, Burton R.(1973), "Development of the Sociology of Higher Education", *Sociology of Education* 46, pp. 2-14.

Clark, Burton R. and B. R. Pergamon(2001), *Creating Entrepreneurial Universities: Organizational Pathways of Transformation*, Emerald

Group Publishing Limited.

Coleman, James S.(1988), "Social Capital in the Creation of Human Capital", *American Journal of Sociology* 94, pp. 95-120.

Collins, Randall(1979), *The Credential Society: An Historical Sociology of Education and Stratification*, New York: Academic Press.

DeNicola, Daniel R.(2012), *Learning to Flourish: A Philosophical Exploration of Liberal Education*, New York: Continuum.

Dore, Ronald(1976), *The Diploma Disease: Education, Qualification and Development*, London: Allen & Unwin.

Durkheim, Emile(1984), *The Division of Labor in Society*, Translated by W. D. Halls, New York: The Free Press.

Esping-Andersen, Gøsta(1990), *The Three Worlds of Welfare Capitalism*, Cambridge, UK: Polity Press.

Etzkowitz, H., A. Webster and P. Healey(1998), *Capitalizing Knowledge: New Interactions of Industry and Academe*, Albany: SUNY Press.

Farkas, George(1996), *Human Capital or Cultural Capital? Ethnicity and Poverty Groups in an Urban School District*, New York: De Gruyter.

Foucault, Michel(1977), *Discipline and Punish: The Birth of the Prison*, Translated by A. Sheridan, New York: Vintage.

Freire, Paulo(1970), *Pedagogy of the Oppressed*, Translated by Myra Bergman Ramos, Herder and Herder.

Friedman, Thomas(2006), *The World is Flat: A Brief History of the Twenty-First Century*, Updated and Expanded Ed., New York: Farrar, Straus and Giroux.

Gamoran, Adam(1987), "The Stratification of High School Learning Opportunities", *Sociology of Education* 60, pp.135-155.

Gerth, Hans H. and C. Wright Mills(Eds.)(1958), *From Max Weber: Essays in Sociology*, New York: Routledge.

Giroux, Henry A.(1983), *Theory and Resistance in Education: A Pedagogy for the Opposition*, Amherst, MA: Bergin & Garvey.

Gordon, Robert J. and Ian Dew-Becker(2008), *Controversies about the Rise of American Inequality: A Survey*, Working paper, no. 13982, Cambridge, MA: National Bureau of Economic Research.

Gramsci, Antonio(1971), *Selections from the Prison Notebooks*, Translated and Edited by Q. Hoare and G. Nowell-Smith, New York: International Publishers.

Gumport, Patricia J.(2007), "Sociology of Higher Education: An Evolving Field", pp. 17-50, In *Sociology of Higher Education: Contributions and Their Contexts*, edited by P. Gumport, Johns Hopkins University Press.

Habermas, Jürgen(1991), *The Structural Transformation of the Public Sphere: An Inquiry into a Category of Bourgeois Society*, The MIT Press.

Habermas, Jürgen and Thomas McCarthy(1985), *The Theory of Communicative Action, Volume 1: Reason and the Rationalization of Society*, Beacon Press.

Harvey, L. and D. Green(1993), "Defining Quality", *Assessment & Evaluation in Higher Education* 18, pp. 9-26.

Hearn, James C.(2007), "Sociological Studies of Academic Departments", pp. 222-265, In *Sociology of Higher Education: Contributions and Their Contexts*, edited by P. Gumport, Johns Hopkins University Press.

Heckman, James, Jora Stixrud and Sergio Urzula(2006), "The Effects of Cognitive and Noncognitive Abilities on Labor Market Outcomes and Social Behavior", *Journal of Labor Economics* 24(3), pp. 411-

481.
Hout, Michael(2006), "Maximally Maintained Inequality and Essentially Maintained Inequality: Crossnational Comparisons", *Sociological Theory and Methods* 21, pp. 237-252.
IIE(Institute of International Education)(2016), *Open Doors Report 2016*.
Illich, Ivan(1970), *Deschooling Society*, New York: Harrow Books.
IOM(International Organization for Migration)(2008), *World Migration Report 2008: Managing Labour Mobility in the Evolving World Economy*.
Kuhn, Thomas(1962), *The Structure of Scientific Revolution*, University of Chicago Press.
Luckett, Oliver and Michael J. Casey(2016), *The Social Organism: A Radical Understanding of Social Media to Transform Your Business and Life*, New York: Hachette Book Group, Inc.
Lucas, Samuel R.(2001), "Effectively Maintained Inequality: Educational Transitions and Social Background", *American Journal of Sociology* 106, pp. 1642-1690.
Mincer, Jacob(1974), *Schooling, Experience and Earnings*, New York: Columbia University Press.
Noble, David F.(2003), *Digital Diploma Mills: The Automation of Higher Education*, New York: Monthly Review Press.
Oakes, Jeannie(1985), *Keeping Track: How Schools Structure Inequality*, New Haven: Yale University Press.
OECD(2001), *Educational Policy Analysis 2001*, Centre for Educational Research and Innovation.
______(2008), *Education at a Glance: OECD Indicators*, Centre for Educational Research and Innovation, Paris.
Parsons, Talcott(1963), *Structure and Process in Modern Societies*,

Glencoe, IL: The Free Press.

______________(1964), *Essays in Sociological Theory*, Glencoe, IL: The Free Press.

Putnam, Robert D.(2000), *Bowling Alone: The Collapse and Revival of American Community*, New York: Simon & Schuster.

Raftery, Adrian E. and Michael Hout(1993), "Maximally Maintained Inequality: Expansion, Reform, and Opportunity in Irish Education", *Sociology of Education* 66, pp. 41-62.

Rawls, John(1971), *A Theory of Justice*, Cambridge, MA: Harvard University Press.

Reimer, Everett W.(1971), *School is Dead: An Essay on Alternatives in Education*, New York: Penguin Books.

Robinson, Philip(1981), *Perspectives on the Sociology of Education: An Introduction*, London: Routledge & Kegan Paul.

Roemer, J. E.(1996), *Theories of Distributive Justice*, Cambridge, MA: Harvard University Press.

Rifkin, Jeremy(2009), *The Empathic Civilization: The Race to Global Consciousness in a World Crisis*. Penguin Group.(이경남 옮김, 2010,『공감의 시대』, 민음사.)

______________(2014), *The Zero Marginal Society: The Internet of Things, the Collaborative Commons, and the Eclipse of Capitalism*, Palgrave Macmillan.(안진환 옮김, 2014,『한계비용 제로 사회: 사물인터넷과 공유경제의 부상』, 민음사.)

Schaeffer, Robert K.(2014), *Social Movements and Global Social Change: The Rising Tide*, New York: Rowman & Littlefield.

Schugurensky, Daniel(2007), "Higher Education Restructuring in the Era of Globalization: Toward a Heteronomous Model?", pp. 257-276, In *Comparative Education: The Dialetic of the Global and the Local*, Edited by Robert F. Arnove and Carlos Alberto Torres. Lanham, Maryland: Rowman & Littlefield.

Schultz, Theodore W.(1961), "Investment in Human Capital", *American Economic Review* 51(1), pp. 1-17.

Schwab, Klaus(2017), *The Fourth Industrial Revolution*, Crown Business.

Shavit, Yossi and Hans Peter Blossfeld(Eds.)(1993), *Persistent Inequality: Changing Educational Attainment in Thirteen Countries*, Boulder, CO: Westview Press.

Shavit, Yossi, Richard Arum and Adam Gamoran(2007), *Stratification in Higher Education: A Comparative Study*, Stanford, CA: Stanford University Press.

Slaughter, Sheila and Gary Rhoades(2004), *Academic Capitalism and the New Economy: Markets, State, and Higher Education*, The Johns Hopkins University Press.

Soley, Lawrence C.(1995), *Leasing the Ivory Tower: The Corporate Takeover of Academia*, Boston: South End Press.

Spence, Michael(1974), *Market Signaling: Informational Transfer in Hiring and Related Screening Devices*, Cambridge, MA: Harvard University Press.

Stromquist, Nelly P.(2002), *Education in a Globalized World: The Connectivity of Economic Power, Technology, and Knowledge*, Rowman & Littlefield Publishers, Inc.

Stromquist, Nelly P. and Karen Monkman(Eds.)(2014), *Globalization and Education: Integration and Contestation across Cultures*, 2nd. Ed., New York: Rowman & Littlefield.

Suter, Brigit and M. Jandl(2006), *Comparative Study on Policies towards Foreign Graduates: Study on Admission and Retention Policies towards Foreign Students in Industrialized Countries*, Vienna:

International Centre for Migration Policy Development.

Teichler, Ulrich(2007), *Higher Education Systems: Conceptual Frameworks, Comparative Perspectives, Empirical Findings*, Rotterdam: Sense Publishers.

Therborn, Göran(2013), *The Killing Fields of Inequality*, Malden, MA: Polity Press.

Trigilia, Carlo(2002), *Economic Sociology: State, Market, and Society in Modern Capitalism*, Translated by Nicola Owtram, Blackwell Publishers.

Turner, Ralph(1960), "Sponsored and Contest Mobility and the School System", *American Sociological Review* 25, pp. 855-867.

UNESCO(2005), *Education Trends in Perspective: Analysis of the World Education Indicators*, 2005 Edition, Montreal, Canada: UNESCO Institute for Statistics.

Wallerstein, Immanuel(1974), *The Modern World-System* Volume 1, New York: Academic Press.

Walther, Andreas(2006), "Regimes of Youth Transitions: Choice, Flexibility and Security in Young People's Experiences across Different European Contexts", *Young: Nordic Journal of Youth Research* 14(2), pp. 119-139.

Washburn, Jennifer(2006), *University, Inc.: The Corporate Corruption of American Higher Education*, New York: Basic Books.

Whitty, Geoff(2002), *Making Sense of Educational Policy: Studies in the Sociology and Politics of Education*, London: Sage Publications.

Willis, Paul(1981), *Learning to Labour: How Working Class Kids Get Working Class Jobs*, New York: Columbia University Press.

Wright, Erik O.(1985), *Classes*, London: Verso.

Young, M. F. D.(1971), "An Approach to the Study of Curricula as Socially

Organized Knowledge", pp. 3-29, In *Knowledge and Control: New Directions for the Sociology of Education*, Edited by M. F. D. Young, London: Collier Macmillan.

______(Ed.)(1971), *Knowledge and Control: New Directions for the Sociology of Education*, London: Collier Macmillan.

______(1972), "On the Politics of Educational Knowledge", *Economy and Society* 1(2), pp. 194-215.

Zerilli, Linda M. G.(2016), *A Democratic Theory of Judgment*, Chicago: University of Chicago Press.

찾아보기

한글

ㄱ

ㄴ

ㄷ

ㅈ

로마자

숫자